U0573686

中国人心理研究

———

中国人的情感
文化心理学阐释

[美] 吕坤维 (Louise Sundararajan) 著

谢中垚 译

Understanding Emotion in
Chinese Culture
Thinking Through Psychology

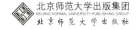
北京师范大学出版集团
BEIJING NORMAL UNIVERSITY PUBLISHING GROUP
北京师范大学出版社

献给我的母亲金泽萱

世界上最疼我的那个人去了

中文版序

历经三年磨砺，我的著作《中国人的情感：文化心理学阐释》 *Understanding Emotion in Chinese Culture*：*Thinking through Psychology*）中译本终于出版面世了！闻此佳音，我百感交集，溢于言表。首先，我记得在 2016 年至 2017 年，富勒心理研究院坊间有传言：是我让谢中垚博士日以继夜艰苦劳作——彼时但凡认识他的人都向我反映过这个现象；让我历历在目的是，我和谢博士每周至少通过微信开会一次，用一个多小时讨论书稿；我记得有很多次，他一下课就马上联系我讨论翻译进展，然后才去吃晚餐。在强迫症式的执著驱使下，我已经数不清和谢博士一起对译稿修改了多少遍。不得不说，谢博士在整个翻译过程中表现出了很好的耐力——他甚至声称很喜欢这项高强度的工作。的确，从我们横跨北美大陆的联络对话热情判断，我们都很享受这个过程。今天，本书的中译本终于得以出版，如果我的母亲还在世，她也能读到了！这听起来婉如梦幻。本书饱含着我从母亲那里继承与习得的所有情感，我希望谢中垚博士的中译本能够在我母亲的故土上引发读者们心灵的共鸣。

仰望星空，心契先贤

韩布新①

《中国人的情感：文化心理学阐释》是中国人用英文写给外国人看的一本好书，作者用西方(现代心理学)人的概念和语言把中国人的情感说得明明白白、清清楚楚；现在被译成中文，中国学人可以受益，真好！感谢北京师范大学出版社的信任，我能先睹为快，幸甚！

看译稿的过程十分享受，我很高兴！我高兴的是，中国古代文人士子和现代书生都关心的概念(例如和、静、古诗词之比与兴)和修行实践，吕坤维(Louise Sundararajan)先生条分缕析地用现代心理学相关研究说得很清楚，让读者知其然更知其所以然。吕先生开宗明义，在第一章就定了一个大目标：让读者对各类文化的认知风格差异，既知其然亦知其所以然。应该说，吕先生实现了诺言。至少，给陷入分析思维迷途的主流文化心理学研究者，特别是尚未摆脱身份认同危机的中国心理学家们指出了一个既令人振奋又充满希望的

① 中国科学院心理研究所研究员、博导、学位委员会主任，中国科学院大学岗位教授；中国心理学会理事长(2019—2020)、常务理事，老年心理学专业委员会主任；亚洲心理协会(APsyA)理事长(2019—2022)；国际应用心理协会(IAAP)秘书长(2014—2018)；中国老年学与老年医学学会副会长、常务理事，老年心理分会会长；全国颜色标准化技术委员会副主任。

方向。

本书堪称跨界杰作。吕先生不仅从概念、理论与技术、科学哲学三个层面条分缕析了中国人的情感，更从物理学、心理学、哲学、文学艺术等多维度分析儒家、佛家、道家思想，因为传承至今的民间婚葬嫁娶习俗皆或多或少地植根于三家，更因为中国人的情感就是在这些重大生活事件中萌芽、发展、成形的，非如此难以说清楚。

令人惊讶的是，想必读者朋友也会有同感，我们中国人和中国心理学家都习以为常的"心疼""和谐""撒娇""品味"背后居然有如此深刻的心理、哲学、人文内涵。可惜，我尚未看到大陆心理学家的研究、文章涉及类似内容。这些日常生活的酸甜苦辣与儒家之情、佛家之空、道家之真有如此千丝万缕的关联！古代圣贤们的思考与社会治理设计真是顶天立地！能够跨越时空与先贤神交会意，我为闻道而喜，亦感读者得其之幸！感谢吕先生！

在我看来，本书兼具主位(emic)、客位(etic)和中位(moderate)的论述，其思想深度与广度自不待言；对于历经19世纪、20世纪、21世纪过山车似的全球化遭遇，尚未走出身份认同危机的中国(心理)学人，本书就是一场及时雨。我相信，本书可以为读者朋友答疑解惑。

我深为中国(心理)学人的身份认同危机担忧，因为他们既非中国传统文化的实践者，更因他们接受着不全面的科学教育"喜资料而轻探究，喜笼统而轻分析，喜答案而轻问题，好学而轻问，好研而轻究"①。中国诗书画印等艺术，是超出现代心理科学的高明修行之路，十分有利于全人发展、毕生发展；在认识论（顿悟 vs. 逻辑推理）、身心健康促进效果（和谐模式 vs. 战争模式）、精神升华与超越（追求心灵永恒 vs. 试图躯体不朽）三个层面皆领先其他国家千年以上。中国人两千年前已经达到的认识水平，现代（心理）科学刚开始领悟——过去一百年（特别是近 30 年）东西方（心理）学人都已经交了太多的学费。好好的科学研究被弄成了担夫争道——弗洛伊德容不下荣格。大道不该如此之小！

语言鸿沟导致的沟通障碍和阅读负荷，使我们这些肩负"赶超世界科技前沿"使命的中国学人深受其害。用自己的母语阅读、思考这样一本开阔眼界、启发思维的好书，真乃人生一大快事！这本书恰逢其时。我们都知道中国传统文化有很好的一面，但是好在何处？为什么好？常常是心中了了、嘴上难明。我作为一个幼承庭训、传统热爱中国文化（诗书画印）的应用心理学家，对此很是愧疚。感谢吕先生为我解惑！

我心仪本书，因为青少年时父母亲、师长们言传身教，让我自觉认同并践行中国传统文化及其推崇的诗书画印等核心修行技术，深知其利己益人。正念无处不在，关键在"悦纳自我"。琴棋书画诗酒花茶，既需习技，亦可行术，更能修道。从五官感受入手，经日常生活的长期应用不断了解自己、心慕前贤、手追圣迹、结交同道；从知难行易进入眼高手低，从知易行难再进入心手相应境界，无论

---

① 《金克木集》第 4 卷，492 页，北京，生活·读书·新知三联书店，2011。

何种途径，或以诗言志、或胸有丘壑，皆可静心得乐［内在拟化(internal simulation)］，乃致虚极守静笃。诗书画印之修行皆可用对称(symmetry)、对称破缺(symmetry breaking)、复对称(symmetry recover)框架，心—心相交的关系型认知风格、心—物相交的非关系型认知模式演绎。比如，苏东坡"厌从年少追新赏，闲对宫花识旧香"突出的是光阴长河之流逝与永恒，体现了中国传统文化的从容与自在。再比如，陆游说，小楷经典《乐毅论》"纵横驰骋，不似小字"，碑中之王《瘗鹤铭》"法度森严，不似大字"。小字易拘谨难奔放，展书家胸中气度；大字易游滑难收敛，验书家腕底功夫。前者因习者少而少见，后者多见于当代丑书，比比皆是。微末处见功夫，方寸间好经营。这正是中国传统诗书画印修身养性的讲究处。

  吕先生的叙述启示我们，诗书画印对修习者的益处有三。首先是主动的自我整合乃至疗愈。无论是面对山川森林还是人生苦乐际遇，眼底所见、心中所想皆触景生情，"漫卷诗书喜欲狂"的积极情绪也好，"凄凄惨惨戚戚"的消极情绪也罢，既然面对自然奇迹的冲击或惨淡人生际遇所致认知失调而冗思于心、述之以诗词，显然已在心中既有能量支撑下经认知重评达致新的平衡。这是我们能够跨越时空与南唐后主李煜、宋代词人李清照共鸣的根本原因，因为每个人都需要其诗词表达的认知、情感正能量(失去中有得着、悲惨中找到宁静、绝望中认定盼望)。可以说，我们自己完成或者欣赏他人的一首诗、一阙词、一幅字画、一方印章，就是自我疗愈的有效途径。其次，眼目所及、口耳相传的诗书画印，皆启动了我们意识乃至潜意识层面的正能量，见一次即启动一次正能量循环，书斋、客厅、会堂，公私时空皆可随意以此"栽培心上地，涵养性中天"，以心—物之交实现心—心之交。最后，心流(mental flow)与兴盛(flurishing)是近年现代积极心理学研究的两个人人皆经历过的现象。心流是大脑的生命。进入心流状态，心理能量就会围绕着同一个主题组织、向同一个方向高效率地输出。人在心流状态下的表现最好。而且，若人常历心流，其心理会被训练得越来越有序，进入心流则越来越容易；即使平时不在心流状态下，也不像一般人那样心猿意马。① 修习诗书画印正是训练心流、实现兴盛的有效途径。

吕先生是少有的学贯中西、融会贯通而"跳出三界外，不在五行中"的华人心理学家。先生生于云南，长于台湾，先后获台湾东海大学英语语言文学学士学位、哈佛大学宗教史博士学位和波士顿大学心理咨询博士学位，现定居美国。她曾担任人类终极现实与意义心理国际协会主席、美国心理协会人本主义心理学分委会主席，2014年荣获后者颁发的"亚伯拉罕·马斯洛奖"。她主导的中国本土心理学推进小组已吸引全球200余位学者加入。

本书由美国文化心理学学者杜艾文(Alvin Dueck)教授的学生谢中垚博士翻译。十五年前，我和杜艾文教授合作，开始组织国内心理学同人选译经典。很高兴美梦成真，我们陆续翻译出版了《和平心理学》《像我们一样疯狂》等好书。这些书跳出主流心理学家惯常的范式，直面现代(中国乃至世界)心理学之痛处！

在译稿审读过程中，本着文字洁癖者的强迫倾向，我也提出了

---

① 赵昱鲲，https://www.sohu.com/a/232008005_380923)。

一些文字翻译表述的改进建议，谢中垚博士大量，多惠予接纳。感谢谢博士辛勤翻译，感谢他为出版社、为读者、为作者尽心竭力，不负吕老师写了这本好书，不负将来的读者。

我希望，也相信，本书能够裨益读者全人成长乃至毕生发展；故不揣简陋，是为序。

2019 年 5 月 18 日

前　言

"我可没时间做这事"，我对好友托尼·马尔塞拉(Tony Marsella)一次又一次地重复着这句话。托尼不厌其烦地邀请我合撰一册本土心理学专著，尽管他这么做已有时日，但我一直都没答应。终于，我下定决心以经典的亚洲方式对他委婉地说不："与其做编辑，我宁可写一本自己的书!"原本我觉得这么说一定能打消他的念头。"好呀"，然而托尼答道，"把你的书的介绍提案发来。"就这样，出乎意料地我的借口反而让自己下不来台，最终的产物就是呈现在您眼前的这本书了。

本书的主要内容

名不正则言不顺，言不顺则事不成。

《论语》

如引文中孔子所说，本书写作的目的正是要为中国人的生活经验正名；若用心理学术语来说，本书旨在探析那些与经验相符的概念结构。想象一下，如果生活中某些经验已经如肌肤般成为你的一部分，然而它们却并不与任何现有的知识范畴相符。为了向自己或他人叙述这些经验，你可能会尝试将之归入某个已知的知识范畴，此外，在这个过程中你会尝试创造一些更适合于描述这些经验的概念或词汇。简言之，这就是本土心理学(indigenous psychology)的发展路径(Gergen，Gulrerce，Lock ＆ Misra，1996；Sundararajan，2014a，2014b；Sundararajan，Misra ＆ Marsella，2013)。本土心理学是探讨人类心灵的方式之一，它存在于两个"空间"的夹缝间中：一个是主流心理学的正统术语；另一个则是现象世界——在现象世界中，心灵所归的"麦加圣城"①却位于西方心理学认识论的疆域之外。当今，这些非西方的生活经验切实存在，却没有名分甚至被冠以并不符实的称谓或观念，因此而失真模糊或遭歪曲。这种境况让我甚为苦恼，这也是本书撰写成型的主要动力。

　　对我而言，本书不仅是精描现象并将其与抽象的心理学概念、术语编纂结合的学术行为，也是我个人的思想志趣追求，同时是对读者发出的一份邀请，希望大家能与我一同思考，一道探索前行。这里所说的"思考"有着双重内涵：一方面正如施韦德(Shweder，1991)推崇的——以文化之视角去思考；另一方面也是心理学式的思考。在本书中，我力图尝试让心理学的各个分支彼此对话，如引用实证性研究的结论作为证据来支持我的某些理论猜想。但应注意的是，此处后者的效度并不一定因获得前者支持而确凿无疑。专业术语，如效度(validation)、真理(truth)和事实(fact)等，在本书中并

---

① "麦加圣城"在英文中是一种象征性的表述，指精神追求之罗盘所指的方向。——译者注

不占据关键地位。本书的宗旨并非寻求绝对真理，而是注重各种思想的相互交合，特别是那些出自各种不同探索途径的观点，以及对人类心灵各个层级的种种分析与解读。

本书的潜在贡献

当今，若想成为一门全球性的科学，心理学必须对源自不同文化、各种各样的心灵世界逐一细致探讨，剖析它们的内涵，如此而为，才能对人类的心灵生活和心理活动有更为综合全面的理解（Teo & Febbraro，2003）。本书对文化及心理学，特别是全球心理学（global psychology）具有以下潜在的贡献：

• 本书是首部以清晰的理论架构对中国人情绪/情感做系统研究的学术专著。本书不仅致力于为中国本土的思想、观点寻据正名，同时也以这些本土的观点对当代主流心理学中关于情绪/情感的理论和研究提出质疑。

• 有别于以开发旅游观光或发展经济贸易为目的的功利性观念，本书致力于潜入文化的更深层面，旨在增进不同文化间的相互理解。每种文化都是一个认识论的宇宙，具有各自独有的特性。本书作为通往另一宇宙的大门，力图让外来者也可以深入体会中国的本土文化，甚至以中国人的视角去审视世界、体验生活。

• 本书展示出，对于构建情绪/情感的心理学理论，西方之外的民间理论体系亦具有成为西方理论之竞争者和重要对话者的潜力。具体来说，本书通过细致的论述，指出中国之"情"的观念不仅可以使现有的情绪/情感理论更加明晰，并且能够在当下学术领域的百家争鸣中占有一席之地，甚至或许能拨反主流心理学中主体和客体间同化与顺应的天平（Teo & Febbraro，2003），从而让心理学更能接受异议，并且更加开放地对待来自行内行外的新异观点和意见。

· 在实践层面，本书丰富了人类知识库，让我们能更加自如地应对世界的变迁。在当今这个特殊的时代交叉点上，任何文化都面临着前所未有的、全方位的挑战。本书清晰细致地勾勒出中国传统的文化生态偏好，又为解读在此环境下发展出的适应性情绪/情感提供了要诀，从而为中国和中国之外的其他文化更具创造性地解决问题提供资源、思路和方法。

阅读小提示

小酌、细品。本书旨在邀请大家与我一道深入地思考和反思，因而书中各章各节并不适合一掠而过地浏览。最佳的方法是，每次读一小段，留出时间细细品味，与思想游戏于字里行间，投入并享受这个奇妙的阅读旅程。

随性略过。如果在书中碰到任何你并不知晓或不想马上完全搞懂的术语，那就略过它！不必担心，书中的内容会重复出现，可以确保你不因略过某一个词而错失要义。通常我习惯把同一件事说两遍——一遍用通俗的白话，一遍用心理学术语。某章中出现的要点也会在另一章中再次被提及，所以即使任凭个人喜好跳过了某些地方，在后面的章节中你仍然可以紧随主线阅读下去。

无须从头开始。条条大路通罗马，阅读本书亦是如此。如果你不是一位理论型读者，那么可以尝试从本书的中间——第 2 编或第 3

编开始阅读。当读到这些章节中关于中国人之体验的论述时，你会发现，对现象的描述不可避免地伴随着概念——你会进一步思考：这些文化现象是中国人特有的吗，还是各个文化共有的呢？或者既是特有又存在着某些共性？如何确定这些看法？书中我对中国人的经验、体验所做的解读，你在多大程度上同意这些观点？我之所以做此解读的根据又是什么？当你发现自己开始思考上述这些问题，也许就可以翻到本书的第一部分或最后一部分看一看，来寻找这些理论方面的答案。

如果你是一位理论型读者。我认为，心理学是一门关乎理论及理论建构的学科，即所谓的实证证据、事实和行为全都依托于研究取样，而取样则由理论决定。无论取样背后的理论是显性还是隐性，理论都绝不可被忽略。如果与我持有相同的观点，那么你可直接翻到本书的起始（第 1 编）或末尾（第 4 编）开始阅读。敬请依个人喜好而不必在意顺序，甚至可以从最后一章开始读起！如果你能将这些饱含理论的章节充分消化，就可以将本书的中间部分视作这些理论探讨的注脚。

你将在书里发现什么，以及不会读到什么

这并不是一本关于中国哲学的著作。我无意以本书对中国哲学做全面介绍。为勾勒出中国人情绪/情感的概念空间，我所聚焦的是中华文明成形历程中较早期的、以儒家和道家思想为主的典籍和思想。

情绪/情感在哪里？如果你想看的是对那些众所周知的情绪/情感（如快乐、愤怒、悲伤等）的显性解读，那么本书会让你失望。对此我在第12章做了解释，即中国人的情绪/情感是隐性编码的，恰如融于汤羹中提增美味的精盐；而非显性的存在，像那破坏汤汁味道的盐块一般醒目可见。相对于英语中的"emotion"（情绪/情感）一词，中国文化中的"情"具有更广博的内涵——从心境、情感到情绪上极其微妙的细微差异，无不渲染充盈着中国人"五光十色"的"情"之境界。此外，"心"是汉字"情"的偏旁部首，它既指心（heart）也指心智（mind），所以在解析情绪/情感的章节中我也加入了大量基于认知心理学的分析和探讨。

最后，所有关于中国文化的书籍都有些让人感到困顿的方面，本书亦然。

可能带来困惑的文字系统。某种文化是一个整齐划一的系统——任何诸如此类的说法都是谬论。迄今为止，无论是中国的学术群体还是国际学者都尚未在使用哪种中文拼音标准上达成一致——汉语拼音还是威妥玛拼音。本书主要依据汉语拼音系统进行论述，仅在引用某些学者的文献时可能涉及威妥玛拼音。

中文人名的书写。在述及人物姓名时，本书将依据中文惯例，即姓在前名在后的方式表述。这一点与西方的名在前姓在后的表述方式不同。

各家思想之间并无明确的界限。只有落在书面上，事情才显得清晰明确。举例来说，我们可以将中国传统文化中的儒家、道家和佛家思想区分开来，但在现实中我们几乎不可能找到哪一位中国人认为自己仅仅专属于其中某一家。我曾师从当代国学大师南怀瑾，研习佛学禅宗的思想。南师在宴请宾客时经常带着学生，每次他都要向我们发问："今晚我们做道家还是做佛家?"由于前者能喝酒而后者不能喝，我们都选做道家。

好，现在你可以正式踏上本书的旅程了！希望阅读本书能为你带来快乐和喜悦，就像我写它时的感受一样。我应该感谢托尼·马尔塞拉说服了我，要是早知道写作本书如此开心，我可能早就下笔了！

吕坤维

美国纽约州罗彻斯特

2015 年

参考文献

Gergen, K. J. , Gulrerce, A. , Lock, A. , & Misra, G. 1996. Psychological science in cultural context. American Psychologist, 51, 496-503.

James, W. 1884. What is an emotion? Mind, 9, 1-26.

Kahneman, D. 2003. A perspective on judgment and choice: Mapping bounded rationality. American Psychologist, 58, 697-720.

Nisbett, R. E. 2003. The geography of thought. New York: Free Press.

Norenzayan, A. , Smith, E. E. , Kim, B. J. , & Nisbett, R. E. 2002. Cultural preferences for formal versus intuitive reasoning. Cognitive Science, 26, 653-684.

Shweder, R. A. 1991. Thinking through culture: Expeditions in cultural psychology. Cambridge, MA: Harvard University Press.

Sternberg, R. J. 2006. The nature of creativity. Creativity Re-search Journal, 18, 87-98. Sundararajan, L. 2014a. Eastern Psychologies. In T. Teo (Ed.), Encyclopedia of critical psychology (Article 85). New York: Springer.

Sundararajan, L. 2014b. Indigenous psychology: Grounding sci-ence in culture, why and how? The Journal for the Theory of So-cial Behavior, 45, 63-80. (Special issue on indigenous psychology).

Sundararajan, L. , Misra, G. , & Marsella, A. J. 2013. Indige-nous approaches to assessment, diagnosis, and treatment of men-tal disorders. In F. A. Paniagua & A. M. Yamada (Eds.), Hand-book of multicultural mental health (2nd ed. , pp. 69-87). San Diego, CA: Elsevier.

Teo, T. , & Febbraro, A. R. 2003. Ethnocentrism as a form of intuition in psychology. Theory & Psychology, 13, 673-694.

目　录

1 / **致谢**

第1编　中国人情绪/情感的理念根基

第1章
3
镜里乾坤的东方与西方

3 / 何谓文化？·6 / 解释文化差异的理论模型·10 /
东方之理性与西方之理性·14 / 生态环境·16 / 文化之理
想·18 / 文化的对称性和非对称性模型·21 / 对称性与关
系型认知·24 / 倒置的宇宙·28 / 重审，何谓文化？

本章主要介绍全书的思考逻辑和研究方法。跨文化心
理学研究归结出的文化属性似乎越来越多、不胜其烦；为
了取代这种属性化的模式，我提出了一个全新的解释性模
型。各种文化在认知风格上存在差异，这一观点已得到学
术界内的广泛认可，但是对于这些差异，人们多半知其然
而不知其所以然，而我的理论恰恰旨在尝试解释其所以
然。具体来说，我引用物理学中"对称性"和"对称破缺"的
理论框架来解释为什么偏好关系型认知的文化与偏好非关
系型认知的文化互为镜像关系。

第2章
35

和：对称性的如履薄冰之舞

35 / 导言・36 / "和"之结构・39 / 和：对称性之保持与重建・40 / 辩证性思维・42 / 整体式思维・46 / 低认知调控・51 / 决定优质之和与劣质之和的关键・58 / 结语

本章探讨为什么"和"可以被看作中国式"对称性"。已有研究表明，"和"既可帮助也能阻碍诸如创造性等重要的积极心理品质。学者们区分出了"优质的和"与"劣质的和"，即深刻与肤浅的"和"、真实与虚假的"和"，等等。本章应用"对称性"和"对称破缺"的理论框架来解释上述两种"和"的差异，并带领读者对"优质的和"做结构性分析。

第3章
65

在儒家的熔炉中修炼

65 / 导言・66 / 集体主义的动物模型・67 / 两种集体主义・71 / 以礼化权・73 / 化霸道为礼让・76 / 自我与群体：更深的结合・79 / 从群体到自我・82 / 诗，以礼塑情・85 / 重审儒家之理性・91 / 儒家思想永恒的遗产

本章聚焦于分析儒家思想。尼斯比特(Nisbett，2003)曾问一位中国学者，东西方为何会形成如此迥然不同的思维方式。那位学者答道："因为你们有亚里士多德，我们有孔子。"(p. 29)本章将对这个玄妙的回答做细致剖析。具体来说，这一章将深入剖析儒家思想。与柏拉图和亚里士多德

注重理智与逻辑不同，孔子更注重"情"（情绪与情感）的陶冶，他认为这才是教化的根本目的，并以吟诗赋词作为达成这一目的的重要方法。

第4章
98

借道家之羽翼翱翔

98 / 不合群的鱼·99 / 中国的隐士·100 / 不仕·101 / 驻留或离去·106 / 独立繁殖·108 / 道即"无限融合"·109 / 反长幼废尊卑·111 / 独处若比邻·113 / 创造力与社会生活：相反亦相成·116 / 道家思想的遗产

本章聚焦分析道家思想。如果说孔子注重社群生活中的协调和博弈，那么，在偏好集体主义的传统中国文化中，人们又是如何实现独立与自主的呢？道家思想为这个问题给出了答案。本章将分析道家思想的核心价值。注重关系中的亲密性是道儒两家的共通之处，但与儒家思想不同，道家思想中的亲密性寓于天人合一的超越之中。

第2编　描情于中国风物之中

第5章
125

心疼的爱

123 / 又苦又甜之爱·129 / "疼"之语言学分析·132 / 心疼之日常使用·136 / 心疼之爱与同感共情·138 / 不忍之心与认知评估·140 / 基于养育关系的道德观·145 / 结论性

意见

本章聚焦探讨"基于同感共情的情感"。孟子提倡一种原初的、类似于情绪感染式的共情观，并以之作为构建其道德理论的基石。本章将对一个在中国家喻户晓的词汇——"心疼"进行深入探讨和分析，展示中国人是如何如孟子所述——于母膝之上习得了道德观念。

第6章
150

亲密的艺术

150 / 导言·151 / 感类：同感共鸣的宇宙·156 /感应之共鸣式反馈回路（刺激—反应）·158 / 原型对话中的心与心交·160 / 同感共鸣与心理同享·163 / 原型对话中的评论与主题·165 / 关注意向·167 / 兴：诗词之同感共鸣·172 / 日常生活中的亲密

本章将通过分析诗词与日常生活的片断来探讨中国人的亲密之道。西方人倾向于根据关系中的行为和经验来定义"亲密"。相比之下，中国人的亲密则聚焦关系本身在认识论和本体论上的转变。中国式"亲密"向西方情绪情感理论提出了一个有趣的问题：在中国的文化中，诸如"亲密"这样的积极情绪是否有益于自尊，从而巩固强化自我；抑或者，是否因此得以跳出"我执"而跃入另一番别样天地，即"我们之感"的世界？

第7章
178

自由与情感：真我与创造的道家丹方

179 / 不被情所左右的自由 • 180 / 乘情而往的自由 •
184 / 真诚乃随性 • 187 / 真情与自由 • 188 / 摆脱认知评
估 • 190 / 摆脱认知控制的独裁 • 191 / 从认知到元认知 •
196 / 道家永恒的遗产 • 197 / 落幕曲：情绪/情感中的善
人与恶人

本章探析道家思想对中国人情绪情感的影响。"随性"
被认为是体现个人本真情感的重要标志。道家理论对情感
之自由与真我的论述对当代心理学的情绪认知评价理论和
双加工理论带来了深刻启示。

第8章
202

宠坏了(撒娇)：感激之情的若干课题

202 / 导言 • 204 / 撒娇的生态环境 • 205 / 根植于人
情的撒娇之理性 • 208 / 人情的算式不寻常 • 210 / 沐浴于
感激的阳光之中 • 211 / 撒娇：陶醉于非对称性之中 • 213
/ 唤起母性法则 • 215 / 有分寸的退行行为 • 216 / 喝花
酒：自我的退行 • 218 / 不被宠坏就不是男子汉 • 220 / 有
分寸的放纵 • 222 / 偿还人情的时间点 • 224 / 结语

本章重点论述以尊卑为基础的情绪情感。在集体主义
文化中，个体能够"迎合"他人是非常重要的；同时，这要
求个体抑制自己的需求和情感，然而这只是西方所谓"集

体主义文化"之理论的虚构罢了。实际上，儒家文化的社会中亦保留着容许个体任性放纵、自私自利的空间——只要当事人具备幼小、不成熟的低卑身份即可。并且，有一个用来表述这个特定空间的专用词汇，即"撒娇"。"撒娇"原指那些被溺爱宠坏的小孩子的行为，后引申用于指年轻女性故意以幼稚的方式调情挑逗的举止。本章对撒娇的探讨并非聚焦于其自私、任性甚至摆布他人的行为，我将着眼于让撒娇变得合情合理的亲密关系。本章主要探讨隐含在"尊卑等级间的亲密"背后的理性，以及这种理性如何强化感恩之情。

第 3 编　中国人的创造力

第9章
233
中国人的创造力：隐逸及隐逸之追求者

233 / 导言·234 / 关系型认知与非关系型认知·235 / 没有创世神话的创造·236 / 隐逸与道家思想中的创造力·238 / 创造自我·240 / 理想的心灵世界·241 / 精制环境·242 / 艺术家的隐士造型·244 / 自由的技能·247 / 社群/亲密的技能·252 / 后记

本章以隐士的生活为例，探讨中国人在情感上的创造性，意在唤起人们对一个已被遗忘许久之事实的关注：亚洲隐士自古以来就有着不为五斗米折腰、特立独行的传统。

第10章 ╱
256

品味：从美学审美到生活的每个角落

256 / 导言·257 / 一品三味·258 / 品味之简介·260 / 品味的时序结构·261 / 品味之元叙事性·265 / 品味的认知结构：动物模型·266 / 自我参照·270 / 投入的超然·275 / 品味是自我调节的模式·280 /品味在当代的应用

　　本章聚焦于品味及其给情绪/情感理论带来的启示。与西方心理学中经常提及的情绪调控不同，中国人看重情感的洗练。纵观儒家思想，很难找到任何强调应消灭或控制情绪/情感中本质不良成分的论证。例如，《论语》指出，欲望本身并无对错之分。在儒家看来，欲望的好坏由其主体(君子或小人)决定，正人君子的欲望儒雅周正。就此而言，问题的关键在于"洗练"或修身。"洗练"的目的超越于"调控"之上。对比来看，情绪的调节、应对与管理的目的在于排除或控制由情绪/情感导致的不良后果；而情绪/情感"洗练"的标准则包含更多深奥模糊的目标，如创造力勃发、个人成长完善和向上积极发展。洗练的结果之一就是情感得到陶冶，变得愈加深刻。本章将探讨情绪/情感洗练之最常见实践之一，即品味。

第11章 ╱
287

空：顿悟性的情感转化

287 / 导言·288 / 启发式思维，简单却精明·290 / 事物的要点·294 / 中国人之"悟"·297 / 中国佛家思想之

"空" · 297 / 二阶欲望 · 298 / 道德蓝图 · 301 / "空"之中的情感转变 · 306 / 结语

本章聚焦于佛家思想之"空"的观念及其相关的顿悟式情感转化。已有诸多文献证明，中国人偏好直觉感悟甚于逻辑推理（Norenzayan，Smith，Kim & Nisbett，2002）。此外，众所周知的是，直觉型思维比分析型思维更有利于创造力发挥（Sternberg，2006）。然而直觉与创造力之间的密切关联似乎只出现在西半球的理论探讨中。在以亚洲人为样本的认知心理学研究中，直觉型思维就未被归入创造力的相关理论，而被归入决策的双系统理论框架（Kahneman，2003）。双系统理论认为，不加思考的直觉与感知属于潜意识的、并行式的思维过程，运算快但错误率高；与之相对的是有意识的、系统化的思维过程，其特征是具有学习能力及较高的准确性；但倘若如此解释，直觉与创造力的关系就南辕北辙了。本章就是要打破这个西方偏见，立足于中国文化，重续直觉与创造性的因缘。本章重点探讨佛家思想中"空"与"悟"的观念，尤其将对与此相关的情感转化做重点分析。

第4编　结　论

第12章
313

情感为何物？来自野生土长知识花园中的答案

313 / 导言 · 314 / 情感的定义 · 316 / 延展心灵假说 · 318 / 将信息留在外界 · 321 / 发展中国人之情绪/情

感理论·324 / 从"聚焦于由感而发之体验"视角看情感·328 / 结语

　　在前面的章节中，我们从各个角度对"情"的概念做了介绍，却并没有对它下定义。第 12 章作为全书的结论性章节，将总结"情"的正式定义并探讨其内涵。威廉·詹姆斯在一个世纪之前提出疑问："情感是什么?"至此我们已经可以在主流心理学的标准回答之外考虑一些新的答案了。

336 / 中英文术语对照表

致　谢

　　在本书的写作过程中，自始至终我都心怀感激。首先，我要感谢澳大利亚国立大学的语言学家叶正道教授，他不仅与我共同撰写了第五章，还提供并编辑了本书英文版中的所有汉语文字。另外，我希望对心理学、人类学和哲学等领域的许多学者表达感谢，特别是与我合作已久的詹姆斯·艾弗里尔（James Averill），他的博学睿智给予了我许多精妙的启发，并对本书内容的构思和写作助益甚大。我还必须感谢本土心理学学术小组（Indigenous Psychology Task Force），有这个蓬勃成长的国际学术团体相伴，让我在探索前行中从未感到孤单。还有我的家人，感谢我的女儿拉迪卡·萨丹拉彻（Radhika Sundararajan）允许我在本书中使用外孙卢卡斯·博迪（Lukas Bodhi）的照片（图 6.1，图 6.2 和图 6.3）。感谢我的丈夫 K. R. 萨丹拉彻（K. R. Sundararajan）很好地照顾自己，让我能够有足够时间天马行空地思考。最后，也是非常重要的，我要感谢并缅怀我的母亲，是她教给了有关中国人情感的一切。

第1编

中 国 人 情 绪 ／ 情 感 的 理 念 根 基

Conceptual Foundations for the Analysis of Chinese Emotions

通过本书，我尝试提出一套条理清晰的理论框架，以取代跨文化心理学中冗长又纷杂的种种描述文化特性的名目（Sundararajan et al.，2013）。本书第 1 编由四章组成，旨在详细阐述我提出的新的理论体系。第 1 章重点介绍我在本书中所用到的方法论和理论。第 2 章将分析中国文化思想中的基本观念——"和"（harmony）。第 3 章和第 4 章分别探讨中国文化中源自儒家思想和道家思想的两类基本概念空间（conceptual space）。本部分聚焦于那些可追根溯源至中华文化成形时期的思想，因此并未涉及作为后起之秀的佛家思想。

参考文献

· Sundararajan, L., Misra, G., & Marsella, A. J. 2013. Indigenous approaches to assessment, diagnosis, and treatment of mental disorders. In F. A. Paniagua & A. M. Yamada (Eds.), Handbook of multicultural mental health (pp. 69-87), second edition. San Diego, CA: Elsevier.

第 1 章

镜里乾坤的东方与西方
The Mirror Universes of East and West

何谓文化?
What is Culture?

> 像那只宁静的中国瓷瓶, 在静止中运行不息。
>
> T·S·艾略特(T. S. Eliot)

对"文化"的定义至今已有上百种之多(Cohen, 2009), 给它下一个百科全书式的定义并不难, 但这么做并不能达到我个人追求的严谨尽责的治学理想。我认为, 尽责治学应具有"自反的通透性"(reflexive transparency)——学者著书立说时应将其方法论背后的理论成见清晰明确地阐明出来。有鉴于此, 在确定本书对"文化"的定义时, 我并不希望它能像百科全书般面面俱到, 而是着眼于尽可能清晰明确地反映我个人所秉持的理论成见和研究方法。

文化是情绪/情感知识的宝库。鉴于本书探讨的主题是"情绪/情感"(emotion), 我赞同罗杰·斯库尔顿(Roger Scruton, 2007)对文化的定义："文化是情绪/情感知识的宝库。唯有通过那些富含情绪/情感的知识，我们得以理解人生的意义，使追寻人生意义成为生活的终级追求。"(p. 41)我也赞成斯库尔顿对"高雅文化"(high culture)的见解。他认为"高雅文化是那些经得起岁月考验的艺术、文学及有情有理之思考的积淀。"(p. 2)只有以此为基石，一个文明才"得以生成自觉的意识，才能为其理想做出清晰的定义"(p. 2)。斯库尔顿继续说道："文化是重温、再续理想的集体践行，它将悲天悯人的情怀延伸至我们心灵的每个角落。文化是对感性生活的连续记述，它为每代新人提供模范、意象和语言，让他们知道所感所知为何物。"若将上述对文化的定义转译为心理学研究方法，我需要用到另两种视角——概念空间和理性(rationality)。

从概念空间看文化。玛格丽特·博登(Margaret Boden，2009)提出了概念空间的概念，认为概念空间是被文化接受或采纳的思维风格(culturally accepted style of thinking)。它可以是某个化学分子理论、某种绘画或音乐风格，抑或某国某地的风味美食。然而正如"法式大餐"的概念空间不局限于法国本土，儒家和道家的概念空间事实上也并不受地域或国界限制。

所以，我在阐述中国人的思维时会引用某些来自日本或韩国的资料，因为日韩在某种程度上都传承着中华文化。

概念空间依据隐性的推演规则(generative rules)确立，并受这些规则限定(Boden，2009)。一串英文单词能否组成有意义的句子取决于英语语法；类似于语法规则，某个文化之概念空间的限定规划，取决于该文化所遵循的理性。

从理性看文化。"理性"可被定义为"为适应生态环境而演化出的思维方式"(Todd，Gigerenzer ＆ The ABC Research Group，2012)。理性要处理的核心问题是：在所处的生态环境中，心灵应如何运作才能让生活变得美、善且合乎情理？这与理查德·施韦德(Richard Shweder)对文化的定义不谋而合。施韦德认为："文化是群体风俗中饱含情感的、对何为真善美与能力等诸多观念的显现与表达。"(私人交流，2011 年 12 月 21 日)施韦德(1991)提出，"理性"绝非放之天下皆准的统一形态；"理性"互不相同、形态各异。正如他那有口皆碑的名言："同样的心智，各异的心态。"(one mind，many mentalities)(Shweder et al.，1998)下面我引用但丁的一段话，作为施韦德观点的注解：

> 由于人类思想浩瀚无边，无法靠某个单独个体或社群全部实现，所以人类必定是多种多样的；唯有如此，人类无穷无尽的思想才可能全部成真。(转引自 Moscovici，2013，p. 51)

但丁强调人类的多样性，而施韦德则更进一步——从多种多样的心态(many mentalities)迈入品类繁多的世界(many worlds)。

施韦德(1991)所谓的"多种多样的心态"强调的正是心灵世界之多样性。他认为"文化心理学的先验假定是：世上种种文化有各自不同的生活、存在方式，缘于这些文化生活在不同的世界之中。文化心理学的目标之一，就是引领人们去欣赏这些多姿多彩的世界"(p. 23)。此外，施韦德还对上述文化观做了进一步推论，强调"如果文化是多样且各异的，那么我们并非处于同一世界之中你争我斗，而是立足于各自的不同世界彼此争论。若各文化彼此争论于同一世界中，那么分歧的关键在于对错、无知或误解；然而若文化立足于彼此不同的世界，那么分歧则不仅限于表面，而是本质上全然不同"（p. 18）。因而施韦德说，各个文化对事物及其意义的理解也许根本无从比较。

解释文化差异的理论模型
Toward an Explanatory Model of Cross-Cultural Differences

关于文化，最具影响力的心理学理论当属"个人主义—集体主义"范式及其衍生理论——独立/互依自我构念（independent / interdependent self-construal）。该理论的核心假设是：自我、群体是二分对立关系——集体主义文化中个体从属于集体，自我是集体的一部分；个体主义文化中个体的自我是独立的，且不从属于亲密群体（Triandis，1995）。

这个理论模型对个人主义的解释恰如其分，但对于集体主义文化，其理论建构却过于模糊，有时甚至会引人误入歧途（Harb & Smith，2008；Voronov & Singer，2002）。菲斯克（Fiske，2002）指出，所谓"个人主义"是美国人对自身文化特性的总结，而"集体主义"则是对照美国意识形态总结出的"他者"的文化特性，是与美国文化相对立的、"不同于美国人"的特性（p. 84）。

让我们再从头开始吧。对于跨文化研究，我提出一套新的解释性理论体系以取代"集体主义—个人主义"范式，并以理性差异

(difference in rationality)来解释东西方认知风格的差异。认知风格是习惯性的信息处理与知识表征模式，其作用在于适应生态环境；不同的生态环境相应地催生出不同的认知风格(Kozhevnikov，Evans &Kosslyn，2014)。从生态理性(ecological rationality)角度看，各异的认知风格既受不同环境下产生的种种适应方式影响，同时也会影响这些适应方式的形成(Todd et al.，2012)。为了理解文化之间认知风格的差异，我们可以参考尺度相对较小的企业文化来分析。

让我们从最广为人知的东西方认知风格差异之一——联想式/整体式认知(associative/holistic) 相对于规则式/分析式推理(rule-based/analytic reasoning)说起(Nisbett，Peng，Choi & Norenzay-an，2001)。此类思维差异在管理学和其他研究领域中亦是重要议题。对于认知风格，管理学家罗杰·马丁(Roger Martin)提出了四种知识类型(Martin，2009)："谜团"(mystery)，即难以解释的现象；"启发"(heuristic)，即解决问题的要诀；"算法"(algorithm)，是可掌握的获得答案的途径；"编码"(code)，指完全自动化、清晰可度量的解决方式。在此，联想/整体式的认知过程属于前两类知识类型，即"谜团"与"启发"；而基于规则/分析推理的认知过程属于后两种知识分类，即"算法"和"编码"。为了探究这些认知风格如何以不同的理性运作，让我们来看--看马丁对企业所做的分析。

以麦当劳集团为例，马丁(Martin，2009)指出，1955 年随着高速公路出现和南加州海滩文化兴起，麦当劳兄弟"全神贯注地思索这一谜团：加州人想吃些什么？怎么吃？"(p.6)通过"启发"，他们找到了答案——开设便捷快餐店。投资人雷·克拉克(Ray Kroc)买下了麦当劳连锁餐厅，并开发出了一个"算法"——如何标准化烹制汉堡、标准化雇佣员工，等等。至此，再向前推进一步就可达成"编码式"的管理：

> 在克拉克治理下，麦当劳连锁餐厅的厨房里已毫无"偶然性"可言：每个汉堡的质量都是标准化的 1.6 盎司[①]，厚度全部精确到千分之一英寸[②]；汉堡加热 38 秒，即内部温度达到精确的 155 华氏度[③]时，整个制作流程随即完成。(p.7)

马丁认为，从"谜团"到"编码"的知识分类是自然发展的过程，这一过程反映了知识表征从隐性到显性、从模糊到清晰、从具有无限可能性到刻板受限但精确运转的变化路线。这个说法是正确的，从"谜团"到"编码"的发展路线其实是一种普遍发展过程，这一普遍发展过程也被称为"对称性破缺"(symmetry breaking)。博朗代(Bolender，2010)提出"对称性破缺"的概念，指思维或物质从高对称性向低对称性转变的过程。他认为，思维的"对称性破缺"可用科学上的四类测量尺度来印证，这四类测量尺度依次对应于菲斯克(Fiske，1991)提出的四种关系认知类型：共享同当(communal sharing，CS)、尊卑上下(authority ranking，AR)、平等匹配(equality matching，EM)、市场定价(market pricing，MP)。现在，我们已有三组序列来表达思维由高对称性向低对称性的发展过程：

---

① 1 盎司≈28.35 克。
② 1 英寸≈2.54 厘米。
③ 155 华氏度≈68.33 摄氏度。

　　知识类型：谜团→启发→算法→编码

　　测量尺度：称名→次序→等距→等比

　　关系认知：共享同当（CS）→尊卑上下（AR）→平等匹配（EM）→市场定价（MP）

　　我们可以看到，麦当劳成功于从"谜团"和"启发"推进到"算法"与"编码"的知识发展过程。然而实际上还存在另外一种可行的策略，即反向发展：从"编码"回归"谜团"。马丁（Martin，2009）指出："从谜团到编码的发展并非没有代价，这个过程本身就会大大地窄化问题空间。"（p. 8）这就是为什么麦当劳一度在同行竞争中"徒劳无功"（p. 7）。就此马丁解释道："在靠算法竞争的赛跑中，当某方停滞不前……其他同行［如塔可钟（Taco Bell）或赛百味（Subway）］如继续专注于思索谜团，分析被前者（麦当劳）忽略的方面，也许会发现更优的启发、算法和编码——因为走出"谜团"的方法一定多种多样。"（p. 8）因而，尽管当代商业管理偏好从"谜团"到"编码"的路径方向，马丁（Martin，2009）却主张"回归谜团"的发展策略，认为这种思维方式极具创造性。这种反向的思维发展被博朗代（Bolender，2010）称为"对称性重建"（symmetry restoration）。

　　"对称性重建"和"对称性破缺"是方向相反的思维取向。我认为，正是这两类思维取向构成了中国人与西方人理性的核心差异。我的观点可分为以下三个相互关联的议题。

　　①有学者认为，认知是依据生态环境（ecological niche）需求和生活经验塑造成的生存适应系统（Kozhevnikov et al.，2014）。据此我提出，强关系（strong tie）的生态环境注重心与心交（mind-to-mind transaction)，这是关系型认知风格最善长的方面；与之相对的弱关系(weak tie)生态环境，其更为注重的是心与物交(mind-to-world transaction)，这是非关系型认知风格最善长的方面。

②心与心交——以关系型认知风格运行，注重同己性(similarity)与同感共鸣(resonance)；心与物交——以非关系型认知风格运行，注重鉴别差异。由于同己性蕴含对称性，而差异性蕴含着非对称性，因而关系型认知风格偏好对称性，非关系型认知风格偏好非对称性。

③中国与西方在认知风格上的差异——如整体性(holistic)相对于分析性(analytic)，联想性(associative)相对于基于规则的推理(rule-based reasoning)——源于两种截然不同的文化理想，即对称性相对于非对称性，或对称性重建相对于对称性破缺。

以上就是我的理论观点的总结。现在你可以放松一下，一览这些理论的涓涓细流如何汇聚交融为一条思想的江河——构建出理解中国人情绪/情感的理论框架。本章结尾处的表格是上述我的理论的总结，我强烈推荐读者随时参阅。后文的讨论虽然错综复杂，但在这个表格的帮助和指引下，你一定不会迷失方向。

东方之理性与西方之理性
Rationality, East and West

人类大脑缘何如此发达？心理学的传统观点认为，这是为了拥有更高智能去学习知识、弄清事理、解决问题。然而约瑟夫·亨里希(Joseph Henrich)却认为：与他人建立关系比拥有更高智力还要重要(Henrich et al.，2001)。对于心理学单单尊崇非关系性的智力定义，亨里希提出质疑。他指出，任何文化所承载的知识量都远多于某个个体凭自身能力所能习得、理解的。而运用文化所承载的知识其实并不难，只要模仿周围同类就可以了，这种模仿即使低等动物也能做到。由此类推，人类的大脑之所以发达，缘于我们是群居性动物。这一理论被称为社会化大脑假说(social brain hypothesis)。

社会化大脑假说随后得到进一步发展。邓巴和舒尔茨(Dunbar & Shultz，2007)的配偶结合假说(pair-bonding hypothesis)认为，灵长类动物的大脑得以不断进化并非是为"应对大规模群居生活带来的压力"，而是缘于"与配偶形成紧密关系"的需要(见 Dunbar，2014；Fletcher，Simpson，Campbell & Overall，2015)。这一假说能解释配偶关系乃至家庭关系等诸多领域。人体人类学家康纳(Konner，2001)提出，人类有着相对于其他哺乳动物更久的幼体阶段，这主要缘于直立行走的独特运动方式需要我们进化出相对更小的骨盆，进而要求人类幼体在发育形态还极不成熟时即离开母体；婴儿出生后相当长时间都需要依赖父母照料抚养，在此期间大脑持续地塑造和发展。现在看来，群居生活、较长的受抚养者照料的成长期、持久的社会关系联结，和发达的大脑——正是这些因素综合到一起，使人类在动物王国中脱颖而出。

与上述认知论、社会论这两种解释人类大脑进化的理论假说相对应，布卢姆(Bloom，2009)提出，人类为了理解世界也发展出两套相对独立的思维系统——一套用于理解物理世界，另一套用于理解社会环境。这两类理性在我们生活中都不可或缺，但不同文化各有侧重：个人主义文化注重非关系型认知，即通常所说的智力，而如中国的集体主义文化更侧重关系型认知。

"理解物理世界"与"理解社会环境"这两种理性也可被视为两种不同的心理交接（mental transaction）类型——"心与物交"与"心与心交"。心理学常用"心理映射"（mental mapping）理论分析这两类心理交接（McKeown，2013）。在该理论中，"心与物交"指分析心理对外在物质世界的理解是否与外在现实相符；"心与心交"包含两类心理映射，即分析"一心之内"（within-mind）或"两心之间"（mind-to-mind）的映射是否相符或一致。"心与心交"注重相似性，而"心与物交"注重差异性。在后面的章节中我们还能看到"心与心交"偏好对称性，"心与物交"则偏好非对称性。

对相似性与差异性的不同感知。辨识差异是认知和智力的基础，这一直以来都是心理学的核心信条。然而实际上这一信条属于"心与物交"的思维模式，源自"主—客二分"的观念（subject-object dichotomy）。正如康德学派之格言所述："我们是思考客体的主体"（Freeman，2000，p. 117）。请注意，这其中暗含着不平等的关系或称"非对称性"：心智能思考客体，反之则不成立。而"心与心交"的思维模式与"心与物交"截然不同，它更强调对称性关系。正如唐代诗人李白与山峰相望时的情景：

相看两不厌，唯有敬亭山。

李白，《独坐敬亭山》

在这里，对称性关系体现为双方并无所谓谁在凝望谁——诗人与山峰都是能动的主体。那么，如何才能将外物如人一般视为主体呢？这需要具备关系型认知（relational cognition）。

人类似乎生来就有一种能力——发现与自己相似的他者。婴儿与幼儿都更偏好那些与自己相似的他者（Mahajan & Wynn，2012）——甚至婴儿更倾向于伤害那些与自己不具相似性的他者（Hamlin，Mahajan，Liberman & Wynn，2013）。鉴查同己性正是中国人所专注的。郝大为和安乐哲（Hall & Ames，1987）指出，《论语》中所有的"'比'字都是在比较相似性，而非比较差异"（p. 287）。中文里"类"的概念对探知相似性也有非常丰富的引申。"类"的字面意思为"类别、种类"，实际上暗含着同类事物间的内在关联（Munakata，1983；Sundararajan，2009）。"类"这一概念的重点在于本体上的平等（ontological parity）。举例来说，如"待物如己"，即以物为有心。在一山一石中寻求心灵的共鸣，这种人与自然的深切联系在中国人的审美中不胜枚举（Rowley，1974）。

诗人与山峰相视相望，其中并不需要什么神乎其神的说法。人类心灵无论看向何处都会瞥见自己的对影，这是一种普遍现象，从万物有灵论到神人同形论都是对此的体现（Waytz，Epley & Cacioppo，2010）。这可能缘于关系型认知使我们对那些与己相似的事物格外敏感。正如布卢姆（Bloom，2007）所说，我们之所以认为万物有灵（能自主、有心意），其实是关系型认知功能过度发达的结果。

现在让我们看看这个说法的另一面，即生态环境。不同的生态环境是促成关系型或非关系型认知发达与否的关键。

生态环境
Ecological Niche

强关系与弱关系。 奥依斯曼、库恩和科米尔梅勒（Oyserman，Coon & Kemmelmeier，2002）提出，集体主义文化具有"与同己他人形成持久关系联结"的特性，个人主义文化则倾向于"在复杂社会中与异己他人形成暂时关系"（p.3）。这一点可通过格兰诺维特（Granovetter，1973）提出的"强关系/弱关系"理论深入阐明。格兰诺维特的重要贡献在于，他洞察到人际关系联结的强弱是社会关系网络中非常重要的变量之一（p.1371，ft.15）。此外，人际关系联结的强弱一定与相似性有关——人们与同己他人关系较强，与异己他人关系较弱。由此看来，强关系乃基于血缘，即依"血浓于水"的原则建立；与之相对，弱关系基于与陌生人形成社交网络的原则发展。

大石茂弘和凯瑟毕尔（Oishi & Kesebir，2012）根据关系在深度和广度上的不同区分出弱关系与强关系。此外，他们还加入了另一个变量——人口流动性（mobility）。同己性与人口流动性负相关，即人口流动性越强，接触陌生人的可能性越多。大石茂弘和凯瑟毕尔（Oishi & Kesebir，2012）通过计算机建模发现，高人口流动性更易形成弱关系，低人口流动性有助于形成强关系。

格兰诺维特（Granovetter，1973）敏锐地观察到，在强关系人际环境中，流言蜚语并不会如野火般迅速蔓延；与之相对，弱关系人际环境则有利于信息被广泛传播。巴斯（Buss，2000）曾提出，人类进化的目的在于形成关系紧密的社群，因此幸福的基础在于紧密、深厚的人际关系。然而，越来越多的研究者开始挑战这一观点。他们指出，现代化生活具有高流动性和信息爆炸等特点，这更易于形成弱关系，如企业组织或职场都是弱关系场所，另外，偶然相遇也可生成弱关系（Granovetter，1973），据此，格兰诺维特（Granovetter，1973）提出一个新的概念——弱关系优势（strength of week tie）。类似地，大石茂弘和凯瑟毕尔（Oishi & Kesebir，2012）通过计算机建模也发现，紧密、深厚的人际关系在低人口流动性和资源匮乏的环境之外并无优势。现代社会的现实可能正是如此。要想理解强关系的优势所在，我们需要将目光转向更为传统的社会。

基于协作与基于匮乏的社群。根据对原住民的田野研究，理查德·卡茨及其同事（Katz & Murphy-Shigematsu，2012）提出了两类相对立的社群范式——基于协作的社群和基于匮乏的社群。匮乏式社群范式（scarcity paradigm）倾向于认为"重要资源是有限的，而匮乏性注定了资源的重要性。进而，该类范式认为个体或社群必须相互竞争以获取资源，为自己累积资源的同时还需对抗分享资源的压力"（p.21）。当今西方社会是匮乏型社群的典型代表——信息与知识在其中都被视为重要且有限的资源，法律维护个人对资源的所有权，以确保资源的公平分配、合理交换。

与匮乏型社群范式相对的是"协作性的心灵模式，即认为重要资源取之不尽用之不竭，越用越多，且易于获得"（p.11）。这就是协作型社群，它"似非而是、生生不息"——"资源越消耗，就有越多的资源可供消耗"（p.54）。这种现象很容易让人联想到涂尔干

(Durkheim)提出的一个概念——"集体意识之欢腾"(collective consciousness of effervescence)。综合来看，协作型社群与强关系两者间似乎存在某种密切关联。的确，协作型社群可能是强关系的最高形态。富含强关系的集体主义文化更偏好"资源越消耗就有越多资源可供消耗"这一悖论性的观念。与此相对，富含弱关系的个人主义文化认为重要资源是匮乏有限的。为了进一步探明"无限供给"与"稀缺匮乏"的心理机制，我需要将分析对象转向两种相对立的文化理想——混沌(chaos)与秩序(order)。

文化之理想

Cultural Ideals

在本体论领域，可能性高于一切实在之物。

海德格尔(Heidegger，1982，p. 308)

狮子的每根毛发中都蕴含整只狮子的潜能，所以，狮子的所有毛发蕴含无限只狮子的潜能。而无限量的狮子存在于狮子的每根毛发中。(一则佛学隐喻，Chang，1970，p. 204)

混沌之沧桑(chaos and its vicisstudes)。协作型社群具有充沛饱满、千金散尽还复来的气魄，对此，我们可借"混沌"概念来理解。在日常用语中，"混沌"是与"秩序"相反的概念。与混沌相关的另一专业术语是"熵"(entropy)。从事物的潜能来看，"混沌/熵"与"秩序"分别对应于"潜能充盈"与"潜能匮乏"。坎贝尔(Campbell，1982)借用扑克牌对上述理论做了展示——若将一副扑克牌抛洒出去，获

得某个特定排列次序的实际可能性只有万分之一。由此可知，"熵越大，系统的组成部分就越加具有无穷排列组合的可能性。"(p.44)这样看来，从可能性到实际现实的过程就是从原始充裕状态溃缩到简陋现实的过程。

　　道家思想中也有类似的观点。正如郝大为(Hall，1978)所说："道即混沌，乃所有秩序之和。"(p.279)更详细地说，道家认为"如混沌一样，宇宙是所有秩序的总体，它是无时无处、无不存在的一切可能秩序"(p.278)。这种看法与量子力学不谋而合——量子力学理论中，电子可能同时存在于多个位置或同时有多种旋转方向。这种原初的充分圆满状态，道家将之比作"未经雕琢的原木——此乃一切秩序的结构形式，它具有因时因地转化成无数种秩序的可能"(p.278)。那么，我们是如何从混沌发展到秩序，从原始充裕的状态转化到匮乏有限之世界的呢？《庄子·应帝王》中一则著名故事可谓对此的绝佳隐喻：

　　　　南海之帝为倏，北海之帝为忽，中央之帝为浑沌。倏与忽时相与遇于浑沌之地，浑沌待之甚善。倏与忽谋报浑沌之德，曰："人皆有七窍，以视、听、食、息，此独无有，尝试凿之。"日凿一窍，七日而浑沌死。

　　　　（南海大帝名叫倏，北海大帝名叫忽，中央大帝叫浑沌。倏与忽常常相会于浑沌之处，浑沌总是盛情地款待他们。倏和忽在一起商量如何报答浑沌的深厚情谊，他们说："人人都有眼耳口鼻七个窍孔用来视、听、吃和呼吸，唯独浑沌没有，让我们试着为他凿开七窍。"而后他们每天为浑沌凿出一个孔窍，凿了七天浑沌却死了。)

　　浑沌之死代表着未分化的整体性破损消解，也说明我们为何需要依靠辨别差异的七种感官才能获得确定性、秩序、知识和信息。

　　"分清辨明"与"匮乏/有限"之间的关系在浑沌悲剧性死亡的故事中只是略被提及。为了更清楚地将之阐明，我们需要引用现代物理学理论来加以说明。好在梅维恒（Mair，1994）已为我们开辟、预备了道路，他以一道朴实无华的中餐——馄饨汤来隐喻宇宙之混沌。梅维恒说道："混沌原是一锅浑然一体的汤，它渐渐分解，后来一团一团像面疙瘩的物质（馄饨）便浮现出来。"(p. 386)梅维恒的注解让我们不由自主地联想到大爆炸理论。我们所讨论的主角混沌，在这里亦被称作"对称性"。

文化的对称性和非对称性模型
Toward a Symmetry and Asymmetry Model of Culture

　　大爆炸理论的故事情节大致如此：起初，炙热的原始汤（primordialsoup）具有完美的对称性；后来原始汤逐渐冷却，出现了有序的宇宙。简单来说，对称性是未分化、无差异、全然完整的；随着对称性向对称性破缺自然而然地转化，差异与分化应运而生；分化程度越高，对称性破缺也就越多。博朗代（Bolender，2010）基于变换（transformation）的概念为对称性和对称性破缺下了定义："对称性"指不生成差异的变换，即不变性（invariance）；而"对称性破缺"指不变性在变换中消弭。更具体来说，变换是"事物之变动"(p. 10)；

对称性是"不生成差异的变换"(p. 10)。简言之，变动的事物与其原先形态越相似则对称性越强。杯中水就是对称性的实例："无论怎么晃动、旋转杯子，无论杯子转得有多快，杯中的水看起来仍和原来一样。"(p. 27)

"变换中的不变性"原理(the principle of invariance in transformation)有助于我们解释和理解混沌那极富矛盾性的结构——在某个层面具有同质性，在另一层面又表现出多样性。坎贝尔(Campbell，1982)有关熵的论述非常契合此处我们讨论的内容："系统处于最大熵状态时，可见的表面之下是不停涌动的暗流，分子无秩序地碰撞游走……表层下涌动的旋流并不致使表层发生任何变化，反而确保了相似性的增加。"(pp. 33-34)对于上述"变换中的不变性原理"，我们可以借助容许变换(admissible transformation)的概念更透彻地加以理解。

容许变换指事物的排列配置并不导致系统整体产生显著差异。存在大量容许变换是对称性的标志之一。与之相反，丧失对称性导致容许变换受限。因此，从"秩序"到"混沌/熵"的变化过程可依据容许变换的"受限度"(restriction)降低或"约束度"(constraint)减少来表述。请设想一个英文填字游戏的正确答案(容许变换＝1)：

> 若题目是一串特定的字母序列，则答案仅有一种可能性，且不存在任何其他可能。当除去所有约束(条件)，连无意义字母也被容许使用时，其他答案的可能性……就极大地增加了——现在一个单词的位置上有二十种以上完全不同的拼法。(Campbell，1982，p. 46)

反过来看这个发展变化的过程，即从"混沌/熵"到"秩序"，也就是容许变换约束度加强，即"对称性破缺"的过程。坎贝尔曾以两个图书馆的假说(Campbell，1982)为例，说明"混沌/熵"与"秩序"之间的差异。第一个图书馆中，所有藏书都依据腰封颜色整齐陈列于书架上。而第二个图书馆中，《战争与和平》(*War and Peace*)被以十进制数字编码归入某类。两个图书馆的差别在于，约束书籍分类可能性的程度不同(用专业术语来说，即容许变换的约束度不同)。第一个图书馆："因不存在按书名和作者排序的规则，所以书籍在红色分区中的排列顺序有很多种可能性。"(p. 47)而在第二个图书馆中，《战争与和平》与其他所有书籍之间仅存在一种可能的顺序关系(p. 47)。这与博朗代(Bolender，2010)描述的对称性破缺非常相似。如一滴水，它蕴含着雪花的所有可能形态。当水凝成冰，原来丰富的可能性此刻只剩下某一种确定形态——所有出现其他雪花形态的可能性随之消弭殆尽。

博朗代(Bolender，2010)用"从离子态到气态，再到液态和固态的变化阶段"来描述自然界中普遍存在的"对称性破缺"。他将之称为"对称性亚组"(symmetry subgroup)的"下行序列"(descending chain)，其结构就像层层嵌套的俄罗斯套娃，高层级对称性亚组遮蔽着其下的低层级对称性亚组。例如，冻结状态的水(如冰晶)属于液态水组分的低层级对称性亚组。博朗代进一步指出，思维方式也具有类似于对称性破缺的变化序列，可见于测量尺度的四种分类——称名(A 或非 A)、顺序(称名加上差异增加的方向)、等距(次序加上差异在数量上的变化)、等比(等距加上绝对零点)。请注意，每一个

"加上"都意味着容许变换的约束度增加。博朗代(Bolender，2010)将此称为对称性亚组的"下行序列":

> 四种测量尺度相当于亚组次序的降序递减，称名尺度组分包含顺序尺度组分，顺序尺度组分包含着等距尺度组分，等距尺度组分包含着等比尺度组分。(p. 86)

上述理论看起来既严密又合理。但这些又和情绪/情感，特别是中国人的情绪/情感有什么关系呢?

对称性与关系型认知
Symmetry and Relational Cognition

艾伦·菲斯克(Fiske，1991)在其提出的社会关系模型中，用四种关系思维(relational thinking)模式来解释人类以及各类其他动物的社会关系。这四种关系思维模式可一一对应于前文所述的四种测量尺度。

①共享同当(communal sharing):特点为群体成员浑然一体、不分彼此。这种关系模式下仅有一种区分，即非此即彼的二分式关系划分——圈内与圈外。这种关系模式的分化程度最低，它对应称名尺度，正如书皮按红色与非红色划分。

②尊卑上下(authority ranking):以阶层、层级为群体成员分类的主要标准。在前述"圈内/圈外"二分法之外，尊卑上下还包含第三种类别，即"大于"和"小于"的分类。尊卑上下的分化程度高于共享

同当，它与次序性测量尺度对应。

③平等匹配(equality matching)：这一关系模式的基础是交换中的公平与平等，正如"铢两相称"的交往。相对于共享同当和尊卑上下，平等匹配的关系型思维包含着进一步分化，这种公平的观念对应等距式测量尺度。

④市场定价(market pricing)：这类关系型思维符合个人主义社会注重的理性，以功利主义为中心去权衡算计，如考量成本和收益。这种分化等级需要精确明晰的筹算和一成不变的比率，与等比测量尺度一致。

博朗代(Bolender，2010)预测，在菲斯克(Fiske，1991)的社会关系四分法模型中，对称性亚组从高到低降序发展时，容许变换的受限度相应增加。家庭聚餐或一碗酒大家喝的场所是观察"不受限的(unrestricted)容许变换"的绝佳场景："一方连喝三杯，而另一方可能只喝一杯。如果双方饮酒的杯数颠倒过来也不会造成任何社会身份上的差异。这就是一种对称性。"(p.87)最能代表对称性的关系思维模式是"共享同当"，博朗代认为"在共享同当关系中，每个人都可以随意获取所需或希求之物，也可以倾囊付出(无论怎样都不会影响人际关系)"(p.88)。随着对称性逐渐丧失，容许变换的受限度逐步增加——四种关系思维模式作为对称性亚组的下行序列即反映出这种趋势。

①共享同当：在家庭聚餐中谁比谁吃得多、喝得多对整体和谐并不造成任何影响。

②尊卑上下：只要长辈坐于上座，或已经优先享用了食物，客

人便可以随便吃喝，这并不会有碍群体和谐。

③平等匹配：对容许变换有更多限制，如所有客人可得到等量的免费饮料，但如果你想比别人喝得更多就必须额外付费。

④市场定价：容许变换受到更多限制，如餐馆里价值10元的菜与价值30元的菜在互不相识的顾客间无法随意交换。

中国人有一个专门的词来代表"容许变换"，即"没关系"。我们可以将"关系"理解为"这很重要"或"基于情感的社会联系"。由此，对"关系"的否定（"没"），既可以代表"没什么大不了的"，亦可代表"不存在感情关联"。不受限定的容许变换与强关系密切相关，这可以被一句由"关系"与"没关系"组成的双关语体现得淋漓尽致："有关系就没关系，没关系就有关系。"（对此更多的解读，详见 Yeh，2010，p. 91）也就是说，如果有关系的话，随便怎么做（即使违规）都无所谓；如果没关系的话，一举一动都有关系（会有影响关系的后果）。这个双关语的意义非常深刻。要想理清"关系"与菲斯克（Fiske，1991）的关系认知四分模型之间的关联，需要对之做更细致的剖析。对此，黄光国（Hwang，2000，2012，2014）在其围绕"关系"的研究中已有许多探讨。

黄光国（Hwang，2000）认为，"关系"可分为三个子类——家庭成员之间的表达性关系（expressive tie）、朋友和熟人之间的混杂性关系（mixed tie），以及陌生人之间的工具性关系（instrumental tie）。对于其提出的"关系矩阵"（guanxi matrix），黄光国通过研究（Hwang，2014）证明该理论与菲斯克（Fiske，1991）的关系认知四分模型有着很强的兼容性。在此基础上，吕坤维（Sandararajan，2014）将黄光国的关系矩阵模型与博朗代（Bolender，2010）的对称性亚组下降序列概念结合，对相关理论做了进一步拓展。

倒置的宇宙

Upside-Down Universes

概括地讲，我将文化的个人主义—集体主义假说置于认知的两个维度之上——投入（involvement）与分化（differentiation），前者聚焦于相似性，后者聚焦于差异性（Sundararajan，2002；Sundararajan & Averill，2007）。这两个维度的交叉点是区分强关系社群与弱关系社群的关键。强关系型社群具有高投入、低分化的特征，以共享同当的关系模式为代表。弱关系型社群的特征为低投入、高分化，以市场定价的关系模式为代表。进而，这些不同的生态环境促发生成了各异的文化理性。

要了解东西方如何在理性上形成彼此倒置的宇宙，我们需要再次审视"对称性"和"对称性破缺"这两个概念。薛定谔的猫既是活的也是死的，此即"对称性"状态。如果你窥视一眼，那么这时猫就确定了是生是死，而非同时处于两种状态，此即"对称性破缺"。可见，对称性状态的模糊度很高且信息度较低——我们并不知道猫是生是死。与此相对，对称性破缺降低了模糊性，带来更多信息——你对猫的状态已了如指掌！

在《道德经》中，我们可以找到中国版的"对称性"和"对称性破缺"（第 42 章）："道生一，一生二，二生三，三生万物。"（Lynn，1999，p. 135）依照菲斯克（Fiske，1991）的理论，"二"对应"共享同

当"这种二分式思维模式（即圈内、圈外）。对于"一"，博朗代（Bo-
lender，2010）认为可能存在一种超越共享同当的"终极对称性"（ul-
tra-symmetry）形态，他称之为"无限融合"（oceanic merging）。博朗
代认为无限融合是"与万物合一，融于博爱之感"（p. 107）。为了整合
道家思想中有关对称性和对称性破缺的观点，我将"无限融合"也置
入菲斯克（Fiske，1991）的社会关系认知模型。具体见图 1-1（图 1-2
为图 1-1 的镜像）。

　　在解读图 1-1 时，我主要参考了市场营销领域学者周南（Zhou，
2011，2012）对东西方的对比。图 1-1 展示了中国人的价值阶梯，在
这里融入"道"、参与"道"的理想具有最高价值，而低投入度、高分
化度的市场经济模式排序最低。前者的价值观大多围绕生活修养，
后者的价值观则多半与追求利益有关（Zhou，2012）。周南所谓的"君
子上达，小人下达"（p. 3）就是对中国人价值排序的解读。同样的逻
辑也适用于图 1-2，只不过发展方向完全相反。

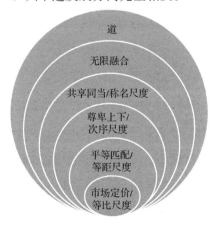

图 1-1　对称性亚组向对称破缺发展的下降序列

图 1-2　精度高至低或由秩序向熵降序发展的测量尺度

图 1-2 反映的是以追求知识为理想的世界，它以外显、明确的表达方式为规则。这种价值系统在等比到称名等四种测量尺度中都非常明显。等比尺度是西方绅士/科学家偏好的理想测量尺度，因为它可让使用者获得丰富、大量的信息。与此相反的是称名尺度，其效用不高，并不能提供许多信息。在图 1-2 中，如果我们将对称性亚组视为知识排列的阶梯，西方偏好上行方向，而中国人倾向于阶梯的下行方向。为什么会这样呢？周南（Zhou，2011）给出一个既简洁又颇具说服力的回答："为学日益，为道日损。"（p.6）他认为这种不同源于西方与中国的根本差异——前者偏好"以物为本"的非关系型认知风格，后者则偏好"以人为本"的关系型认知风格（Zhou，2011，2012）。

重申。简言之，中国与现代西方形成了彼此倒置的宇宙。我将两者差异的根源归结为对两种认知类型——关系型认知和非关系型认知的偏好，前者适合同类动物间形成紧密社会联结的需要，后者则适合掌握和控制外在世界的需要。这两种认知类型都是生活所必需的，但不同文化对它们各有偏好。在关系型认知影响下，中国文化崇尚"共享同当"的理想，可见于强关系社群成员之间的和谐关系。中国文化背后的理性具有高度对称性，它偏好紧密的人际关系所蕴含的丰富可能性，远胜于在陌生人之间竭力地管理、利用有限的资源；它偏好随性、无拘无束的联想式思维，尤其沉湎于同己之间含蓄交流时所产生的模棱两可的意义，远胜于辛苦地使用分析和推理思维去和陌生人做明显清晰、简单精确的沟通；它偏好同己之间心心相印的心性延展之乐，远胜于倾力追求获取更多知识和信息的人生。与上述中国式理性相反，现代西方社会正如"市场定价"的非对称性理性模式，偏好"非此即彼"这种精确分化的逻辑远胜于含混、矛盾的"两者皆可"的逻辑。

　　进一步讲，中西认知风格上的差异也许可归结为对称性持守/重建（symmetry maintenance/restoration）与对称性破缺的一系列对照比较，下列每对对比中都包含两项对立的属性。前一项倾向于矫平差异，从而持守或重建对称性，后一项倾向于加强差异，以破坏对称性（关于矫平和强化差异，请参考 Gardner，Holzman，Klein，Linton ＆ Spence，1959）：整体性对应分析性，联想式思维对应规则化推理，模糊、内隐性（直觉、探索式）编码对应外显性编码，第一类思维系统（自动、联想、整体式加工）对应第二类思维系统（费力的、反思性加工）（Evans，2008；Stanovich ＆ West，2000）。为了方便读者，我已将这些文化间的差异列于表 1-1 当中，敬请参阅。

　　这一长串特征属性的对比似乎又回到了跨文化心理学一贯的繁

杂作风。然而本书的解释性框架能帮助我们将这些属性整合起来，进而落脚在一个关于文化理性的问题：这些认知差异在情感生活中如何体现？这个问题需要用很多篇幅来论述——本书后面各章节就是对它的解答。本书将特别探讨：汉字"心"字既指情感，也指认知，以此为据，中国文化的认知风格在情感上被同步转换为一种独特的"体验当下"（being present）的风格（Seigworth & Gregg，2010，p. 14），反之亦然。对于这种转换，心理学一贯认可的认知风格理论可能并不适用。换句话说，表 1-1 所列出的仅仅是认知"面团"的"原料"，这些认知"原料"又是如何呈现为富有中国式情感的"体验当下"呢？这是一个有关"烘焙"的故事，故事中的文化心理学与本土心理学理念将在后文中娓娓道来，这恰如一句犹太谚语所说："虽揉捏源于同一面团，却烘焙出自不同烤炉。"

重审，何谓文化？
Once Again, What is Culture?

在本书最终的论述部分，我提出将文化视为"体验当下"的种种风格，以期扭转目前跨文化心理学对外显信念的过度强调。文化之重点在于生活经验，因为后者是多层面的，且富含种种真切的情感体验。对于这一点，埃夫里尔（Averill，2011）一语中的：

文化……主要是来自其成员生活经验中的感情，而非来自教条或信仰等思想内容。譬如，要想了解某个文化的思想观念或信仰，作为局外人的人类学家只需去观察即可；然而真正的文化适应（aculturation），只有当局外人切身体验过该文化特有的情绪/情感之后才能实现。(p.7)

我希望在接下来的章节中，当读者深入中国人对情绪/情感的论述时，能感受到那回响在时间长廊中的中国思想对心灵的激荡——正如那"静止而运行不息的中国瓷瓶"一样。

表 1-1　对称性与非对称性文化理想中认知类型及认知风格对比

认知类型	关系型	非关系型
生态环境	同己他人、强关系、以(心理)丰裕性和协作为基础的社群	异己他人、弱关系、以匮乏性和竞争为基础的社群
文化理想	对称性	非对称性
	道/混沌(有序的对照性低、模糊性高)	秩序(有序的对照性高、模糊性低、明确性高)
	共享同当	市场定价
心理映射	心与心交	心与物交
	一心之内，心与识之映射	心与物之映射
	两心之间，此心与彼心之映射	
认知取向	向内	向外
	私人空间	公共空间
认知任务	人际关系	控制外部环境
特点	低认知控制	高认知控制
	基于相似性的推理(共鸣、类比)	识别差异
	注重觉知，以维护经验的完整性	注重收集信息，以增进知识

续表

认知类型	关系型	非关系型
有利于对称性或非对称性的不同认知风格	齐平（强调相似性）	突出（强调差异）
	内隐性编码	外显性编码
	联想、启发式、直觉的	基于规则推理
	联想式的关联	抑制联想式的关联
	整体性	分析性
	整合的，注重系统之间的关系	线性的，注重分解片段化的
	第一类思维系统	第二类思维系统
	高容量	低容量
	知觉型/非语言的	概念型/言语的
	快速的	慢速的
	认知投入低／无意识的	认知投入高／意识的

参考文献

References

Averill, J. R. 2011. Ten questions about anger that you may never have thought to ask. In F. Pablavan(Ed.), *Multiple facets of anger: Getting mad or restoring justice?* (pp. 1-25). New York: Nova Science.

Bloom, P. 2007. Religion is natural. *Developmental Science*, 10, 147-151.

Bloom, P. 2009. *Descartes' baby*. New York: Basic Books.

Boden, M. A. 2009. Computer models of creativity. *AI Magazine*, 30(3), 23-34.

Bolender, J. 2010. *The self-organizing social mind*. Cambridge, MA: The MIT Press.

Buss, D. M. 2000. The evolution of happiness. *American Psychologist*, 55, 15-23.

Campbell, J. 1982. *Grammatical man*. New York: Simon & Schuster.

Chang，C. -Y. 1970. *Creativity and Taoism*. New York：Harper & Row.

Cohen，A. B. 2009. Many forms of culture. *American Psychologist*，64，194-204.

Dunbar，R. I. M. 2014. The social brain：Psychological under pinnings and implications for the structure of organizations. *Current Directions in Psychological Science*，23，109-114.

Dunbar，R. I. M.，& Shultz，S. 2007. Evolution in the social brain. *Science*，317，1344-1347.

Durkheim，E. 1995. *The elementary forms of religious life*（Trans. K. E. Fields）. New York：The Free Press.

Evans，J. S. B. T. 2008. Dual-processing accounts of reasoning，judgment，and social cognition. *Annual Review of Psychology*，59，255-278.

Fiske，A. P. 1991. *Structures of social life：The four elementary forms of human relations*. New York：The Free Press.

Fiske，A. P. 2002. Using individualism and collectivism to compare cultures-Acritique of the validity and measurement of the constructs：Comment on Oyserman et al. 2002. *Psychological Bulletin*，128(1)，78-88.

Fletcher，G. J. O.，Simpson，J. A.，Campbell，L.，& Overall，N. C. 2015. Pair-Bonding，romantic love，and evolution：The curious case of homo sapiens. *Perspectives on Psychological Science*，10，20-36.

Freeman，W. J. 2000. *How brains make up their minds*. New York：Columbia University Press.

Gardner，R. W.，Holzman，P. S.，Klein，G. S.，Linton，H. P.，& Spence，D. P. 1959. Cognitive control：A study of individual consistencies in cognitive behavior. *Psychological Issues*，1，1-186.

Granovetter，M. S. 1973. The strength of weak ties. *American Journal of Sociology*，78，1360-1380.

Hall，D. L. 1978. Process and anarchy：A Taoist vision of creativity. *Philosophy East and West*，28，271-285.

Hall，D. L.，& Ames，R. T. 1987. *Thinking through Confucius*. Albany，NY：State University of New York.

Hamlin，J. K.，Mahajan，N.，Liberman，Z.，& Wynn，K. 2013. Not like me = bad：Infants prefer those who harm dissimilar others. *Psychological Science*，24，589-594.

Harb，C.，& Smith，P. B. 2008. Self-Construal across cultures：Beyond independence and interdependence. *Journal of Cross-Cultural Psychology*，39，178-197.

Heidegger，M. 1982. *The basic problems of phenomenology*（*Trans. A. Hofstadter*）. Bloomington，IN：Indiana University Press.

Henrich，J.，Albers，W.，Boyd，R.，Gigerenzer，G.，McCabe，K. A.，Ockenfels，A.，& Young，H. P. 2001. Group report：What is the role of culture in bounded rationality? In G. Gigerenzer & R. Selten(Eds.), *Bounded rationality/The adaptive tool box* (pp. 343-359). Cambridge, MA: MIT Press.

Hwang, K. K. 2000. Chinese relationalism: Theoretical construction and methodological considerations. *Journal for the Theory of Social Behavior*, 30, 155-178.

Hwang, K. K. 2012. *Foundations of Chinese psychology: Confucian social relations*. New York: Springer.

Hwang, K. K. 2014. Culture-inclusive theories of self and social interaction: The approach of multiple philosophical paradigms. *Journal for the Theory of Social Behaviour*, 45, 39-62(special issue on Indigenous Psychology).

Katz, R. , & Murphy-Shigematsu, S. 2012. *Synergy, healing, and empowerment*. Calgary, Canada: Brush Education.

Konner, M. 2011. *The evolution of childhood*. Cambridge, MA: Belknap Press of Harvard University Press.

Kozhevnikov, M. , Evans, C. , & Kosslyn, S. M. 2014. Cognitive style as environmentally sensitive individual differences incognition/A modern synthesis and applications ineducation, business, and management. *Psychological Science in the Public Interest*, 15, 3-33.

Liu, W. C. , & Lo, I. Y. (Eds.). 1975. *Sunflower Splendor: Three thousand years of Chinese poetry*. Garden City, NY: Anchor.

Lynn, R. J. 1999. *The classic of the way and virtue*. New York: Columbia University Press.

Mahajan, N. , & Wynn, K. 2012. Origins of"us"versus"them": Prelinguistic infants prefer similar others. *Cognition*, 124, 227-233.

Mair, V. H. 1994. *Wandering on the way*. Honolulu, HI: University of Hawaii Press.

Martin, R. L. 2009. *The design of business: Why design thinking is the next competitive advantage*. Cambridge, MA: Harvard Business Review Press.

Martin, R. L. 2009, Winter. The science and art of business. *Rotman Magazine*, 5-8.

McKeown, G. J. 2013. The analogical peacock hypothesis: The sexual selection of mind-reading and relational cognition in human communication. *Review of General Psychology*, 17, 267-287.

Moscovici, S. 2013. The social representation of victims. In R. Permanadeli, D. Jodelet, & T. Sugiman(Eds.), *Alternative production of knowledge and social representations*(pp. 43-53). Yogyakarta, Indonesia: University of Indonesia Press.

Munakata, K. 1983. Concepts of *lei* and *kan-lei* inearly Chinese art theory. In S. Bush & C. Murck (Eds.), *Theories of the arts in China* (pp. 105-131). Princeton, NJ: Princeton

University.

Nisbett, R. E. , Peng, K. , Choi, I. , & Norenzayan, A. 2001. Culture and systems of thought: Holistic versus analytic cognition. *Psychological Review*, 108, 291-310.

Oishi, S. , & Kesebir, S. 2012. Optimal social-networking strategy is a function of socioeconomic conditions. *Psychological Science*, 23, 1542-1548.

Oyserman, D. , Coon, H. M. , & Kemmelmeier, M. 2002. Re-thinking individualism and collectivism: Evaluation of theoretical assumptions and meta-analyses. *Psychological Bulletin*, 128, 3-72.

Rowley, G. 1974. *Principles of Chinese painting*. Princeton, NJ: Princeton University Press. Scruton, R. 2007. *Culture counts*. New York: Encounter Books.

Seigworth, G. J. , & Gregg, M. 2010. An inventory of shim mers. In M. Gregg & G. J. Seigworth (Eds.), *The affect theory reader* (pp. 1-25). Durham, NC: Duke University Press.

Shweder, R. A. 1991. *Thinking through culture: Expeditions in cultural psychology*. Cambridge, MA: Harvard University Press.

Shweder, R. A. , Goodnow, J. , Hatano, G. , LeVine, R. , Markus, H. , & Miller, P. 1998. The cultural psychology of development: One mind, many mentalities. In W. Damon(Ed.), *Handbook of child psychology: Theoretical models of human development* (Vol. I , pp. 865-937). New York: Wiley.

Stanovich, K. E. , & West, R. F. 2000. Individual differences in reasoning: Implications for the rationality debate? *Behavioral and Brain Sciences*, 23, 645-726.

Sundararajan, L. 2002. The veil and veracity of passion in Chinese poetics. *Consciousness & Emotion*, 3, 197-228.

Sundararajan, L. 2009. The painted dragon in emotion theories: Can the Chinese notion of ganlei add a transformative detail? *Journal of Theoretical and Philosophical Psychology*, 29, 114-121.

Sundararajan, L. 2014. Indigenous psychology: Grounding science in culture, why and how? *The Journal for the Theory of Social Behavior*, 45, 63-80(Special issue on Indigenous Psychology).

Sundararajan, L. , & Averill, J. R. 2007. Creativity in the everyday: Culture, self, and emotions.

In R. Richards(Ed.), *Everyday creativity and new views of human nature* (pp. 195-220). Washington, DC: American Psychological Association.

Todd, P. M. , Gigerenzer, G. , & The ABC Research Group. 2012. *Ecological rationality: Intelligence in the world*. New York: Oxford University Press.

Triandis, H. C. 1995. *Individualism and collectivism*. Boulder, CO: Westview Press.

Voronov，M. ，& Singer，J. A. 2002. The myth of individualism collectivism：A critical review. *The Journal of Social Psychology*，142，461-480.

Waytz，A. ，Epley，N. ，& Cacioppo，J. T. 2010. Social cognition unbound：Insights into anthropomorphism and dehumanization. *Current Directions in Psychological Science*，19，58-62.

Yeh，K. H. 2010. Relationalism：The essence and evolving process of Chinese interactive relationships. *Chinese Journal of Communication*，3，76-94.

Zhou，N. 2011. A reflection of my 30-year journey as a marketing scholar："He who overcomes himself is strong，and he who is content is rich?"(in Chinese). *Journal of Marketing Science*，7(3)，1-7.

Zhou，N. 2012. *The dilemma between money and life/A message from the Daodejing* (*in Chinese*). Beijing，China：Peking University Press.

第 2 章

和: 对称性的如履薄冰之舞
Harmony: A Delicate Dance of Symmetry

导 言
Introduction

"和"是中国文化中最基本的象征符号。正如"爱"在西方基督教传统内的核心地位,"和"在中国历史中也扮演了非常重要的角色(Li,2008)。纵观历史,人们以"爱"与"和"为名,施行了诸多善行与恶行。因此,解析"和"的基本结构并区分出优质(optimal)与劣质(suboptimal)的"和"非常重要。本章将说明如何通过对称性的概念将两种"和"区分开来。

"和"可被视为一种"审美式的情感",是因愉悦而生的愉悦。愉悦(pleasure)是多重心理加工任务目标同时达成时产生的积极情感;由愉悦而生的喜悦之情即"和"。迪肯(Deacon)将"审美式的情感"定义为"多个感情之间的情感关系"(p.51)。据此引申,"和"需具备两个要素——各方之间存在关系,以及对这些关系的觉知(aware-ness)。本章着重探讨"和"的第一个要素——事物之间的关系。对于第二个要素"觉知"——对"和"的二阶觉知（second-order awareness）（因愉悦而生的愉悦）——将在后续章节（特别是本书第 10 章）讨论。

我的讨论分为三个部分：首先，通过分析"和"的结构，我提出"和"是一种高维复杂系统（high dimensional complex system），它具有维护和保持对称性的特征。其次，我将深入分析那些旨在保持对称性的认知风格及相关策略。最后，我提出，决定"和"之优劣的因素可分为两类——回避对称性破缺与认知复杂性匮乏。

"和"之结构
The Structure of Harmony

中国典籍中的"和"及其内涵。"和"字源于对演奏乐器与烹煮调味的描述（Lu，2004）。关于烹煮，《左传》中有这样一段话："和如羹焉，水、火、醯、醢、盐、梅，以烹鱼肉。"（"和"就像做肉羹，用水、火、醋、酱、盐、梅来烹调鱼和肉）（Fung，1962，p. 107）关于音韵，《尚书》中写道："八音克谐，无相夺伦，神人以和。"（八种乐器的音调能够调和，不失次序，神人关系因此得以和谐）（Holzman，1978，p. 23）请注意，上述典籍对"和"的描述——构成鲜美汤羹的繁杂配料和庞大的乐器数目——其多重性和多元性是如此的卓绝凸显。有鉴于此，吕坤维（Frijda & Sundararajan，2007；Sundararajan，2010，2013）将"和"定义为：计算多系统间均衡性的高维结构。这一定义突出强调了寓于"和"中之对称性的两个特征，即高维与动态——"和"是随时变动、非静态的平衡。

高维性。"和"具有内在多元性的结构特征，广为人知的例子是"阴阳"——内（阴）、外（阳）的二元对立结构就是对多元性的绝佳反映。相传古代著名画家吴道子（公元 792 年）曾耗时良久为宫廷创作一幅画。终于一日大功告成，皇帝前来观赏。当画家将遮盖画作的幕布徐徐揭开，精美绝伦、栩栩如生的图景映入皇帝眼帘，让他不禁屏息凝神，久久注视：

树木郁郁葱葱，山峰重峦叠嶂，云雾缭绕，飞鸟穿行，甚至山间的行人也清晰可见。"看！"画家一指："此处洞中有仙！"吴道子双掌一击，洞门忽然打开。画家步入其中，转身说道："洞中风景更佳，溢于言表，请陛下随我来观赏！"但是皇帝还没来得及跟上，甚至未及言语之时，洞门、画家和整个画作都消失不见了，在他面前的只有那堵莹白的墙面，一丝墨迹也没有留下。（Chang，1970，p. 95）

学者张钟元（Chang，1970）这样解读上述逸事："所有美妙事物的外表下都蕴含着'与背景合一'，这种终极现实令人的心智受到启迪，从而能窥见自身灵性的合一，并进入与宇宙合一的境界，即达到万事万物和谐相容的境界。"（pp. 95-96）上述有关"和"之结构的理论可借用俄罗斯套娃的构造加以理解。在"外与内"或"表与里"的二元对立中，低维对称性亚群（外形、表面）嵌套于高维对称性亚群（共性、内在现实）之内，而前者的意义因后者而生。张钟元（Chang，1970）写道："道家思想认为，我们的日常生活之所以有意义，乃因其背后的终极现实出自'和'。"（p. 96）

"和"的双层、二重式结构——内与外——直接影响保持"和"的方式。用与他人达成妥协的方式为例，在某些情境下东方人表面上服从普遍的公共现实规则，但私下里依然我行我素。一言以概之，即"阳奉阴违"（Hwang，2000，p. 172）。比较有名的例子是诺贝尔物理学奖得主汤川秀树（Hideki Yukawa，1973）。他将自己的科学造诣归因于其内在东亚式的叛逆性格——表面恭顺谦卑，内心却桀骜不驯："我从不按他人指示的方式去解决问题，对于被命令去做的事，我下意识地心怀反抗之情。但就我而言，我认为自己是一个恭顺的人。"（p. 37）

"和"是一种动态平衡（dynamic equilibrium）。日常生活中的"平和"（moderate）是"和"较为常见的体现形式——这是一种以中庸为纲的自我调控形式。对"和"最具洞见性的解读来自儒家典籍《中庸》：

> 喜怒哀乐之未发，谓之中；发而皆中节，谓之和。

> （喜怒哀乐还没有表现出来时的那种平和状态，叫作"中"；既表现出来，又恰到好处，这种状态就是"和"。）

请注意，情感扰动（perturbation）前与后的不同状态区分出了"中"（均衡）与"和"。若用对称性与对称性破缺理论分析《中庸》里的这段话，那么这里讲的是：原本的对称性，即"中"（均衡态）是心灵受到扰动之前的状态；此时同质性无限大——道家典籍常将此比作平静的水面。情绪/情感的发生触发了对称性破缺；而成功的对称性重建被称为"和"，即"中庸"。用冯友兰（Fung，1962）的话来说："情绪/情感被激发但又保持适度，是为中庸（平衡）。"（p. 107）可见，"和"并非原初既有的，而是继发、重建的对称性，亦被称为动态平衡（Fung，1962）。大爆炸前的对称性是不含差异性的秩序，而继发出现的"和"(重建的对称性)，则是混杂交织的差异性不断动态变换的平衡。

正如吕坤维(Sundararajan，2013)指出，中国思想中的"和"是一种动态平衡，这为我们带来下面三点深刻启示：

第一，"和"是重建后的对称性，而非趋向高同质性的原始对称性(Bolender，2010)。只有在对称性破缺之后那充满差异和多样性的世界中，"和"才可蓬勃发展(Bolender，2010)。

第二，"和"存在于对称性破缺之后，其主要功能是重建和维持对称性，以免对称性进一步破缺。

第三，中国人之"和"的观念是一种对维持和重建对称性的机制，它对对称性破缺具有固有的拒斥性。

"和"的内部也许存在固有张力。拒斥对称性破缺可能会导致排斥差异性。但"和"是动态的平衡，只有在具多元性和差异性的条件下"和"才能显其所长。这样来看，是否拒斥对称性破缺可能是决定优与劣之"和"的关键。这一点将在后文展开探讨。下面，让我们先来看看"优质之和"是如何运用那些有利于保持对称性的认知策略。

和：对称性之保持与重建
Harmony as Symmetry Maintenance and Restoration

对称性的功用在于中和差异的影响。让我们回想前文——对称性结构是一种不生成差异的变换(Zee，1986)。例如，$a=b$，此处 $b=a$ 亦成立。这被博朗代(Bolender，2010)称为不受限的容许变换。简而言之，容许变换就是"不生成差异的差异"，换言之即中和差异。中文语境下，对差异的中和可以用"没关系"来表达，这是保持"和"的技巧之一。这种表达法可解释为：无论变换生成了什么样的变动或差异(如儿子让家族产业蒙受亏损)，皆不会导致人际关系发生任何本质改变(我们依然是一家人)。在下面的章节中，我将详细分析几类重要的认知风格(见本书第1章，表1-1)——"阴"和"阳"的辩证关系、整体式思维和低认知控制，并深入讨论有助于中和差异的相关策略。

辩证性思维
Dialectic Thinking

辩证性思维是"和"偏好的认知风格之一。 对此的最佳例证即"阴阳"式的辩证关系(Fang，2010；Li，2012)。"阴阳"可被视为一种保持秩序的变换(order-preserving transformation)(Bolender，2010)，它通过互补原理来中和差异性(Peng & Nisbett，1999)。互补原理认为，A与非A有相反的动力，它们以对立互补的形态存在。正如《左传》所说："五声、六律、七音……以相成也；清浊、大小……哀乐……以相济也。"(五种音阶、六种韵律、七种声音……彼此补全，清澈与浑浊、渺小与博大……悲痛与愉悦……它们因彼此不同而让彼此放大。)(引自Ames & Rosemont，1998，p.255)。在此，尽管参与演奏的乐器种类繁多，发出的声音也多种多样，但"阴阳"式的辩证关系中和了种种差异——各方的对立冲突彼此消解，"和"得以保持。

"阴阳"式辩证的作用机制在于：任何一方都不生成无法消解的差异——A生成的任何差异都可被非A制衡。

阴阳两极式的辩证关系不仅有助维持现存秩序，还能创造出既包含A又包含非A的新和谐秩序。由此可见，互补原则有"包容差异"的特性。这一点在《左传》中有生动的体现——晏子云："夫和实生物，同则不继。以他平他谓之和，故能丰长而物归之；若以同裨同，尽乃弃矣……"（"和"才是万物生生不息的原则，"同"并不能让生机得以维持。以差异平衡差异，就叫"和"；所以万物趋之，因之丰盛而成长。如果以相同的东西互补相同的东西，便会让生机消弭殆尽，被万物所离弃）（Fung，1962，p. 108）。差异，即晏子所说的"他"，不应被消除，而是要兼容并包地、适度地配合，从而创造"和"（"以他平他谓之和"）。这与郑思雅、李秀丽、赵志裕（Cheng，Lee & Chiu，1999）的研究发现不谋而合——中国人的辩证思维具有包容性，可以将表面上不一致、相矛盾的行为和观念整合到一起，以此来建立和维持生活中的和谐。

适度（due porportion）。中和差异的另一策略是削减过多的差异，使冲突得以回归至可协调、和解的范围之内。正如冯友兰所言："'和'是中和不同以达到和谐统一……但是要达到'和'，各种差异都要按适当比例纳入，这就是'中'。所以'中'的作用就是达到'和'。"（Fung，1966，p. 174）

若想保持适度调和就必须抑制和约束。由此，中和或中庸原则常以否定性的措辞表达。正如西方童话《金发姑娘与三只熊》中提到的"恰好合适原则"(Goldilocks principle)^①一样，中庸原则可以用 A 而非 Ā 来表达：Ā 即 A 之极端(Lu，2004，p. 145)。子曰："《关雎》乐而不淫，哀而不伤。"(孔子说："《关雎》这篇诗，快乐而不放荡，忧愁而不哀伤。")

　　日常用语中，"中庸观"是指采取中道而不偏行极端。正如《尚书》中对音乐的评述："八音克谐，无相夺伦，神人以和。""夺伦"即一方独大——A 完全压倒非 A 或相反的情况。这种"一方独大"的现象可以理解为"生成差异的差异"(difference that makes a difference)，这种情况最终会导致对称性破缺。与此相对，"中庸之道"不容许过度强烈的差异破坏各个差异之间的对称性，使"和"的多维性与多元性得以维持，从而达到 A 与非 A 的动态平衡。换句话说，因为"和"是多方之间的动态关系，具有内在、固有的多元性，所以"和"之最佳状态取决于差异性和多元性的保持程度——避免出现一家独大式的对称性破缺。

整体式思维
Holistic Thinking

　　"和"偏好的另一种认知模式是整体式思维(holistic thinking)。

---

　　① 　恰好合适原则：又称金发姑娘原则，源自西方家喻户晓的童话故事《金发姑娘与三只熊》，童话中金发小姑娘在森林中发现了棕熊一家的房子，熊们不在家，房子中有棕熊爸爸、熊妈妈和小熊的食物和床，金发小姑娘每一样都试了试，发现食物要么太热、要么太冷，床要么太大、要么太小，只有其中一份食物是温热的，她终于可以吃饱肚子，只有一张床的大小刚刚适合，她才能躺在上面睡着。——译者注

整体式思维具有两种特性：a. 它存在于高维概念空间；b. 它特别善于将事物组合成套(forming sets)。让我们首先来看看"高维概念空间"是什么。我们可以借用"既……又……"而非"非此即彼"的逻辑来理解阴阳之辩证关系(Li，2014a)。"非此即彼"式的结构在某个时刻只容许一方运作，是单维概念空间。与之相对的是多维概念空间组成的"既……又……"式结构，这里容许多层级、相互平行的运作同时并存。

其次，整体式思维对各方关系非常敏感，因此它具有将诸多方面整合为一个分析单元或一套完整系统的倾向。日常生活中，整体式思维处理问题时不是在对立的两种现实中二择一，而是同时加以肯定，并在两者间协调出某种可行的关联。在当代科学中，整体式思维是"动态系统"或"混沌理论"之数学模型的基础。譬如，将捕猎者(predator)与宿主（host）这两个对立系统整合为一个单元进行分析(Sabelli，2005)，这与传统的线性、因果分析模式截然不同。

整体式思维用构建组合的方式保持和重建对称性。由此我们推测，整体式思维排斥对称性破缺。目前已有实证研究支持这个推测。

成套与不成套的组合。试想，有人给你看一些照片，让你从五只小狗里选出两只送给好友，但后来得知好友的房东只允许一个公寓内养一只宠物。多扫兴呀![1] 这种情况就是常说的"选择受阻"(blocked-choice)实验范式。请设想这样一种情境：有人让你从三瓶饮料(牛奶、汽水、运动饮料)和三包零食(饼干、薯片、巧克力棒)

---

[1]　英文原文此处为"What a bomber"，系笔误，应为"What a bummer"。——译者注

中各选一种享用。假设你选了汽水和薯片，然后被告知："哎呀！刚才说错了，不能选两种，你只能选一个喜欢的。"那么现在你打算怎么办？是从已选的两个里选择（汽水或薯片），还是从先前你没选的东西中重新挑一个（牛奶、运动饮料、饼干、巧克力棒）？穆雷、奥伊斯曼和朴允希（Mourey, Oyserman & Yoon, 2013）的研究表明，这种情境下你的选择取决于你倾向于集体主义思维还是个人主义思维。

穆雷等人（Mourey et al., 2013，p. 1620）发现，相对于启动个人主义倾向的被试，启动集体主义倾向的被试在说明其所选两种东西的搭配合理性时会给出更多理由；另外，当被告知已选的东西之一已经发完时，他们往往不倾向享用已选物品，而会重新从总体中选取新的项目（p. 1620）。启动个人主义倾向的被试似乎"更为理性"——如果只容许取一样东西，他们倾向于从已选的汽水或薯片中选取——这种行为符合"理性决策论"假说。举例来说，理性决策论中的优势决策原则（dominance principle in choice）（Kahneman & Tversky，1984）认为，如果方案 A 各方面都不逊于方案 B，且方案 A 至少在一个方面优于方案 B（如你选择了它），那么个体将选方案 A（汽水或薯片），而非方案 B（其他之前未选的零食、饮料）。然而，启动集体主义倾向的被试却恰恰与此相反。

在已选物品中进一步选择意味着打破已有组合；不从已选物品中再选则反映出被试不愿打破已选的组合。穆雷等人（Mourey et al.，2013）在实验中反复观测到，集体主义倾向越强就越可能"排斥不完整的组合，愿意付出更多认知资源获取完整的组合"（p. 1618）。他们在另一个研究中发现"被随机分配到启动集体主义倾向组的白人被试与拉丁裔被试在执行打破成套组合任务时耗费更多时间——他们犹豫了；此外，这些被试会付出更多认知资源去重建一套组合，也对组合中各成分之间的关系更敏感"（p. 1620）。

为什么一个组合（甚至是迫选的汽水、薯片组合）对于启动集体主义倾向者如此重要？穆雷等人（Mourey et al.，2013）将此归因为集体主义文化具有生成关联（form relationship）的倾向："集体主义观对形成关系的可能性非常敏感，所以被启动集体主义倾向者能随时随地发现事物间的关联，并且不愿打破这些关系"（p. 1620）。根据这个观点我们可以推论，亚洲人更可能具有"随机群体效应"（minimal group effect）（Tajfel，1970）。在一系列实验中，塔杰菲尔（Tajfel，1970）将被试随机分组，告诉他们一些编造的分组依据。被试很快就认同了虚构的分组依据，并展现出"组内同类特征"。随机群体效应在西方得到广泛验证，但在中国的情况截然不同。实际上，有研究发现东方的情况恰恰相反（如 Brewer & Yuki，2007）——相较于西方被试，亚洲人较少随时随地与陌生人发展人际关系。

一些学者的重要发现（Nisbett，Peng，Choi & Norenzayan，2001）可为穆雷的观察提供更有力的解释——集体主义文化偏好整体式思维，个人主义文化偏好分析性思维。在整体式思维中，多个独立项目混合后会组成一个新实体——一套组合：

若 a＝汽水，b＝薯片；则 a＋b＝C

在分析式思维中不存在 C，因为即使混合后（a）与（b）仍是独立的项目（a，b）。所以在个人主义思维中，"选择受阻范式"仅仅意味着个人的选择从两项(a，b)递减到一项——（a）抑或（b）。但在整体式思维中，"选择受阻范式"暗含 C 的对称性破缺，这属于应尽可能避免的情况。这印证了我提出的拒斥对称性破缺假说——面临"选择受阻"困境时，整体式思维宁可从未成组合的诸多选项中选取，以尽量避免破坏现有的组合。此假说与研究者们（Mourey et al.，2013）观测到的现象完全契合！

低认知调控
Low Cognitive Control

"和"是多维系统，它本身即体现为多个不同子系统间的协调。协调（proper coordination）需要认知调控参与，而认知调控水平有高低之分。高认知控制体现为受控的序列加工，低认知调控体现为自动的平行加工。具体来说，"高调控最适于进行清晰的、基于规则的、言语组织的任务，即那些依赖工作记忆之有限资源而执行的任务；低认知调控适于执行内隐的、快感满足性的、非言语的任务，即那些不受工作记忆资源限制即可完成的任务"（Bocanegra & Hommel，2014，p. 1254）。

认知调控的高低之分可能正是对称性保持和对称性破缺的分野。高认知调控蕴含对称性破缺。举例来说，受控的信息加工过程能过滤无关信息；基于规则的推理会主动削减模糊性，使加工更为清晰明确。与前者相对，低认知调控在加工信息时更多使用包容性的处理方式，从而促进对称性重建。举例来说，内隐、关联式的推理可以促进信息自由流动，而不存在自上而下加工的调控式干预。

　　不同水平的认知调控适于不同的生态环境(Bocanegra & Hommel，2014)。低认知调控以自下而上的平行加工为特点，这种加工方式非常适于预测性较高的强关系生态环境。与前者相对，高认知调控以规则性推理为特征，有助于减少不确定性和模糊性，这在可预测性较低的弱关系环境中非常重要。若调控需要消耗认知资源，那么低调控在高可预期性环境中消耗的认知资源较少，这与邓巴(Dunbar，2014)的研究发现一致——"家庭关系消耗认知资源较少，因为交往中我们仅需弄清自己与交往对象的亲缘关系，而无须回想过去双方交往的所有细节"(p. 111)。这一理念的应用之一，即生态环境与认知调控水平是否匹配会影响信息的认知加工：在可预期性较高的环境中，高度认知调控可能阻碍或干扰对信息的自动化探索加工(Bocanegra & Hommel，2014)。在接下来的部分，我将应用上述认知心理学的精辟发现对"和"展开分析。

　　不加调控的认知。中和蕴含"适度"之义。冲动与抑制往复摆动——冲动的激起和衰落、抑制的施加和解除——可能过度过量，亦可恰到好处。那么如何在相互竞争、混杂交错的子系统间达到"适度"呢？这其中存在两种可行途径：第一种是增强控制，如通过自上而下的认知加工压制差异，使各方达成一致；第二种途径与常识相悖，却是"和"所偏好的方法——增加多元性和差异性。"和"给我们带来了这样的启示：认知调控是系统固有的自行调整功能，它通过系统内竞争各方相互限制、彼此制约而实现。科佩茨、费伯、费施巴赫与克鲁格兰斯基(Köpetz, Faber, Fishbach & Kruglanski，

2011）的研究结果支持上述观点。他们发现，同时追求多种目标，会产生一些使整体得益的特别方式。这种侧重自下而上系统过程的调控策略正是"不加调控的认知"之实例。

汤普森-席尔、拉姆斯佳和克莱斯科（Thompson-Schill, Ramscar & Chrysikou, 2009）发现，以工作绩效为导向的任务偏重认知调控，此类任务需要集中注意滤除无关信息，选取并加工与任务目标相关的信息。与之相对，学习和创造性任务需要不加调控的认知——此类任务需要整体式、非聚焦性的加工方式以促进各方信息相互竞争（Sundararajan, 2004）。研究者认为，在学习、创造过程中，认知调控会干扰和阻碍信息间的互动与竞争，因此难以达到中国人所谓的"阴阳平衡"；不加调控的认知则对学习和创造过程多有助益。

调控型认知风格与非调控型认知风格（见本书第 5 章、第 7 章）可参照两种不同的烹饪方式加以类比——"依照食谱亦步亦趋"与"百味调和"，其差别可从烹饪的两个方面来分析：

A. 外部调节——厨师都做了什么。

B. 内在过程——食材在炊具中发生转变。

让我们回忆一下麦当劳的烹饪规程（Martin, 2009, Winter）（见本书第 1 章），它正是"依食谱调配"之烹饪法的实例。这种方法中 A 直接控制 B，此处强调的重点完全在于 A，A 试图以科学的方式对食材、配比和加工流程做最详尽精确的说明。与此相对，"调和"法将烹饪视作一门"玄妙的技艺"，正如《吕氏春秋·本味》所说：

调和之事，必以甘酸苦辛咸，先后多少，其齐甚微，皆有自起。鼎中之变，精妙微纤，口弗能言，志弗能喻。

（调和味道离不开甘、酸、苦、辛、咸。这些调料的调配——用多用少，孰先孰后——是非常微妙的艺术。如此，每种味道都有其非常独特的表现。至于锅中变化，则非常精妙细微，无法用任何语言和概念说清道明。）

《吕氏春秋·本味》中的这段话清晰无疑地指明了 A、B 间的界限——烹饪乃极富创造性的任务，而非基于食谱、亦步亦趋的工作——A 作为厨师将食材搭配结合，非常讲究步骤和配比；B 是烹饪器具中"精妙微纤"的过程。A 可以制定出烹饪的规程或食谱，而 B 并非靠概念所能把握。《吕氏春秋》中的这段话显然是在提倡"不加调控的认知"，它既点明 A 与 B 的显著区别，又指出二者之间的关系：A 只是辅助而非直接控制 B——因为 B 的发生过程也许超越了言语和概念所能表征的范畴。

从上述角度来看，"和"的关键在于内在过程 B，它是多种成分的相互竞争——多种食材各显其长——最终整体味道达到"调和"。由此，在"和"的理论概念中，专家系统 A（厨师或认知）并非按食谱一板一眼地处理各种原料，而是促进、助益 B 过程的发生和发展。

启动与谋划。 丹尼尔·西格尔（Daniel Siegel，2007）区分出谋划（planning）与启动（priming）两个概念。谋划是自上而下的前额叶运作，涉及运用抽象概念，是结果导向的认知活动。与之相对，启动是自下而上、平行分布、随时为大脑下一步运作做好准备的过程。为了更好地说明启动，请参考下面这段《中庸》的内容：

《诗》曰："妻子好合，如鼓瑟琴。兄弟既翕，和乐且耽。宜尔室家，乐尔妻帑。"

（《诗经》说："与妻子儿女和睦团圆，恰如琴瑟协奏。兄弟关系融洽，祥和快乐长存——如此这般协调你的家庭关系，使你与妻儿常享快乐幸福。"）

如何让家庭达到"和"？《中庸》给出的建议是"乐尔妻帑"（与妻子儿女共享天伦之乐）。"享受"（enjoyment）是"品味"（savoring）的形式之一（Sundararajan，2009）。人在"品味"时，所享受的对象是自身的体验，而非激发快乐之物（更多讨论，参见本书第 10 章）；被品味的内容显然是"和"，正如《中庸》这段话以音乐为比喻（如鼓瑟琴），以及对和谐体验的描述（和乐且耽）。然而，这句话似乎是在循环论证——若想达到"和"之情感状态，需先对"和"之体验有所期待。

这种非压制、非回避型的调节策略与自控不同。自控可能需要对行动或意向做全面压制。让我们来看一个例子，在经典的延迟满足实验情境下（Mischel，2014），获得满足的意向（棉花糖"好吃"又"好嚼"）被目标意念（如果先不吃，等一会儿我就能得到更多棉花糖）所压制。与自控不同，在"和"的理念中，寻求欲望满足的意念反而被用来激发欲望和强化动机。可以想见，一旦寻求满足的意念达成，接下来的部分就会水到渠成。依照上述脉络，西格尔（Siegel，2007）提出，在正念的训练中"如果能够达到'COAL'的状态，那么正念就会自然而然地发生"（p. 19）。COAL 是好奇（curiosity）、开放（openness）、接纳（acceptance）和爱（love）四种心态的首字母缩写，它们都是正念的重要构成。再一次，结果（正念）已被意图——四种心境状态(COAL)——所预示。虽然听起来好像是因果颠倒的循环论证，但由"启动"的"激发"的确真实有效。

好了，现在我们已做好充足准备，可以去看看"优质之和"(optimal harmony)与"劣质之和"(suboptimal harmony)的关键所在了！

决定优质之和与劣质之和的关键
What Tips the Balance Between Optimal and Suboptimal Harmony?

"和"有好有坏，所以可分为"优质之和"与"劣质之和"(Lun，2012)。"优质之和"与心理健康正相关——无论中国还是西方的研究都得到了相同的结果(Chen，Chan，Bond & Stewart，2006)。"劣质之和"与个人基本权利受侵犯相关(Weatherley，2002)。在接下来的章节中，我将重点分析区分优质与劣质之"和"的两个关键因素——回避对称性破缺与缺乏认知复杂性。

回避对称性破缺。 "和"具有保持和重建对称性的特点，所以"和"是否有益于人，关键要看它排斥对称性破缺的程度。换句话说，回避、排斥对称性破缺可能是区分优质与劣质之"和"的关键因素。这一假说已得到一些实证研究支持。

梁觉(Leung，1997)提出，"和"的动机可分为两类——强化"和"(harmony enhancement)与避免解体(disintegration avoidance)。避免解体与我构想的"排斥对称性破缺"概念非常契合，即重视维持与适应现状。与之形成对比的是中国传统经典中以"和"为人生追求的至高境界。另外一个相似的分类理论是黄囒莉(Huang，1999)区分出的"真实之和"与"表浅之和"——后者是影响亚洲人偏好功利与随和却不求创新的重要因素（Leung & Morris，2011），前者则有助于创造性地解决冲突（Leung，Koch & Lu，2002）。

同样的分类法也适用于中庸，即存在避免解体与强化"和"两类中庸。避免解体的中庸具有调节并避免极端状态的特性，这一点被姚翔、杨芊、董妮妮和王垒（Yao，Yang，Dong & Wang，2010）的研究证实——他们发现这些特性是压抑创造性思维的重要因素。与前者相对，强化"和"的中庸在情绪/情感陶冶（Frijda & Sundararajan，2007）、创造力激发（Sundararajan，2002，2004）和审美品位（Frijda & Sundararajan，2007；Sundararajan，2010）等方面都有重要作用。

总之，"和"由相互关联的事物/系统构成，具有内在多元性；回避对称性破缺会削弱内在多元性，有损"和"的结构。因此，可通过分辨对内在多元性的促进或削弱作用来分辨"优质之和"与"劣质之和"。在"优质之和"中，消减差异是为了保持多样性，即防止极端的差异导致一家独大、胜者为王。"劣质之和"为了避免对称性破缺而强求同一性，往往造成差异和多元性受到削减。下面，就让我们来看看"优质之和"如何致力于保持和维护差异性与多元性。

在"和"中维护差异性和多元性。回顾历史，对"优质之和"与"劣质之和"的分辨可追溯到孔子，他明确指出："君子和而不同，小人同而不和。"（君子可以与其周围保持和谐融洽的氛围，但他对任何事情都有自己的独立见解，而不是人云亦云，盲目附和；小人则没有自己独立的见解，虽然常和他人保持一致，但实际并不讲求真正的和谐贯通。)(《论语》)。卢瑞容(Lu，2004)对孔子的话做了这样的解释：儒家所谓君子可与世界和谐相处又不丧失自己的个性，小人则往往人云亦云(p. 182)。与刻板印象里的中国集体主义不同，孔子特别反对随波逐流地融入群体。

我们借用埃布勒(Abler，1989)提出的微粒系统(particulate system)与混同系统(blending system)这两个概念进一步阐明孔子所谓"优质之和"与"劣质之和"的差异。

如图 2-1 所示，混同系统对新加入的事物做平均化处理，如此不断地新旧混合，降低差异，增加均一化。与前者相对，微粒系统中事物的混合会生成更丰富的多元性。就此而言，"优质之和"乃微粒系统——恰似儒家所尊崇的君子。而"劣质之和"乃混同系统——正如儒家所说的小人。

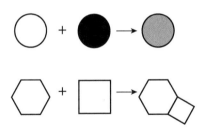

图 2-1　混同系统(如上行图形所示)与微粒系统(如下行图所示)。
混同系统中，事物的不断混合导致均一化增加；而微粒系统会产生更丰富的多样性。(经《社会与生物结构期刊》授权改编自 Abler，1989，图 1，p. 2)

不仅仅孔子，中国古代其他思想家也对差异与多元的重要性有所洞察。例如，将多样性与成长、均一化与不育联系到一起，可见于《国语》，"以他平他谓之和，故能丰长而物生；若以同稗同，尽乃弃矣"("和"是不同元素的结合，不同差异是"和"的前提，这样

"和"才能长久，"和谐"之物才能"丰长"。如果"去和取同"，那就离灭亡不远了。）（Fung，1962，p. 107）。这与埃布勒对"混同系统"与"微粒系统"所做的区分相一致，"劣质之和"的运行方式就像熔炉，而"优质之和"更像沙拉或炒菜（Sundararajan，2010），各种食材原料保持其原有的特定口感和味道，多元性是整体美味的关键。《吕氏春秋·本味》中一段深刻的洞见值得我们再次提及：

> 调和之事，必以甘酸苦辛咸，先后多少，其齐甚微，皆有自起。（调和味道离不开甘、酸、苦、辛、咸。这些调料的调配——用多用少，孰先孰后——是种非常微妙的艺术，如此，每种味道都有其非常独特的表现。）

"和"——对称性破缺与对称性保持的如履薄冰之舞。对称性理论中，"优质之和"蕴含对称性破缺和对称性保持/重建之间的动态相互作用。对称性破缺是差异性与多元性的基础，而差异性与多元性又是"优质之和"的必要条件。为确保各子系统协调互动又不失自身完整性，需要用对称性保持策略防止出现一家独大。当各种各样的子系统和谐共存并能"相互滋养"时，就接近"优质之和"了——正如《中庸》（1971，p. 427）的设想："辟如四时之错行，如日月之代明。万物并育而不相害，道并行而不相悖。"（譬如四时更迭运行、日月交替辉耀。万物共同生长而不互相残害，道在一起运行而不相违背。）

对称性破缺与对称性保持的动态过程可借用当代的案例来阐明。基于中庸思想，李鑫（Li，2014b）提出了一个商业模型并称之为"中庸四阶段模型"。这四个阶段是：包容（inclusion）、侧重（selection）、扶持(promotion)和转换(transition)。包容，指应始终包容至少两个对立元素；侧重，指处理对立各方时，依据情境决定各方优先级；扶持，指优先考虑一方的同时也要扶持另一方，以防止后者被边缘化甚至被完全排挤；转换，指环境发生变化时，变换、改变对立各方的轻重缓急。将这些概念代入对称性的理论框架，我们可以得到以下算法。

①包容：A 及其对立面——非 A，被刻意配对形成一套组合，以此可建立一个具有多元性的"和"之模型。

②侧重：组合内的二元对立中一方占优——假设为 A，造成对称性破缺。

③扶持：扶持不占优的一方——非 A——以中和阶段①产生的变动，如此达到对称性重建。

④转换：根据环境变化，A 与非 A 之间的平衡相应发生转变，中和差异从而保持对称性。

区分"优质之和"与"劣质之和"的另一重要因素是认知复杂性。由于认知复杂性会因焦虑而瓦解，所以高压力下的"和"往往是"劣质之和"。无论是烹饪还是修身养性——只有当人没有外在压力、仅受内在追求驱动的情况下，以微粒系统(而非混同系统)形态运行的"优质之和"才能实现。

下面就让我们来看看这种情况。

"和"与认知复杂性。 根据川迪斯(Triandis，2009)的观点，认知复杂性并非指学习速度或认知加工任务，而是指认知的素质修养。

认知复杂性可通过三方面衡量：辨别（discrimination）——个体能否辨别同一概念的不同含义，如分辨种种政治党派；辨析（differentiation）——个体辨识概念时能否考虑各个维度，如使用多个不同维度来区分政治党派；整合（integration）——个体能否在维度间发现种种关联。认知复杂性理论特别强调差异（辨别与辨析），而差异正是对称性破缺的结果。因此，就像均质化会导致毫无生机的和谐一样，拒斥差异同样也会导致认知简化。的确，不良的对称性保持策略往往排斥差异，如通过磨灭自我来维持群体"气氛和谐"（Matsumoto，1989，1990）。与此相对，"优质之和"是辨析（对称性破缺）与整合（对称性重建）的动态平衡。

众所周知，认知复杂性会因焦虑而瓦解（Metcalfe & Mischel，1999）。据此我们可以推测，当认知复杂性难以维持，如在较高社会压力下，"劣质之和"比比皆是，如勉强的随和或维持现状以避免差异。与之相对，当周遭环境没有冲突和压力（如在私人生活中追求自己喜好的烹饪技艺或修身养性）则易于产生"优质之和"。的确，中式烹饪是中国人偏好"微粒系统之和"的绝佳佐证——按"阴阳"组合搭配的食材创造出的佳肴美味，从来不会化作索然无味的杂烩。修身养性的法门也是如此，情感洗练（emotional refinement）就是很好的证明（Frijda & Sundararajan，2007）。

*"优质之和"与情感洗练。*那么中国人是如何协调折中（make compromise）的呢？纪丽君、李启聪和郭铁元（Ji，Lam & Guo，2010）认为中庸思想让中国人更偏好言行折中，走中间路线。这种对中庸的看法引发了一个问题——中国人协调折中的情感偏好，是否

如微粒系统，生成更为细腻、多元的情感体验；还是如混同系统，生成模糊、难辨的情感体验？前文对"优质之和"的分析提示我们，也许"微粒系统"的可能性更大，由此，"情感洗练"之理论（Frijda & Sundararajan，2007）可能是理解中国人"折中"式情感的最佳途径。

我们来看看《论语》中人们对孔子这位中和而不偏激的智者所做的评价：

> 子温而厉，威而不猛，恭而安。
>
> （孔子温和而严厉；威仪但不凶暴；恭谦礼让却又自然安详。）

情感洗练需具备两个基础要素：觉知与认知复杂性，前者是后者的基础。首先是觉知，若想欣赏上文中孔子的儒雅品性，我们需要有能力觉知自己对孔子产生的情感反应中存在张力，这是因为孔子的形象代表两类截然相反的人格特质，分别对应垂直方向与水平方向的集体主义，如权威与友善、严厉与宽容、严肃正式与随意而为。那么，此类复杂的情感反应如何转化为情感的体验，如紧张或放松？人们必须具备在多个层面上觉知自己内在反应和体验的能力，这种能力被称为"内在调和"（intrapersonal attunement）（Siegel，2007）或称"品味"（Frijda & Sundararajan，2007）。我们可按照以下的三阶结构来理解觉知意识层次及其内在反馈回路：

①一阶觉知：彼此独立的情绪/情感平行存在。既有对权威形象的恐惧、尊敬、敬畏，又有与朋友相处的轻松、畅快和随性。

②二阶觉知：心灵无意识地以阴阳二元、差异且互补的结构关系表达和呈现(a)中的种种情绪/情感。

③三阶觉知：有意识地觉知自身对于(b)的情感反应，进而由此体验、感受到一种即时而生、审美式的情感，即"和"。

迪肯(Deacon，2006)认为，审美构成了一种浮现的领域："所谓浮现，指审美反映的多是种种情绪/情感彼此间的关系形态，而非构成经验的各个情绪/情感本身。"(p.52)非控制性的认知加工能促进众多子系统间错综复杂的关系(Thompson-Schill et al.，2009)；"和"是对这种复杂关系的欣赏式(如"品味")觉知，因此，它可被视为审美式情感的绝佳实例。

关于认知复杂性——我们为孔子温文尔雅的人格有所感怀，这种情感体验是对认知复杂性的最佳例证：辨别——孔子体现出诸多各异的和谐品格；辨析——孔子的品格可划入两个相对立的集体主义维度(垂直与水平)；最后，整合——孔子的形象给我们带来了复杂的反应，而当我们体验到这些反应间存在种种相互对比、彼此补足的微妙关系时，就可以说，我们对孔子的品格产生了审美式的感受。

结　语
Concluding Remarks

为总结本章内容，我引用"多目标同时追求"(concurrent goal pursuit)理论对"和"加以解析。奥雷赫克和瓦泽欧-尼乌文赫伊斯(Orehek & Vazeou-Nieuwenhuis，2003)认为达成多个目标的策略可分为两类：序列加工和并行加工。前者侧重分析式推理，后者侧重整体式推理。这两类加工策略的最大差异在于工具性与价值的不同。因此，当关注如何做好当前任务并不断进步时，序列加工策略更佳；而当关注价值，即关注如何尽可能做出最佳选择时，并行多任务加工，即"和"的方式更优。序列加工策略是工具性的方法，它需要"任务屏蔽"（goal shielding）——聚焦关键目标的同时抑制其他目标。与此不同，并行加工策略不注重目标次序，对多任务包容性较高，这种方法由价值驱动，即为所有任务都做出最佳选择。为了实现同时加工多个任务，而非逐一解决，我们要找到众望所归（multifinal）的选择。奥雷赫克和瓦泽欧-尼乌文赫伊斯（Orehek & Vazeou-Nieu-wenhuis，2013）认为能够达成众望所归的条件恰恰是对"和"之原理的绝佳概括。

①两个任务必须被同时激活——"和"的内在多元性与多样性对此都非常重要。

②当多个任务享有相似的优先度时，它们会被分配到同一时间段，以追求"众望所归"的加工方式——故需要彼此调和、避免极端化。

现在让我们来回顾一下穆雷等人（Mourey et al.，2013）提出的"选择受阻"范式。若以多任务加工（multiple goal pursuit）理论来指导该范式，则实验过程如下：首先，让被试执行多目标任务（如选择两只小狗），要求他们想出一个同时达成这些目标的方案，即一套组合；而后阻断这个方案，要求被试迫选——要么形成一套新的组合，要么将多个任务拆解——转而使用序列加工。正如预测的那样，那些启动了个人主义倾向的被试迅速转入序列加工方式——一次只选一个项目，若此项目没有了，就选下一个；但那些被启动了集体主义倾向的被试则没有这样做，集体主义启动组在实验中表现得颇为"执着"。我们该如何理解这个现象呢？

奥雷赫克和瓦泽欧-尼乌文赫伊斯（Orehek & Vazeou-Nieuwenhuis，2013）发现，因为同时并行认知加工需激活较多任务，而这些任务的成功或失败都是关联合一的，所以相对于依次加工认知任务，同时并行达成多个任务目标后，个体所获得的价值感更强，体验到的积极情绪/情感也更多——我们也可将此称为"和"。这些研究结果与穆雷等人（Mourey et al.，2013）的发现一致，即集体主义倾向蕴含整体式思维，启动集体主义倾向者在处理多个任务时偏好同时并行处理而非依次顺序处理，所以即便是迫选产生的组合，对他们来说也带有某些特别价值。

最后，相比序列加工策略，"和"之多任务并行加工策略有一个重要优势，即中和，在道德领域尤为如此。奥雷赫克和瓦泽欧-尼乌文赫伊斯（Orehek & Vazeou-Nieuwenhuis，2013）指出，由于序列加工策略具有任务屏蔽性，即压抑其他任务以集中注意，因此更可能做出有违道德的行为。与此相反，并行加工策略为满足多任务处理的需要，必然会对较极端的选择加以限制。柯克·施耐德（Schneider，2013）也同意上述说法，他曾十分中肯地指出，我们有义不容辞的责任去运用"中和"机制以取代那些极端化的趋向，因为源自后者的选择已为人类历史写下了太多苦难的笔墨。

参考文献

References

卢瑞容. 2004. 中国古代"相对关系"思维探讨："势""和""权""屈曲"概念溯源分析. 台北：商鼎文化出版社.

1971. Confucian Analects(J. Legge，Trans.)，In *The Chinese classics*(Vol. 1，pp. 137-354). Taipei，Taiwan：Wen Shih Chi. (Original work published 1893).

1971. The doctrine of the mean(J. Legge，Trans.). In J. Legge，(Ed.)，*The Chinese classics*，(Vol. 1，pp. 382-434). Taipei，Taiwan：Wen Shih Chi. (Original work published 1893).

Abler，W. L. 1989. On the particulate principle of self-diversifying systems. *Journal of Social and Biological Structure*，12，1-12.

Ames，R. T.，& Rosemont，H.，Jr. 1998. *The analects of Confucius /A philosophical translation*. New York：Ballantine.

Bocanegra，B. R.，& Hommel，B. 2014. When cognitive control is not adaptive. *Psychological Science*，25，1249-1255.

Bolender，J. 2010. *The self-organizing social mind*. Cambridge，MA：The MIT Press.

Brewer，M. B.，& Yuki，M. 2007. Culture and social identity. In S. Kitayama & D. Cohen(Eds.)，*Handbook of social psychology* (pp. 307-322). New York：Guilford Press.

Chang，C. -Y. 1970. *Creativity and taoism*. New York：Harper & Row.

Chen，S. X.，Chan，W.，Bond，M. H.，& Stewart，S. M. 2006. The effects of self-efficacy and relationship harmony on depression across cultures：Applying level-oriented and structure-oriented analyses. *Journal of Cross-Cultural Psychology*，37，643-658.

Cheng，C.，Lee，S.，& Chiu，C. -Y. 1999. Dialectic thinking in daily life(in Chinese). *Hong Kong Journal of Social Sciences*，15，1-25.

Deacon，T. 2006. The aesthetic faculty. In M. Turner(Ed.)，*The artful mind* (pp. 21-53). New York：Oxford University Press.

Dunbar，R. I. M. 2014. The social brain：Psychological underpinnings and implications for the structure of organizations. *Current Directions in Psychological Science*，23，109-114.

Fang，T. 2010. Asian management research needs more self-confidence：Reflection on Hofstede (2007)and beyond. *Asia Pacific Journal of Management*，27，155-170.

Frijda, N. H. , & Sundararajan, L. 2007. Emotion refinement: A theory inspired by Chinese poetics. *Perspectives on Psychological Science* , 2, 227-241.

Fung Y. -L. 1966. *A short history of Chinese philosophy*. In Derk Bodde(Ed.). New-York: The Free Press.

Fung, Y. -L. 1962. *The spirit of Chinese philosophy* (E. R. Hughes, trans.). Boston: Beacon.

Holzman, D. 1978. Confucian and ancient Chinese literary criticism. In A. A. Rickett (Ed.), *Chinese approaches to literature from Confucius to Liang Ch'i-ch'ao*(pp. 21-41). Princeton, NJ: Princeton University Press.

Huang, L. L. 1999. *Interpersonal harmony and conflict: Indigenous theories and research (in Chinese)*. Taipei, Taiwan: Gui Guan Chu Ban She.

Hwang, K. K. 2000. Chinese relationalism: Theoretical construction and methodological considerations. *Journal for the Theory of Social Behaviour* , 30, 155-178.

Ji, L. -J. , Lam, Q. , & Guo, T. 2010. The thinking styles of Chinese people. In M. H. Bond(Ed.), *The Oxford handbook of Chinese psychology* (pp. 155-168). Oxford, UK: Oxford University Press.

Kahneman, D. , & Tversky, A. 1984. Choices, values, andframes. *American Psychologist* , 39, 341-350.

Köpetz, C. , Faber, T. , Fishbach, A. , & Kruglanski, A. W. 2011. The multifinality constraints effect: How goal multiplicity narrows the means set to a focal end. *Journal of Personality and Social Psychology* , 100, 810-826.

Leung, K. 1997. Negotiation and reward allocations across cultures. In P. C. Early & M. Erez (Eds.), *New perspectives on international industrial and organizational psychology*(pp. 640- 675). San Francisco: New Lexington.

Leung, K. , Koch, P. T. , & Lu, L. 2002. A dualistic model of harmony and its implications for conflict management in Asia. *Asia Pacific Journal of Management* , 19, 201-220.

Leung, K. , & Morris, M. W. 2011. Culture and creativity: A social psychological analysis. In D. D. Cremer, R. V. Dick, & I. K. Murnighan (Eds.), *Social psychology and organizations* (pp. 371-395). New York: Routledge.

Li, C. -Y. 2008. The ideal of harmony in ancient Chinese and Greek philosophy. *Dao*, 7, 81-98. Li, P. P. (2012). Toward an integrative framework of indigenous research/the geocentric implications of yin-yang balance. *Asia Pacific Journal of Management* , 29, 849-872.

Li, X. 2014a. Can Yin-Yang guide Chinese indigenous management research? *Management and Organization Review* , 10, 7-27.

Li, X. 2014b. The hidden secrets of the Yin-Yang symbol(Copenhagen discussion papers，No. 2014-46）. Asia Research Centre，Copenhagen Business School，Denmark. Retrieved from http：//openarchive. cbs. dk/handle/10398/8891.

Lun，V. M. -C. 2012. Harmonizing the conflicting views about harmony in Chinese culture. In X. Huang &. M. H. Bond(Eds.），*The handbook of Chinese organizational behavior：Integrating theory，research，and practice*（pp. 467-479）. Northampton，MA：Edward Elgar.

Martin，R. L. 2009，Winter. The science and art of business. *Rotman Magazine*，5-8.

Matsumoto，D. 1989. Cultural influences on the perception of emotion. *Journal of Cross-Cultural Psychology*，20，92-105.

Matsumoto，D. 1990. Cultural similarities and differences in display rules. *Motivation and Emotion*，14，195-214.

Metcalfe，J. ，&. Mischel，W. 1999. A hot/cool-system analysis of delay of gratification：Dynamics of willpower. *Psychological Review*，106，3-19.

Mischel，W. 2014. *The marshmallow test：Mastering self-control*. New York：Little，Brown.

Mourey，J. A. ，Oyserman，D. ，&. Yoon，C. 2013. One without the other：Seeing relationships in the everyday objects. *Psychological Science*，24，1615-1622.

Nisbett，R. E. ，Peng，K. ，Choi，I. ，&. Norenzayan，A. 2001. Culture and systems of thought：Holistic versus analytic cognition. *Psychological Review*，108，291-310.

Orehek，E. O. ，&. Vazeou-Nieuwenhuis，A. 2013. Sequential and concurrent strategies of multiple goal pursuit. *Review of General Psychology*，17，339-349.

Peng，K. ，&. Nisbett，R. E. 1999. Culture，dialectics，and reasoning about contradiction. *American Psychologist*，54，741-754.

Sabelli，H. 2005. *Bios：A study of creation*. Singapore：World Scientific.

Schneider，K. J. 2013. *The polarized mind：Why it's killing us and what we can do about it*. Colorado Springs，CO：University Professors Press.

Siegel，D. J. 2007. *The mindful brain*. New York：W. W. Norton.

Sundararajan，L. 2002. The veil and veracity of passion in Chinese poetics. *Consciousness &. Emotion*，3(2)，197-228.

Sundararajan，L. 2004. Twenty-four poetic moods：Poetry and personality in Chinese aesthetics. *Creativity Research Journal*，16，201-214.

Sundararajan，L. 2009. Enjoyment. In D. Sander &. K. Scherer(Eds.），*Oxford companion to the affective sciences*（p. 155）. Oxford，UK：Oxford University Press.

Sundararajan，L. 2010. Two flavors of aesthetic tasting：Rasa and savoring/across cultural study with implications for psychology of emotion. *Review of General Psychology*，14，22-30.

Sundararajan，L. 2013. The Chinese notions of harmony，with special focus on implications for cross cultural and global psychology. *The Humanistic Psychologist*, 41, 1-10.

Tajfel, H. 1970. Experiments intergroup discrimination. *Scientific American*, 223, 96-102.

Thompson-Schill, S. L. , Ramscar, M. , & Chrysikou, E. G. 2009. Cognition without control: When a little frontal lobe goes along way. *Current Directions in Psychological Science*, 18, 259-263.

Triandis, H. C. 2009. *Fooling ourselves: Self-deception in politics, religion and terrorism*. Westport, CT: Praeger.

Weatherley, R. 2002. Harmony, hierarchy, and duty based morality: The Confucian antipathy toward rights. *Journal of Asian Pacific Communication*, 12(2), 245-267.

Yao, X. , Yang, Q. , Dong, N. , & Wang, L. 2010. The moderating effect of *zhongyong* on the relationship between creativity and innovation behavior. *Asian Journal of Social Psychology*, 13, 53-57.

Yukawa, H. 1973. *Creativity and intuition* (J. Bester, Trans.). Tokyo: Kodansha International TD.

Zee, A. 1986. *Fearful symmetry: The search for beauty in modern physics*. Princeton, NJ: Princeton University Press.

第 3 章

在儒家的熔炉中修炼
In the Crucible of Confucianism

导 言
Introduction

尼斯比特(Nisbett，2003)曾问一位中国学者，东西方为何会形成如此迥然不同的思维方式？那位学者答道："因为你们有亚里士多德，我们有孔子。"(p. 29)本章将对这个玄妙的回答做细致剖析。

我的分析分为三步：首先，以孔子极其注重的议题——正名为开篇。我为"集体主义"这一概念正名——我将对集体主义的不同类型加以区分，进而阐明儒家思想如何在方方面面都渗透着"关系性"的特性，并就儒家思想为何不应被归入"群体式集体主义"(group based collectivism)范畴做出解释。而后，我将介绍儒家思想对种种社会大众问题都给出了哪些独特的解决之道。我将聚焦于人类文明发展历程中的两个选择展开讨论：强关系对比大神(big gods)；内在/私有空间(inner/private space)对比外在/公共空间(outer/public space)。一神教与法律反映出对大神与公共空间的选择，这在西方文明史中是重要的里程碑。与之形成对比的是，孔子选择了强关系与内在/私有意识，并以此为舞台建构出以"礼"为本的社会。最后的结论部分中，我将分析孔子的选择如何受关系型认知影响，又如何反过来贡献于关系型认知。

集体主义的动物模型
Collectivism, an Animal Model

黄金燕尾鱼（neolamprologus pulcher）是一种协作繁育的丽鱼（cichlid fish）。通常一个鱼群以家族为核心，一般包括正在繁育的一对雌鱼与雄鱼，以及五六只性别、年龄各异的协助者（Bergmüller，Heg & Taborsky，2005；Bergmüller & Taborsky，2007）。因群体内不容独立繁育，作为协助者的黄金燕尾鱼在生命历程中有两个选择：留下提供协助或脱离所属群体。a. 留在家族领地内排队等待繁育机会，最终继承领地主导权；b. 独立繁育——离开群体，到其他水域以获取繁育机会。这两种选择生态环境的策略——留下则付出代价，或离开独立繁育——也许可以比作动物世界中的"集体主义"与"个人主义"模型。

博格穆勒和塔博尔斯基（Bergmüller & Taborsky，2007）研究发现，相对于离群的鱼，选择留下的鱼遭到掠食动物捕杀的风险更低，但它们为此需要付出代价，即为群体出工出力，如养育小鱼和维护领地（挖沙把沙子清理到保育场所之外等）。此类动物模型可以为我们理解集体主义带来启发。（鱼的）留下则付出代价的认知策略与桥本博文和山岸俊男(Hashimoto & Yamagishi，2013，p. 143)提出的互依型自我构念(interdependent self-construal)有两点相似之处，即"追求和谐"(harmony seeking)与"避免受排斥"(rejection avoidance)。研究者们提出，避免受排斥的策略指个体有意地保持低调，避免成为嫉妒、怨恨或排挤的对象(p. 143)。追求和谐是因为"人类在获取生存所必需的资源方面，几乎完全依赖于关系紧密的他人"(p. 143)。这种社会现实是"人们不具备离开这种关系的自由，因为对于获取生存必需的资源，人们并不存在其他选择……人们必须顺应紧密关联的他人，必须被其接纳"(p. 143，原文斜体强调)。相似地，张妙清等人(Cheung et al.，2001)提出一种中国人特有的人格维度——"人际关系性"(interpersonal relatedness)，并将之定义为"一种注重工具性人际关系的心理取向，强调个体在人际关系中的身份、地位，以及与之相应的言行规范；避免内在、外在和人际冲突，注重规范和传统"(p. 425)。

　　然而如果上述这些就是集体主义的全貌，我们就不需要孔子思想了。

两种集体主义
Two Types of Collectivism

　　关系型与非关系型认知模式(见本书第 1 章)对应于两种集体主义——集体型(基于群体的)集体主义与关系型(基于人际关系的)集体主义。基于群体的集体主义关注个体对集体的适应，强调履行义务和遵从群体规范；关系型集体主义注重人际关系的投入和真诚。布鲁尔和加德纳(Brewer & Gardner，1996)是区分不同类型集体主义的理论先驱，他们首先提出社会自我(social selves)具有两个层级——出于集体成员身份的社会自我与出于人际关系的社会自我。后来也有其他学者提出了类似的分类，如基于群体与基于关系的集体主义(Brewer & Chen，2007)、集体式和关系式自我构念(Harb & Smith，2008；Sedikides & Brewer，2001)等。还有研究报告了这种分类法的跨文化差异，如结城雅树(Yuki，2003)发现，美国被试倾向于集体型，而日本被试偏好关系型。

集体型集体主义与丽鱼不吃白饭的策略有些相似，但关系型集体主义则可能是人类所专有的。克拉克和米尔斯(Clark & Mills，1979)提出共有/关系性取向(communal/relational orientation)的概念，并将之定义为"一种不专注自我，而关注他人需求和注重形成紧密人际关系的人生观"(亦可参见 Gergen，2009)。布雷斯纳汉、邱和莱文(Bresnahan，Chiu & Levine，2004)对集体主义中的共有/关系性取向做了检验，他们发现，关系型的互依性自我构念与共有取向相关度较高，而集体型的互依性自我构念与共有取向仅有微弱的相关。"谦让"(yielding)是集体主义的核心特征之一。有关谦让的实验研究也发现存在关系型、集体型这两类彼此有别的集体主义。

谦让的两种形态。 为了研究社会行为的跨文化差异，金希俊和马库斯(Kim & Markus，1999)提出了一种非常巧妙的实验范式——彩笔选择：两种色彩的画笔共五支(某种颜色占大多数，以 3∶2 或 4∶1 配比)，要求被试从中选出一支。较为普遍的结果是，启动集体

主义思维的被试倾向从多数颜色的笔中选取，而启动个人主义倾向的被试更可能选占少数颜色的画笔。桥本博文、李洋和山岸俊男（Hashimoto，Li & Yamagishi，2011）改进了彩笔选择范式，添加一个"独自操作"实验情境。研究者发现，若让被试单独或排在其他被试最后做选择，无论启动哪种文化倾向，大多数人似乎都选择少数颜色的画笔。在早先的研究中，桥本博文、山岸俊男和舒格（Yamagishi，Hashimoto & Schug，2008）也报告了类似的发现，即人们在社会压力下倾向于避免选择特殊物体。研究者们从集体型集体主义视角解读"谦让"行为——人们倾向选择占多数颜色的画笔是为了避免显得特立独行、招致消极的声誉；是否采取这一策略又取决于有无他人在场；若没有他人则未必如此。

范多依索姆、范朗厄和范朗厄（Van Doesum，Van Lange & Van Lange，2013）进一步改进了彩笔选择范式，加入"为他人着想"的实验情境——"选择彩笔时请你先挑，而后其他人再选"（p. 89）。被试想象与他人合作参加一个决策任务：需从三个物件中选取一件，其中两个完全一样、一个特殊。要求被试：a. 做选择决策时也要考虑他人的观点；b. 选择时尽可能照顾他人的利益；c. 仅从自己的偏好出发做选择。（p. 90）研究者预测并证实，人们选择同色笔是"基于社会正念（social mindfulness）做出的判断，即为他人着想、为他人留下选择的余地"（p. 88）。从共有取向的概念来看，研究者们认为，被试自我克制而不去拿最后一块饼干（或彩笔）是为了"让下个人有选择余地"（p. 86）。范多依索姆、范朗厄和范朗厄对集体型集体主义理论提出质疑，认为做出"谦让"这一决策的关键在于集体主义所具有的团体归属感——为他人着想是集体主义中自我牺牲行为背后的动因："为他人着想意识较强的人关怀他人、自愿做出自我牺牲，实际意在促进其与被关怀者的关系。"(p.98)

总结来看，对"谦让"现象的实验研究似乎给出了两种矛盾的解释，一种根据集体型集体主义——关注服从群体规范和应对社会压力；另一种解释基于集体主义的团体之感——聚焦于维护与提升人际关系的质量，以及真切地为他人着想。前者强调在垂直向度上服从权力和权威，后者正如范多依索姆等人所说（Van Doesum et al.，2013），在水平向度上"出于关怀他人而做的决策"(p.98)，如"为他人留下选择余地"(p.86)。

*两种权力形态。*如前所述，集体主义可分为两种形态——集体型集体主义与关系型集体主义；与此对应，托雷利和沙威特（Torelli & Shavitt，2010）提出存在个人取向与社会取向两种权力动机。个人取向的权力动机看重个人声望，致力于提高地位；社会取向的权力动机更注重他人需求、关怀他人以及关注如何对他人产生积极影响。对应上述两类权力动机取向，有学者提出（Cheng, Tracy, Foulsham, Kingstone & Henrich，2013）存在两种获取权力和影响力的策略——霸权（dominance）与声望（prestige）。霸权的特性在于使用暴力和威吓引发恐惧，而声望则通过分享专门的技能和知识赢得尊敬。前者是动物与人类都会使用的策略（回忆一下丽鱼群体采用"留下则付出代价"的策略）；后者正如无数领袖与先师身体力行的那样，似乎为人类所独有，这是为了满足人类对社会学习和信息分享之需求而演化出的特有能力。

我们可以从中国古代现实论者(或称"法家")提出的思想中找到霸权这一策略。韦利(Waley，1939)曾提到"他们认为，应该用法律代替道德"(p. 155)，并且"暴力永远是顺从的保障，诉诸道德则难获什么切实的保证"(p. 155)。在丽鱼群体"不吃白饭"的策略中，"惩戒"是确保下属付出代价的手段与方法(Bergmüller et al.，2005)。与此相似，法家强调使用惩罚措施来激励行为："过匿则民胜法，罪诛则法胜民。民胜法，国乱；法胜民，兵强。"(如果犯法之人没有被法严惩，那么百姓的力量大于法；如果所有犯法之人都被依法严惩，那么法的威力大于百姓。如果百姓的力量大于法，那么国家必乱；如果法的威力大于百姓，则国富兵强。)(《商君书·说民》)

孔子与法家形成鲜明对比。他提倡通过分享和助人来获得尊崇和敬重，以声望为策略将权力人性化。托雷利和沙威特(Torelli & Shavitt，2010)发现，这种权力社会化的取向与水平集体主义相关，其特点为关怀他人、反对权威式的暴力、反对社会不公等。换句话说，在面对倡导"致力于维护理想的家庭式和谐"的政府，还是鼓吹"基于暴力或利益算计，不具任何灵性—道德约束"的阶层和权威时，孔子选择了前者。他特别注重关系型认知，这在其礼乐教化观念中有鲜明的体现。

以礼化权
Humanizing Power Through Li(Rites)

随着人类社会规模不断扩大，从人际关系紧密的小型渔猎群落发展成为执政者与被统治者之间不存在直接联系的大型社群，大众社会常伴有沦为暴力野蛮之地的风险。如何带领大众社会远离"大鱼吃小鱼"的命运是每个人类文明都面临的问题。对此，文化心理学家阿兰·洛伦萨杨（Ara Norenzayan，2013）提出，正是"大神"（Big Gods）观念的产生——神明在天上时时刻刻审视着人的一举一动——使上述风险得以消解，人的自私自利和掠夺冲动因此得以克制。

与"大神观念"不同，孔子在"强关系"（见本书第 1 章）中寻得了人类文明开化、发展的答案。与"演化出大神观念"相似，"强关系"也可能是人类意识发展进化的重要里程碑。里德（Read，2010）提出，关系性推理（relational reasoning）在社群中的出现是人类进化的重要转折点。

儒家与道家都将强关系的关系性推理视为开化民智、提升社会文明的解决方案。两种思想的不同之处在于，道家强调具有母性法则（maternal order）的"大道"，儒家则强调具有父性法则（patriarchic order）的"长幼尊卑之道"。正如博拉斯（Bollas，2013）指出：

老子、孔子等生活在公元前 4 世纪上下百年间的中国哲人们，都对庞大社会群体中暗藏的危机有所洞察。道家以与母性的道体合一（mystical unity with the maternal order）作为凝聚群体的根基，而儒家则主张通过长幼有序的孝道来组织社会。（p. 47）

道家思想将在下一章详细探讨。现在我们来看一看儒家思想如何通过强关系来实现权力人性化的社会理想。

化霸道为礼让
From Might to Rite

　　孔子认为，家庭是社会秩序的理想模型。这种基于强关系的社会组织范式带来了深远影响，特别是儒家思想立足于此，极为重视社群的共享同当(见本书第 1 章，Fiske，1991)，并将之视为最佳的理性模式。让我们来回忆一下前面章节中曾提到，共享同当中包含尊卑上下的对称性亚组(见本书第 1 章，图 1-1)。这就意味着"礼"的意识在结构上包含纵向与横向两个维度：纵向——以关系角色确定行为规范的尊卑上下；横向——融于共享同当之关系型思维中的情操与美德。

　　本杰明·施瓦茨(Benjamin Schwartz，1985)认为"礼"具有双面性，即教化和维护权力："礼的终极目标可能是让阶级和权力人性化，但显而易见，它也是维持、划分阶级和权力的基础。"(p. 68)。施瓦茨似乎遗漏了儒家的一项策略，即孔子致力于扭转权力的立足点——权力之基不在于现实环境与社会因素，而在于理想的社会秩序。正如施瓦茨(Schwartz，1985)所说，在孔子的观念中"(对礼的)遵从不仅局限于遵从父母之意，还有对'礼'之整体系统的遵从——因为'礼'是人类社会组织的基石"(p. 71)。从野蛮暴力到以礼为本的社会秩序，这个转变正如博拉斯(Bollas，2013)所说：

　　尽管"礼"有时代表着强制遵行、劳人心神的繁文缛节，但它亦能以一套规则去取代强权压迫式的人治。如果个人能将法规转化成更为温良、有序的行为方式，并在他人身上看到同样的作为，那么我们就可以说这个群体已经战胜了原始的父性权威之法规。

随着这种理性上从个人化权力向社会化权力的转变，孔子主张以礼制规范自我和社会。这正是自我与社会整合过程中迈出的第一步。在礼之理念下，我们可以从内涵和形式上对自我与社会加以区分——内涵即仁爱（仁），形式即合规的行为——内涵与形式相济并进，从而将自我与社会更好地整合到一起。

礼的外在形式。博拉斯（Bollas，2013）曾提到一个有趣的觉察：倘若《诗经》是将灵魂藏于诗歌之中（将在后文解释），那么"《礼记》就是心性的苦行道场"（p. 24）。《礼记》是一部纲要性著作，其中提及：

……譬如，在他人面前，你该如何站立，立于何处；在餐桌上，你应坐在哪里，如何进餐；当对方在场时，男人和女人各自在行为上应注意什么；统治者应以何种姿态出现在人民面前；儿子应如何对待父亲或长辈；人们应如何服丧，哀悼多长时间等。看起来这是对行为事无巨细、一丝不苟的要求和规范。（Bollas，2013，p. 42）

荀子将礼视为"敬虔的仪式"（Bollas，2013，p. 67），他对个人所应遵行的诸多礼数做了概括——举例来说，使用何种钟声宣告特定的场合等。荀子认为"礼"是必要的，因为有节奏、有规律的生活能让人身心愉悦。故此，荀子曰："礼乃养欲之道。"（礼仪是满足欲望的方法。）

礼之内涵。"仁"（仁爱）是指以亲人之间的关怀与回报为模范的美德与能力。尽管孔子接受社会等级分层，但他真正重视的并非等

级尊卑之中的服从与迎合，而是强调仁爱与关怀，即所谓"仁"。当被学生问及个人愿景时，孔子说道："老者安之，朋友信之，少者怀之。"（让老年人得到安养，让朋友得到信任，让少年人得到关怀。）（《论语》）

虽然儒家道德观念建立在强关系之上，然而由修身崇仁所获得的道德身份感有助于削弱强关系理性的固有不足——圈内偏好性（in-group favoritism）。已有实证研究支持这一推论：史密斯、阿奎诺、科莱瓦和格雷厄姆（Smith，Aquino，Koleva & Graham，2014）通过一系列实验研究发现，群体成员的道德身份感越强，则圈内偏好倾向（实验中表现为支持对圈外人施以酷刑或拒绝为其提供帮助）越弱。换句话说，道德身份感较强者相比道德身份感较弱者，更愿意将道德关怀推及圈外人。

"谦让"是"仁"的美德之一，也是"礼"的核心。孔子认为谦让是使权力人性化的关键。子曰："能以礼让为国乎？何有？不能以礼让为国，如礼何？"[《论语》（卷二）]。施瓦茨（Schwartz，1985）对此解释道："谦让精神要求人能够克制自己的支配欲、自傲自大、怨恨和贪念。这类自我节制在《论语》中经常被提及。"（p.73）

谦让也可以用"社会正念"（social mindfulness）的理念加以理解。范多依索姆等人（van Doesum et al.，2013）提出："社会正念是指，在互依性社会情境中关注他人，旨在保障他人对其行为有选择余地。"（p.86）其中包含"以他人为导向的能力和/或倾向"（p.87），即"关注他人之需的仁爱之心"（p.86）。日常生活中，谦让表现为对他人的体贴关怀或以礼相待。

形式与内涵的整合。"礼"之外部形式与内在真实品质的整合，在于"礼"与"仁"并重。孔子的这一思想被施瓦茨（Schwatz，1985）总结如下：

人之内在修养唯有通过既定之"礼"才能外显于社会，才能达到更高的道德境界——"仁"。遵循传统文明教化是达到"仁"的必要因素，而通过"礼"来彰显"仁"是赋予"礼"生命活力的唯一方式（p.77）。

孔子的观点也可依照博拉斯的解析被清晰地表述为（Bollas，2013）：

原初本真的自我简单纯洁，未受复杂性沾染；就像水入容器一样，真我融入"礼仪"之中，才能让我们在适应社会的生活中充满晶莹剔透的灵性（p.46）。

此话虽好，但是旨在适应环境的礼制也可能成为负担，让原初本真的自我失去流动性，渐渐固着、变得死板。对于这一点，孔子亦有敏锐的察觉和认识。

自我与群体：更深的结合
Self and Group: Toward a Deeper Integration

涂尔干（Durkheim，1995）认为，（社会、宗教）礼仪塑造了社会联结；社会联结进而激发了文化活动的需求与动力（Wiley，1994，p.106）。在这个公式中，群体/社会与礼仪形成了一个积极的反馈环路，不断生成集体欢腾。超越涂尔干（Durkheim，1995）提出的基于群体的集体环路，孔子将"礼"的力量定位于群体中的个人，以此，他将自我与群体之间固有的鸿沟鲜明地勾勒出来——对于中国人来说，这是内在与外在、私有与公共间的区分。

博拉斯（Bollas，2013）对公与私之间的差别有透彻的阐述：

我们同时生活在两个世界之中，其一是私有世界——我们被包裹在自我沉醉的思虑中，从中寻得与自己相处、与他人联系的特有方式，私有世界依母性法则（maternal order）衍生而来，是我们熟悉的生活方式，在其中我们不会感到孤单。与之形成鲜明对比的是与政治打交道的社会世界，后者之中我们被强制习得如何规范一言一行，以免陷入贪婪、物质崇拜或受野心与傲慢的诱惑而不能自拔。

以"礼"的观念来看，自我的两个世界，即自然、关系性的存在与集体、编码性的存在，向我们提出了这样的问题：对群体生活的过度适应是否会磨灭本真的自我？

毕竟，礼教是严苛的，个体经过这样的训练如何依然能保留本真、随性的真我呢？（Bollas，2013）真我溃缩会造成人们空洞机械地遵行礼制。这是孔子非常反对的。对于真我与礼制之功效，《论语》（卷九）中写道：

恶紫之夺朱也，恶郑声之乱雅乐也，恶利口之覆邦家者。
（厌恶紫色代替了朱色，厌恶郑乐扰乱了雅乐，厌恶花言巧辩之人倾覆了家邦。）

刘殿爵指出，孔子所厌恶的东西都与正当的行事方式存在着某种肤浅的相似，因此才能以假乱真。孔子的厌恶直指这种虚妄的假象（引自 Hall & Ames，1987，p. 279）。"佯装正当"最好的例子当属外表守礼，内心污浊的"乡原"（village worthy）。子曰："乡原，德之贼也。"（所谓"乡原"，即败坏道德的人。）孔子还说："恶乡原，恐其乱德也。"（我厌恶乡原，因为怕他们把道德搞乱了。）（《孟子·尽心下》）孟子解释道："非之无举也，刺之无刺也；同乎流俗，合乎污世；居之似忠信，行之似廉洁；众皆悦之，自以为是，而不可与入尧舜之道。"[（这种人）想要批判他们，却举不出具体事例来；要指责他们，却又没什么能指责的；他们和颓靡的习俗、污浊的社会同流合污，平时似乎忠厚老实、行为廉洁，大家都喜欢他们，他们也自认为不错，但是人们却无法从他们那里学习到尧舜之道。]（《孟子·尽心下》）最后，安乐哲（Ames，1996）以一个不具创造性的人为例来总结乡原："他不具君子的创造性，他毫无血气、空洞、伪善，因为他本身并不能做出任何有价值的贡献。"（p. 237）

为了更深刻地理解孔子对虚伪的厌恶，我们来看一看芬加雷特（Fingarette，1972）提出的理论。芬加雷特认为礼仪的功效源于魔法（magic）。魔法的基本原则是"同类相生，因果相通"，这个原则用中国话总结就是"感类"（Munakata，1983，p. 107）（本书第6章、第12章）。感类意为"性质和种类（类）相似之物相互影响或彼此响应"（Goldberg，1998，p. 36）。让我们以祈雨仪式为例：

祈雨仪式的核心原则无疑是仪式用到的所有物品都要"类同"，以获得一种"共鸣式的反应"。因为降雨的基本元素是"水"，而水属阴，所以与水有关以及与"阴"有关的物品都是祈雨仪式中的重要元素(Munakata，1983，p. 110)。

想象一下，在仪式的精心准备过程中如果某个原料是赝品，接下来会发生什么。"法术"靠共鸣式的反应运行，假冒货的问题在于其表面上看"真材实料"，但因缺乏内在"真实的品质"而不能与其他真品产生"共鸣式的反应"。这就是为什么"在孔子眼里，空洞的形式不仅毫无价值，而且是一种卑劣的欺骗"(Hall & Ames，1987，p. 279)。

孔子将礼制的力量置于本真的自我之中，因此权力就有了新的内涵。他以关系的吸引力取代集体造成的强迫力。这是魔法的关键所在，也就是中国人"感类"(同类相吸)的观念。为了进一步将个体吸引他人的力量转化为道德力量，孔子将吸引力定位于"诚"(sincerity)。正如卫礼贤(Wilhelm，1967)对易经第六十一卦"中孚"的注解："这是人对精神吸引力的响应，凡是真实而正直的情感和行为，都有着不可思议、千里之外的感应力……感通天地的力量在于人内在的品质。"(p. 237)

为了解决礼制沦为空洞形式的问题，并使其滋养本善本真的自我，孔子提出了两重方案：以自我的私有生活平衡群体大众生活，并以艺术补足礼制。

从群体到自我
From Group to Self

卡吉奇巴茜(Kagitçibaşi，2005)提出，自主感(agency)是独立于关系性之外的维度。她将自主性(autonomy)定义为"自我主导控制的状态"(p. 404)。自主的对立面是他治(heteronomy)，指依照他人指示行事。根据这些定义，自主—关系性的自我构念(autonomous-relational self-construal)指那些自主性和关系性水平都较高的人。这一特征其实与孔子强调的人格修养(character building)非常相似。许多中国学者一致认为(Waley，1983；Schwartz，1985)论语关切的并不是礼教的细节，而是因人而异的普遍道德法则。杜维明(Tu，1994)直言不讳地指出："与集体主义思想不同，儒家思想牢牢建立在个人的主体性之上，即强调主体自成一格(sui generis)。任何社会政策——无论被颂扬得多么高调——都无法动摇'自我'在儒家思想中的核心地位。"(p. 184)人们常认为，集体主义社群最关注的是集体生活。然而杜维明提出，在儒家传统思想中，"生活之终极目标既非家庭和睦，亦非父子和谐相处，而是达到自我实现。"(Tu，1985a，p. 243)

儒家思想在强调自我之重要性时，常使用"内外对比"式的修辞手法(Sundararajan，2002)。

内高于外(Inner higher than Outer)。内外对比的修辞手法，如内容对形式、私下对公共，即当两个词成对出现做对比时，前一个词比第二个词更重要。举例来说，荀子在阐述其观点时，曾用到过多种二元对立：内在与外在的荣耀(内在/应受的羞耻与外来的羞辱)(Cua，1996，p. 196，note 48)。君子可以接受外来的羞辱，而不能有内在的羞耻，因为"前者由超越于个人权能与控制之外的情境造成，后者的动因则寓于自我之中"(Cua，1996，p. 183)。内在自我与外在行为间的差异也可见于《礼记》，其中描写了孝子哀悼时的情境："致齐于内，散齐于外。"(最严苛的守斋和守诚由内在自我践行，同

时对外在行为并不苛求。)(冯友兰，引自 Tu，1985a，p. 235)。

　　个人化(*Personalization*)。郝大为和安乐哲(Hall & Ames，1987)指出，"只有被用于对特定的、个人意义做解读"时，礼制行为才真正具有意义(p. 274)。他们认为，"礼制行为(ritual action)"应该被译为"恰当、正当的行为(propriety)"，即"做出个人专有的恰当行为"之意，因为"恰当的"礼制行为必须具有"个人化的条件，并且能因时因地依照个人特定需要去建构"(p. 274)。也许我们可以引用典籍加以总结。《荀子》之中引用了三段对话，孔子问："仁者若何?"(仁德者人是什么样的?)后面的三个回答反映出道德理念上的三个等级。子路对曰：仁者使人爱己。(仁德者能让别人珍爱自己。)子贡对曰：仁者爱人。(仁德者珍爱他人。)颜渊对曰：仁者自爱。(仁德者自尊自爱。)(Ames，1991，p. 106)安乐哲对上述对话的注释很有见地，他认为道德的第一个等级正如子路所答的内容，其中暗含着"一种自私自利"；第二个等级正如子贡所答，更高一级，但"暗含着磨灭自我的态度"。安乐哲总结认为，最高层级，正如颜渊所说，当属反求诸己的自我参照(Ames，1991，p. 106)。

　　自我参照(*self-reflexivity*)。中国人的自我观念与克尔凯郭尔(Kierkegaard)提出的建构式自我定义非常接近，即"自我是一种自身与自身发生关联的关系"(引自 Neville，1996，p. 204)。从这个观点来看，自我并不一定是知识性表征。在西方观念中，自我概念由各种独立的属性组合而成；而中国人的自我观念则来自关系性的意识(relational consciousness)——哪里有自我参照意识，哪里就有自我。自我参照在中国典籍中比比皆是。柯雄文(Cua，1996)通过分析带有

"自"的词语发现古文典籍中经常提及："自少、自责、自辱"（《论语》）；"自暴、自养"（《孟子》）。这种自我参照的倾向被杜维明(Tu, 1985b)称为"真"(authenticity)，他认为"'真'这个字……似乎比那些用于描述道德的狭义词语，如'诚'或'忠'，更能代表原初儒家'学也为己'的精神"。(p. 52)自我参照在儒家伦理思想中占有极其重要的地位，如"仁"即包含"自我觉知和反思能力"(Schwartz，1985，p. 75)；而"诚"（信）被孟子定义为"有诸己之谓信"。

那么，如何陶冶真我？孔子认为可以依靠艺术。这与柏拉图的观点形成了鲜明对比，后者认为，教化之基在于逻辑、修辞和辩论，而孔子则将诗、乐置于首位。

诗，以礼塑情
Ritualization of Emotions Through Poetry

《礼记》是一部行为守则，而只有伴着《诗经》一起阅读才能领会中国人如何看形式风格(form)，诗歌或言行之风格恰如赋诗作词与行事为人都带有某种个人风格。西方世界对"自我的表达形式"从未有过如此的视角和深刻理解。(Bollas，2013，p. 119)

与功利性的世俗世界观不同，礼制意识在本质上即包含美学审美(Dissanayake，1992)。由此，礼制应与艺术并驾齐驱，特别是诗歌和音乐。相较于法律，礼制具有感化性而非强制性。诗歌可以调合心灵，这一功能直接源于礼制的非强制性的、移风化俗的内在力

量。宇文所安(Stephen Owen，1992)解释道："诗歌在儒家文化体系
中占有非常重要的地位，然而其教化功能却不带有强制性……与音
乐配合时，《诗经》中的诗会潜移默化地影响人做出有益的行为：听
者沉浸于诗歌之中，达到一种至善至美的心灵境界，其情感流动也
会受到这种经验影响。"(p. 45)

礼制意识的两个核心原则——"崇尚传统"与"独尊内在现
实"——被中国的美学审美优雅绝伦地体现出来。"崇尚传统"在艺术
领域中体现为约束与限制，主张延续传统，而非创新突破；"独尊内
在现实"则致力于超越一切外在形式的"内在心灵"创造(Li，1997)。
通过礼制的这两项原则，诗歌将自我的两个世界——公共世界与私
有世界——整合起来。博拉斯(Bollas，2013)指出，作为灵魂的寓
所，诗歌为我们最真切独特的感受和深刻私密的体验提供了栖身之
所(p. 40)，还使人徜徉于无意识的自由流淌之中——让我们从群体
共享的事物中发现对自己而言独特而深刻的意义。一方面有着群体
共享的形态，另一方面又有内涵私有、独特的意义。礼制意识的这
种二层式结构特性使诗歌成为整合自我与群体最为理想的工具。博
拉斯(Bollas，2013)解释道：

> 结构化、礼制化、规程化和风格化的诗是东方式心灵省思的精
华。大众社会在中国不断发展，人类行为变得制度化，人们在种种
社会规范和群体交往中生活，通过群体生活的互动，彼此协调成韵。
然而在诗歌中，人们却发现了另一个自己——一个文学艺术分身，
这个分身虽然同样遵从所有规条，但在诗歌的结构中，它也能够找
到一片空间，可以安放对自己的独特注解。(p. 39)

礼制意识的两个方面——内在内容与外部形式、私有的与公共的、自我与群体——彼此相互交织，形成了更广博的共享同当式整体(见本书第 1 章)(Fiske，1991)。若想辨明厘清其运作机制，我们需要了解儒家教化的纲目，正如孔子所说："兴于诗，立于礼，成于乐。"[(人的修养)因诗而感发，因礼而建立，因乐而成全。](Fang，1954，p. 9)在这个三重系统里，情绪/情感因诗而生发，因礼而定型。这句话言之有理。迪萨纳亚克(Dissanayake，1992)曾指出，礼制塑造和操控情感。

以礼塑情(molding emotions with rituals)与西方理论中的情绪调节截然不同(见本书第 10 章)。后者通过理性调节情绪/情感；前者以情绪/情感指导礼制，而礼制又为情绪/情感的目的服务。对于这一点，孔子有清晰明确的论述，认为投注情绪/情感是践行礼的必要条件。子曰："丧，与其易也，宁戚。"(丧礼，与其仪式周全，不如心中哀戚。)(《论语》)

荀子(引自 Bollas，p. 67)曾设问：三年之丧何也？(守丧三年是根据什么来制定的呢?)他给出的答案是："称情而立文。"(这是根据内心哀痛之深切而制定的与之相称的礼仪文化。)荀子认为，礼制包含时间的设定，这其中有它内在的逻辑性，这种逻辑性依情绪/情感之需而定。荀子说："礼者断长续短，损有余，益不足。"(所谓礼，就是截长续短，减有余而补不足的。)可见，礼制能够满足人们情绪/情感的需要。的确，"故至备，情文俱尽。"(所以最完备的礼能够使感情和文化发挥得淋漓尽致。)在这段对音乐的精妙描述中不难看到，外部形式与内在品质、自我与群体在此交融汇聚，共享同当由此而生(见本书第 1 章，Fiske，1991)。

在儒家修行的课目里，情绪/情感从个人向群体流动，并最终汇聚于和谐的社群之中(见本书第 1 章，Katz & Murphy-Shigematsu，2012)。现在让我们回到涂尔干所谓"集体欢腾"。对于如何实现集体欢腾，孔子另辟蹊径——应从自我的修养出发，修身养性。这正是儒家君子的生命历程。

然而我们是否真的需要煞费苦心地跋涉，通过这条由个体自我出发的内在路径去实现社会合作(social coordination)呢？如果还存在着其他的实现方法，甚至捷径，我们这么做是否还值得？实际上，托马斯、迪希欧里、哈克和平克(Thomas，DeScioli，Haque & Pinker，2014)的系列研究表明，公共知识是实现社会合作最有效、可靠的途径(p.659)。倘若儒家所注重的个体内在的自我修养对于社会合作并非绝对必要，那么它的优势又何在呢？

让我们在此先放缓脚步，停下来看一个问题：如何确保人们在大众社会中抑制自私自利的冲动？西方选择以大神观念和法律去约束；相比而言，儒家似乎选择了更为迂回的线路——培养强关系与个人修养。接下来，我将依据托马斯等人(Thomas et al.，2014)有关协作博弈的实证研究，再次细致探讨儒家的选择。

重审儒家之理性
Confucian Rationality Revisited

任何文化中，协作都是群居生活的基本要素。托马斯等人

(Thomas，DeScioli，Haque & Pinker，2014)指出，社会协作需应对的并非动机上的，而是认知论上的挑战——如何解读并协调彼此的知识状态。研究者们将知识状态分为三类：私有的、分享的和普遍的。私有的知识指那些个人自有且不与他人共享的知识；普遍的知识指那些可以被公共分享的知识。分享式知识的结构比较复杂——这种知识不对所有人公开，只在一部分人之内分享。根据不同的意识水平，分享的知识又包含两个认知子类：基于二阶意识的分享知识"A 知道 B 了解 X"(p. 658)；基于三阶意识的分享知识"A 知道 B 知道 A 了解 X"(p. 658)。托马斯等研究者将群体协作定义为：社会合作的最基本形式，互助互惠、非利他式的协作。那么，上述三类知识状态中哪种最有利于群体协作呢？研究者们通过实验找到了答案。

在托马斯等人的系列研究中，被试在电脑上完成角色扮演式的协作博弈游戏。被试在游戏中与他人协作并做出选择，要么独自完成任务，获得少量但数额确定的收益；要么与同伴协作，有机会获得大量收益，但风险也较大——若参与双方的选择一致，即可获得大量收益；反之，若只有一方愿意合作，则双方都将一无所获。被试在游戏中被随机分配扮演两种角色：屠夫或烘焙师，双方之间的沟通只能通过一位不大可靠的"传信小弟"实现。若选择独自工作，屠夫贩卖鸡翅，烘焙师贩卖面包。若选择彼此协作，双方可一同贩卖热狗，从而在热狗市价较高时获得更多利润。热狗价格每天都在浮动，这使双方合作的收益可能丰厚亦可能微薄。被试获取当天热狗售价的方式有两种：由"传信小弟"传达——信息显示在电脑屏幕上一个仅个人单独可见的图文框中，被试被告知只有他和协作者能够看见"小弟"窗口的信息；或通过名为"大喇叭"的窗口公示，所有被试都能在此看到同一条公开信息。实验者设定了四个实验情境，以模仿不同的知识状态，具体如下所示(以烘焙师的视角为例)：

普遍的知识(a)。在公示窗口中，烘焙师看到的信息是"大喇叭"广播了当日的热狗市场价。在"传信小弟"窗口，烘焙师读到的信息是："传信小弟并没有来。因为市场价被公示，现在屠户知晓了当日热狗价格，他也知晓你知道当日的价格。"(p.663)

私有的知识(b)。在私有窗口"传信小弟"中，烘焙师看到的信息是"传信小弟今天没有见到屠户，所以他没法告诉你屠户都知道些什么"(p.662)。公示窗口显示的信息是："大喇叭今天很安静，一声不吭。"

二阶分享式的知识(c1)。烘焙师在私有窗口"传信小弟"中看到的信息是："传信小弟说，他在来你的面包坊之前去过屠户那里，他说屠户已经知道了今天的热狗市场价。但是小弟忘了说清楚今天是不是要来见你，所以屠户并不清楚你是否知道今天的热狗市价。"(p.662)公示窗口显示的信息是："大喇叭今天很安静，一声不吭。"

三级分享式的知识(c2)。烘焙师在私有窗口"传信小弟"中看到的信息是："传信小弟说，他现在正在去往屠户店铺的路上，并且将告诉屠户今天热狗的市场价。传信小弟还会告诉屠户，自己刚到过你的面包坊，已把市价告诉了你(烘焙师)。但是，传信小弟不会告诉屠户他已经告诉你他将去见屠户，所以，屠户将会知道你已了解今天的市场价，但是他并不知道你知道他知道。"公示窗口显示的信息是：“大喇叭今天很安静，一声不吭。”

这个实验设计有效地将私有和公共两种认知空间体现出来：象征公共空间的大喇叭只在“普遍知识”的实验情境中出现，其余三种实验情境属于私有空间——虽然涵盖私有知识和分享的知识，但大喇叭都没有发声（很安静，一声不吭）。各个实验情境内含的知识状态分别对应不同的心理状态：(b)与(c)的知识状态对应主观觉知，(a)对应客观觉知。依据心与物交的心理映射模式，可将反映公共空间、普遍知识的实验情境(a)转化为下列公式：

“A、B、C……都知道 X。”

A、B、C ＝各个人的心理，X ＝ 对世界的客观认识(热狗的市价)。

我们应注意，在情境(a)中并没有心与心之间的交流，由于大喇叭广播了信息，传信小弟的存在就显得没有什么必要了。心与心交发生在实验情境(b)与(c)反映的私有空间中。代表(私下)分享知识的实验情境(c)包含二阶与三阶两种分享知识的变体——此处包含的关系可用下列公式表示“A 知道 B 了解 X”(二阶，p.658)，以及“A 知道 B 知道 A 了解 X”(三阶，p.658)。实验情境(b)是情境(c)的另一变体，即私有的(非分享)知识，此处 A 与 B 合并到一个人身上，由此“A 知道 A 知道 X”。请注意，关系型认知在实验情境(b)与(c)中都非常突出——此处已不限于主体对 X 的客观知识，而是反映出两种心灵状态间的等价性(“我知道你知道些什么”和“我知道自己知道的是什么”)。这些心灵状态与加里·麦基翁(McKeown，2013)提出的心理映射三个水平相对应：对普遍知识的客观觉知[实验情境

(a)]对应"心与物之映射"(mind-world mapping)；对私有知识的主观觉知[实验情境(b)]对应"一心之内，心与识之映射"(within-mind mapping)；对私有分享知识的主观觉知(实验情境 c)对应"两心之间，此心与彼心之映射"(between-mind mapping)。

公共与私有知识的表征。 心与心之映射(mind-to-mind mapping)，即(b)与(c)，困难重重、充满不确定性。那难以预料、随意而为的传信小弟正是(b)与(c)中错综复杂的私有觉知环路的象征。与此相对，公共广播传达的信息清晰明确，(b)与(c)就显得没有什么必要了。能促进互惠性合作的是公共分享的知识，而非穿越私人觉知迷宫般的心与心交。正如托马斯等人(Thomas et al.，2014)的研究发现：对比其他实验情境(b)与(c)，在大喇叭广播热狗市价的情境下，被试更倾向选择彼此协作。那么，为何传统的儒家社会却更偏好(b)与(c)而舍弃(a)呢？

对这个问题的简要回答是，(b)与(c)情境下的主观现实并无法总保持公开分享。传统社会将私有现实与公共现实明确区分开来是有道理的。现代社会将二者混合已经造成一些问题：

　　……每个灾难现场都会有"电视记者把麦克风戳到悲痛欲绝的灾难受害者面前，大声提问'(你的儿子被狙击手一枪打死了/你遭到强奸)这让你有什么感觉？'……以前人们对丧失的反应属于个人的私有领域，现在爱与愤怒等情感都会通过电视、媒体广播到全球的每个角落……"(Mestrovic，1997，p. 97)。

对于这个问题较详细的回答可参考"社会大脑假说"(见本书第 1

章），即促发人类智能进化的关键因素是社会交往，而非采集食物和使用工具。邓巴和舒尔茨（Dunbar & Shultz，2007）指出，人类智能进化的关键并非群居生活本身，而是由社群凝聚力和配偶结合而形成的强关系。

共享同当的理性。托马斯等人的研究（Thomas et al.，2014）建立在市场定价模式的理性（见本书第 1 章，Fiske，1991）之上。市场定价在弱关系型的现代社会中占主导地位。然而，基于强关系的传统社会更偏好共享同当的理性模式（见本书第 1 章，Fiske，1991）。在共享同当的理性模式中，互惠协作博弈有着完全不同的范式。若屠户和烘焙师是同门兄弟或夫妻，那么他们将如何决定当天是否售卖热狗呢？共享同当理性模式的算法是"人人为我，我为人人"——只需一方知晓热狗的市价，即可相应地为参与协作的双方做出共同决策。在这种基于强关系的协作博弈中，认知资源的投注将从知识的客观状态（热狗市价每日浮动）转向主观表征，如共同的目标或愿望等。正如麦基翁（McKeown，2013）指出的，在"两心之间，此心与彼心之映射"①的心理交接形态（你和我想的一样吗？）当中，用于交流的表征通常包含大量社会关系和群体动态性信息，而非"心与物之映射"式的具体知觉性表征（热狗市价）。

因此，当关注对象转变为彼此共享的主观现实时，互惠合作博弈的运作方式也相应地发生变化：在市场定价式的理性中，对成本和收益精打细算是任何协作的出发点；而在共享同当的理性（见本书

---

① 注：英文原版此处笔误写为 within-mind mappings，应为 between-mind mappings。

第 1 章，Fiske，1991)中，协作并不必然为了达成协作收益本身，它还可能是一种沟通方式。麦基翁(McKeown，2013)提出，人类沟通有三种目的：①交流主题信息(热狗市价)；②校准双方的表征("你和我想的一样吗?")；③表明具有理解他人心理内容的能力("我知道你会喜欢这个。")从①到②再到③，其中的转换包含认知取向由"心与物交"到"心与心交"的转变。这种转变的结果意义深远。

麦基翁(McKeown，2013)等研究者认为，关系型推理的使用是在为更加抽象的表征铺路。举例来说，"母亲的母亲"是一种基于关系和递归推理的类别性表述，这是比"热狗市场价"更抽象的概念。关系型认知最优雅的产物之一就是艺术，艺术正是儒家教化的核心。科学专注于客观现实，与之相对，艺术寓于主观现实，正是心与心交使这种主观现实得以实现。据此，麦基翁(McKeown，2013)指出，文学所对应、印证的并非客观、混乱纷杂的现实，而是建立在"两心之间，此心与彼心之映射"之上的(心理)现实。接下来，我们将有机会深入这种共享式的主观现实之中，看看它如何被儒家思想精雕细琢，又如何依托关系型认知生生不息。

儒家思想永恒的遗产
The Lasting Legacy of Confucianism

孔子去世后，公元前 4 世纪的中国哲学呈现出如下景象(Waley，1939)：

道家对社会、道德、法律和秩序并不在意，且提出一种玄奥的自我实现观来反对上述现世观念。但儒生们遵循先师孔子教诲，奔波列国，依然在找寻一位能够建立善、义与德之秩序的"哲人君王"(philosopher king)。与此同时，还有既不信人也不信神的现实论者（法家），他们认为治国理政必须以"不折不扣的现实"为本。依据这个原则，法家构建出一个专制集权社会的蓝图，其周密与细致让西方两千年来都难以企及。

纵观漫漫历史长河，中国有许多朝代在治国时表面宣扬"独尊儒术"，但实际践行的却是"外儒内法"。

孝道(filial piety)是儒家思想最广为人知的遗产。叶光辉(Yeh，2010)通过研究指出，存在着新旧两种"孝道"理性。孔子之前既已存在的孝是一种古老的、充满专制色彩的理念；孔子将前者人性化，提出了相互性孝道。他强调"孝"之双方间的亲情，将古老的形式化、义务性的"孝"转化为以"情"主导的交互系统。叶光辉指出，孝的两个基本元素——相互性与权威性——乃源于礼制的"亲亲(仁)尊尊(权)"处事原则(p.76)。

纵观当代，亦存在相互性与权威性两种孝(Yeh & Bedford，2003)——前者注重回报与慈爱(仁)，后者注重等级观念和顺从权威。将这两点置于对称性理论模型中，我们可以推论："优质的孝"具有俄罗斯套娃式结构——"权威"嵌置于"仁爱"之中，正如尊卑上下作为低层级对称性亚组(见本书第1章，Fiske，1991)嵌置于高层级的共享同当之中(见本书第1章，图1.1)。但是，若低层级的"尊卑上下"对称性亚组脱离仁爱基础，那么权威式的孝意味着复杂性消弭，可能对健康造成不利影响，这在"关爱、亲密与信任比规范、权力与身份限制更重要"的当代中国社会中尤为如此(Yeh & Bedford，

2003，p. 226）。上述推论预测已得到大量实证研究支持。例如，强调
感恩之情的相互性孝道与青少年问题行为的内化与外显显著负相关，
而权威式孝道观念则与抑郁、焦虑和攻击性呈正相关(Yeh，2006)。

　　回顾中国历朝历代，儒家思想在政治上兴衰起伏，人们践行的
"孝道"也有善有恶。那么孔子留给我们最历久弥新的遗产是什么呢？
正是由诗书教化熏染而成的中国式情感！博拉斯(Bollas，2013)提
出，诗歌是思维形式的样板。更确切地说，他认为以诗书为核心的
教化，目的正是发展、开发意识的结构：

　　如果说孔子与其他先贤建构了东方人的心灵，那么他们的语录、
诗歌都是这种东方心灵的践行。这些创作的本意并不在于讲述故事，
而在于体验和感受这种心灵形态——在故事的感染下塑造出东方式
的心灵。由此，尽管自我与他人、个体与群体、地区与国家、一国
（中国）与他国（如日本或朝鲜）历史不同，也依然能形成一种共同的
东方心理过程(p. 29)。

　　诗书礼乐的影响交织到一起，在中国人情感的版图上留下了不
可磨灭的印记，我们将在下面章节中对此做深入探索。

参考文献

References

Ames，R. T. 1991. Reflections on the Confucian self：A response to Fingarette. In M. I. Bockover (Ed.)，*Rules, rituals, and responsibility* (pp. 103-114). La Salle, IL：Open Court.

Ames, R. T. 1996. The classical Chinese self and hypocrisy. In R. T. Ames &. W. Dissanayake(Eds.), *Self and deception/Across-cultural philosophical enquiry* (pp. 219-240). Albany, NY: SUNY Press.

Bergmüller, R. , Heg, D. , &. Taborsky, M. 2005. Helper sina cooperatively breeding cichlid stay and pay or disperse and breed, depending on ecological constraints. *Proceedings of the Royal Society of London B*, 272, 325-331.

Bergmüller, R. , &. Taborsky, M. 2007. A daptive behavioural syndromes due to strategic niche specialization. *BMC Ecology*, 7, 12. Retrieved from http: //www. biomed central. com/1472-6785/7/12.

Bollas, C. 2013. *China on the mind*. New York: Routledge.

Bresnahan, M. J. , Chiu, H. C. , &. Levine, T. R. 2004. Self-construal as a predictor of communal and exchange orientation in Taiwan and the USA. *Asian Journal of Social Psychology*, 7, 187-203.

Brewer, M. B. , &. Chen, Y. R. 2007. Where(who) are collectives in collectivism? Toward conceptual clarification of individualism and collectivism. *Psychological Review*, 114, 133-151.

Brewer, M. B. , &. Gardner, W. 1996. Who is this"we"? Levels of collective identity and self- representations. *Journal of Personality and Social Psychology*, 71, 83-93.

Cheng, J. T. , Tracy, J. L. , Foulsham, T. , Kingstone, A. , &. Henrich, J. 2013. Two ways to the top: Evidence that dominance and prestige are distinct yet viable avenues to social rank and influence. *Journal of Personality and Social Psychology*, 104, 103-125.

Cheung, F. M. , Leung, K. , Zhang, J. X. , Sun, H. F. , Gan, Y. Q. , &. Song, W. Z. , et al. 2001. Indigenous Chinese personality constructs: is the five-factor model complete? *Journal of Cross-Cultural Psychology*, 32, 407-433.

Clark, M. S. , &. Mills, J. 1979. Interpersonal attraction in exchange and communal relationships. *Journal of Personality and Social Psychology*, 37, 12-24.

Confucian Analects. 1971. In J. Legge (Ed. &. Trans.), *The Chinese classics* (Vol. 1, pp. 137-354). Taipei, Taiwan: Wen Shih Chi. (Original work published 1893)

Cua, A. S. 1996. A Confucian perspective onself-deception. In R. T. Ames &. W. Dissanayake (Eds.), *Self and deception/Across-cultural philosophical enquiry* (pp. 177-199). Albany, NY: SUNY Press.

Dissanayake, E. 1992. *Homo aesthetics/Where art comes from and why*. Seattle, WA: University of Washington Press.

Dunbar, R. I. M. , &. Shultz, S. 2007. Evolution in the social brain. *Science*, 317, 1344-1347.

Durkheim, E. 1995. *The elementary forms of religious life* (Trans. K. E. Fields).

New York: The Free Press.

Fang, A. 1954. Introduction. In E. Pound(Ed.), *Shih-ching/The classic anthology defined by Confucius* (pp. 9-16). Cambridge, MA: Harvard University Press.

Fingarette, H. 1972. *Confucius/The secular as sacred*. New York: Harper & Row.

Fiske, A. P. 1991. *Structures of social life: The four elementary forms of human relations*. New York: The Free Press.

Gergen, K. J. 2009. *Relational being: Beyond self and community*. NewYork: Oxford University Press.

Goldberg, S. J. 1998. Figures of identity/Topoi and the gendered subject in Chinese art. In R. T. Ames, T. P. Kasulis, & W. Dissanayake(Eds.), *Self as image in Asian theory and practice* (pp. 33-58). Albany, NY: SUNY Press.

Hall, D. L. , & Ames, R. T. 1987. *Thinking through Confucius*. Albany, NY: SUNY Press.

Harb, C. , & Smith, P. B. 2008. Self-Construal across cultures: Beyond independence-interdependence. *Journal of Cross-Cultural Psychology*, 39, 178-197.

Hashimoto, H. , Li, Y. , & Yamagishi, T. 2011. Beliefs and preferences in cultural agents and cultural game players. *Asian Journal of Social Psychology*, 14, 140-147.

Hashimoto, H. , & Yamagishi, T. 2013. Two faces of interdependence: Harmony seeking and rejection avoidance. *Asian Journal of Social Psychology*, 16, 142-151.

Kagitçibaşi. 2005. Autonomy and relatedness in cultural context: Implications for self and family. *Journal of Cross-Cultural Psychology*, 36, 403-422.

Katz, R. , & Murphy-Shigematsu, S. 2012. *Synergy, healing, and empowerment*. Calgary, Canada: Brush Education.

Kim, H. , & Markus, H. R. 1999. Deviance or uniqueness, harmony or conformity? A cultural analysis. *Journal of Personality and Social Psychology*, 77, 785-800.

Li, J. 1997. Creativity in horizontal and vertical domains. *Creativity Research Journal*, 10, 107-132.

McKeown, G. J. 2013. The analogical peacock hypothesis: The sexual selection of mind-reading and relational cognition in human communication. *Review of General Psychology*, 17, 267-287.

Mestrovic, S. 1997. *Postemotional society*. London: Sage.

Munakata, K. 1983. Concepts of *lei* and *kan-lei* in early Chinese art theory. In S. Bush & C. Murck(Eds.), *Theories of the arts in China* (pp. 105-131). Princeton, NJ: Princeton University Press.

Neville, R. C. 1996. A Confucian construction of a self-deceivable self. In R. T. Ames & W. Dissanayake(Eds.), *Self and deception/Across-cultural philosophical enquiry* (pp. 201-217). Albany, NY: SUNY Press.

Nisbett, R. E. 2003. *The geography of thought*. New York: Free Press.

Norenzayan, A. 2013. *Big gods: How religion transformed cooperation and conflict*. Princeton, NJ: Princeton University Press.

Owen, S. 1992. *Readings in Chinese literary thought*. Cambridge, MA: Harvard University Press.

Read, D. 2010. From experiential-based to relational-based forms of social organization: A Major transition in the evolution of Homosapiens. In R. I. M. Dunbar, C. Gamble, & J. Gowlett (Eds.), *Social brain, distributed mind* (pp. 199-229). Oxford, UK: Oxford University Press.

Schwartz, B. I. 1985. *The world of thought in ancient China*. Cambridge, MA: Harvard University Press.

Sedikides, C. , & Brewer, M. B. 2001. Individual self, relational self, and collective self: Partners, opponents, or strangers? In C. Sedikides & M. B. Brewer(Eds.), *Individual self, relational self, collective self* (pp. 1-4). Philadelphia, PA: Psychology Press.

Smith, I. H. , Aquino, K. , Koleva, S. , & Graham, J. 2014. The moral ties that bind… even to out-groups: The interactive effect of moral identity and the binding moral foundations. *Psychological Science*, 25, 1554-1562.

Sundararajan, L. 2002. The veil and veracity of passion in Chinese poetics. *Consciousness & Emotion*, 3, 197-228.

Thomas, K. A. , DeScioli, P. , Haque, O. S. , & Pinker, S. 2014. The psychology of coordination and common knowledge. *Journal of Personality and Social Psychology*, 107, 657-676.

Torelli, C. J. , & Shavitt, S. 2010. Culture and concepts of power. *Journal of Personality and Social Psychology*, 99, 703-723.

Tu, W. M. 1985a. Selfhood and otherness in Confucian thought. In A. J. Marsella, G. de Vos, & F. L. K. Hsu (Eds.), *Culture and self/Asian and Western perspectives* (pp. 231-251). London: Tavistock.

Tu, W. M. 1985b. *Confucian thought: Selfhood as creative transformation*. Albany, NY: SUNY Press.

Tu, W. -M. 1994. Embodying the universe: A note on Confucian self-realization. In R. T. Ames, W. Dissanayake, & T. P. Kasulis (Eds.), *Self as person/Asian theory and practice* (pp. 177-186). Albany, NY: SUNY Press.

Van Doesum, N. J. , Van Lange, D. A. W. , & Van Lange, P. A. M. 2013. Social mindfulness: Skill and will to navigate the social world. *Journal of Personality and Social Psychology*, 105, 86-103.

Waley, A. 1939. *Three ways of thought in ancient China*. New York: Doubleday Anchor Books.

Waley, A. 1983. *The Analects of Confucius*. London: Allen & Unwin. First edition by Random House, 1938.

Wilhelm, R. (Tr.). 1967. *The I Ching* (C. F. Baynes, Trans.). Princeton, NJ: Princeton University Press.

Yamagishi, T. , Hashimoto, H. , & Schug, J. 2008. Preferences versus strategies as explanations for culture-specific behavior. *Psychological Science*, 19, 579-584.

Yeh, K. H. 2006. The impact of filial piety on the problem behaviors of culturally Chinese adolescents. *Journal of Psychology in Chinese Societies*, 7, 237-257.

Yeh, K. H. 2010. Relationalism: The essence and evolving process of Chinese interactive relationships. *Chinese Journal of Communication*, 3, 76-94.

Yeh, K. H. , & Bedford, O. 2003. A test of the dual filial piety model. *Asian Journal of Social Psychology*, 6, 215-228.

Yuki, M. 2003. Inter-group comparison versus intra-group relationships: Across-cultural examination of social identity theory in North American and East Asian cultural contexts. *Social Psychology Quarterly*, 66, 166-183.

第 4 章

借道家之羽翼翱翔
On theWings of Daoism

不合群的鱼
The Asocial Fish

让我们回想一下前文曾提到，黄金燕尾鱼在选择生存环境时有两种方案——"留下则付出代价"或"离散而自立繁殖"（见本书第 3 章）。博格穆勒和塔博尔斯基（Bergmüller & Taborsky，2007）通过实证研究验证了其假设——上述两种选择有截然不同的适应性后果：长久驻留在原生领地内的燕尾鱼攻击性较低，探索冒险行为也较少，它们尽心尽力专注于保养固有领地；与之相对，较早离巢的鱼儿更偏好探索新的栖息地，对领地遭受入侵表现出非常激烈的反应，却对保养原生领地不抱多大兴趣。

不合群的鱼选择流浪——独立繁殖，它们可谓道家思想的动物模型。对建立离群独行（disperser）思想贡献最大的哲人非庄子莫属，他的同名典籍著成于公元前 4 世纪，是道家思想的集大成之作。梅维恒（Mair，1994）指出，"《庄子》是中国现存最古老的一部针对个人而撰写的哲学典籍。《道德经》的几位作者意在以道家治天下；而《庄子》的几位作者则选择脱离社会，或至少脱离社会的权力关系"（pp. xxvii-xxviii）。

儒家之理想显于君子，道家理想则寓于隐士。与留守原生地的鱼儿不同，离群的燕尾鱼更喜欢在领地边缘游弋，不在照料后代和维护领地上费心费力，却更热衷于探索新的领域（Bergmüller & Taborsky，2007）。这些鱼的"性格特质"正是隐士之关键属性的缩影。

中国的隐士
The Chinese Hermits

隐士或隐逸者在中国存在已有数千年（Porter，1993）。正如牟复礼（Mote，1960）所说，"读书钻研却拒绝入仕"是中国隐士的关键特性之一：

闭门家中、自食其力而不求任何官府俸禄，对加官晋爵带来的社会地位毫无兴趣，倾毕生之心力于修身养性、钻研学理或艺术创作，这就是隐士（p. 203）。

由于人们对隐士崇敬有加，中国古代许多知识分子都非常骄傲地在自己名字后缀上"隐居不仕"这几个字（p. 299）。

可见，中国隐士与不群的鱼儿有以下共通特质，对此我们将逐一分析：

· 不仕

- 离群
- 独行

不 仕

Refusal to Serve

牟复礼（Mote，1960）认为，"中国隐士精神的核心"乃在于"不仕"（p. 204）。无论"避世有多远、闭门之心如何坚定、如何刻苦自修"（p. 203）都无关紧要，只有"放弃仕途——从未入仕或半途辞官——这才是隐士的根本"（pp. 203-204）。儒家思想主张，君子当仕君报国。与之相对，道家思想对政治、权力毫无兴趣，这使其成为不愿入仕的儒生君子们的灵感源泉。庄子即以其不愿做官从政、宁愿垂钓溪边而闻名。他问道："吾闻楚有神龟，死已三千岁矣。王巾笥而藏之庙堂之上。此龟者，宁其死为留骨而贵乎？宁其生而曳尾于涂中乎？"（神龟更愿意为了留下骨骸以显示尊贵而赴死呢，还是宁愿活在烂泥里夹着尾巴爬行？）（Watson，1964，p. 109）。这种对理想的极端化选择对隐士思想产生了深远影响。

适者生存需独立。为了自立谋生、不仰赖官府的俸禄，隐士必须拥有高超的能力、保持高度自治。换句话说，他们需要身怀才艺才能确保经济独立、自给自足。因此，与儒家典籍中的文人形象不同，庄子在屠户、琴师、捕蝉人和制车轮的工匠等底层职业者的娴熟技艺中找到了灵感。

庄子认为，经验与实践能造就至高奥妙的智慧，因而精湛的技艺不仅可以确保个人经济独立，还被庄子视为人生标杆。庄子格外关注那些无法直接传授的个人技艺。他对独特性（uniqueness）的注重深深地影响了中国人之"特立独行"观念（unique individuality，Ames，1991，p. 109）。安乐哲（Ames，1991）将这一观念定义为"宛如艺术品一般、独特又无可替代的特有品质"（p. 108）。

驻留或离去
Staying or Splitting

> 生世各有时，出处非偶然。
>
> 赵孟頫

　　不合群的鱼儿宁可离群索居而不愿付出驻留群体的代价，此中缘由鱼儿并未道明，但隐士们对其避世生活却给出了清晰的解释。牟复礼（Mote，1960）指出，身处动荡乱世，当读书人不愿随波逐流、浑浑噩噩，在看透世事、对时局感到悲观后，避世隐遁就成为一个重要选择（p. 205）。这与中国人"达则兼济天下，穷则独善其身"的观念彼此印证（Porter，1993）。可见，主动退隐、脱离社会生活的主要动因是在动荡的环境或危及个人气节、生命的境遇下求得自保。这种隐逸背后的情怀在元代儒学家刘因的诗词中体现得淋漓尽致。

> 人生丧乱世，无君欲谁仕。沧海一横流，飘荡岂由己。

　　纵观中国历史，每逢世事艰难、思想与道德风潮陷入悲观、冷漠的时代，留驻世事的文人墨客常可分为两类——一类继续为腐败的朝廷效力，另一类则沉湎于酒色犬马，以此逃避绝望、残酷的现实。隐逸世外代表了第三种选择——拒绝听命朝廷、杜绝极端自我放纵，以某种形式隐退于世事之外（Mote，1960，p. 203）。相对前两类留驻世事者，第三种选择意味着放弃安身于现存的社会秩序，转而寻求另一类栖身之所——隐逸。

独居隐逸以栖身。当独居隐逸成为一种为人所向往的生活方式，我们可将之视为社会生活的一种替代。对于隐士们的选择——脱离社会、归隐世外，可引用爱德华·萨丕尔（Edward Sapir）对文明（civilization）与本真文化（genuine culture）所做的区分加以辨析。萨丕尔认为人类有余力去追求与现实生活不存在直接关系的（非经济的、非功利性的）目标，如礼制、艺术或文学，这正是对本真文化的反映。他指出，文明的发达水平与本真文化的丰富性此消彼长；一个文明越发达，其文化就越加虚假，就越可能变得人云亦云、一味模仿与盲目行事。反过来，单纯的文明更有益于本真文化的发展。按萨丕尔的理论来看，中国的隐士之所以选择栖身世外，是因为文明社会充斥官僚做派、权力斗争和剥削压迫。对此，道家与儒家两派思想的相同之处在于，双方都厌弃那些虚伪、非本真的东西，两者都追求以自我与社会高度结合为特征的真诚。然而儒道两家解决这一问题的方式却不相同。儒家主张通过"为学日益"的方式完善礼制，道家则以"为道日损"的路径消解文明、回归自然。

《庄子》中的如下段落，清晰地阐述了道家思想中理想的独居隐逸生活：

"子独不知至德之世乎？……当是时也，民结绳而用之，甘其食，美其服，乐其俗，安其居，邻国相望，鸡狗之音相闻，民至老死而不相往来。”

（你没听说过那盛德之世吗？很久以前，人们在绳子上打结用来记事，人们感觉吃食香甜、穿戴漂亮、习俗满足安乐，住所安适。邻近的国家互相望得见，鸡鸣狗叫声互相听得见，而人们直到老死也不相往来。）

道家的理想社会与大石茂弘和凯瑟毕尔（Oishi ＆ Kesebir，2012）的观点不谋而合——强关系适于低流动性社群。这个观点也得到社会大脑假说（social brain hypothesis）支持。邓巴（Dunbar，2014）提出，无论是原始时期的小型社群还是当代的“脸书”等网络社群，社群的理想规模往往都在 150 人左右。他解释道，“这个数目是维持社群高效运转的最小规模与确保社群归属感（愿意为社群牺牲个人利益）的最大规模这两个维度之间的平衡点”（p. 112）。

生活在三皇五帝传说时代的人可能不会踏出自己的村寨；然而当后人主动选择生活环境并寻求重建那逝去的乐土时，流动性必然增长。

流动性与创造力。 已有研究发现，人口流动性与人格特质，如独立性或开拓精神、探索性和创造力等，存在显著相关。北山忍等人（Kitayama et al.，2006）发现，日本大多数地区的社群以互依型集体主义文化为主，然而北海道地区居民的独立性特质要显著高于其他地区。学者们认为，北海道地区与众不同的独立精神可能与当地居民多为迁居而来有关。

学者们普遍认同庄子的核心思想可用“自由”一词概括（Watson，

1964，p. 3）。具体来说就是"自由自在、不受世界及成规约束"
（Mair，1994，p. xliii）。庄子认为，低流动性与思想停滞密切关联，
因此，思想的解放需要人们跳出懒于思考的安乐窝。他以一则寓言
陈明这个道理："井蛙不可以语于海者，拘于虚也……曲士不可以语
于道者，束于教也。"（Watson，1964，p. 97）庄子将神游（mental ex-
cursion）视为思想停滞的解药；"游"之中蕴含着云游与探索精神。庄
子以另一则寓言说明"游"（wondering）之重要（Watson，1964，
p. 29）：逻辑家惠子是《庄子》中思维僵化的代表性人物，他曾收获一
个大葫芦，但是惠子觉得这个东西毫无用处——盛水用太重，打水
又太大——就把它砸个粉碎。庄子对挚友惠子说，为什么不把葫芦
做成腰舟，这样就可以浮游于江湖之上。这是对"游"与探索的绝佳
隐喻。

　　寓言以外、现实之中，许多隐士的生平逸事里"游"都占据核心
位置。著名旅行家、地质学家徐霞客（1587—1641）就是实例之一。
曾为书生的他放弃了科举考试这个封官入仕的唯一途径，毕生致力
于探索中华大地的山川水泽。除冬天留在家中照顾年迈的母亲，徐
霞客终年游历四方。自22岁起直至去世，他花费30年时间纵游华
夏南北、探索中国各地的大川河流。攀登崇山峻岭时，他常七八天
吃不上饭菜、露宿洞窟、与野兽为伴（Han，1998）。若不是徐霞客
在游记中留下大量翔实资料，中国许多秀美的山川至今可能还不为
人所知。

　　高流动性的另一产物是弱关系（见本书第1章）。对于社会流动
性的研究（Oishi & Kesebir，2012）指出，强关系适于低流动性、高

稳定性社群，弱关系适于高流动性、低稳定性社群。下面这段寓言里，庄子将高流动性、弱关系与创新/创造力之关联清晰地阐述出来：

> 宋人有善为不龟手之药者，世世以洴澼絖为事。客闻之，请买其方百金。聚族而谋曰："我世世为洴澼絖，不过数金；今一朝而鬻技百金，请与之。"客得之，以说吴王。越有难，吴王使之将，冬与越人水战，大败越人，裂地而封之。能不龟手，一也；或以封，或不免于洴澼絖，则所用之异也。

> （宋国有一位善于制造防治皮肤冻裂药的人，世世代代以在水中漂洗棉絮为业。有一个外来人听说了，请求用百金购买这个药方。宋国人集合族人一起谋划说：我们世世代代以在水中漂洗棉絮为业，不过赚几金而已，现在一下子卖掉技术就能得到百金，那么就卖给他吧！外来人得到秘方以后，用其来游说吴王。越国向吴国发难出兵，吴王任命他为大将军。他带吴国之兵于冬天与越国人在水中作战，越国人大败，吴王于是划出一块土地封赏给他。能够防治皮肤冻裂的药并无差异，有的人用它获得了封地，有的人却免不了仍旧依靠它在水中漂洗棉絮，这是因为使用它的方法不同罢了。）

这则寓言中，驻留者与离群者形成了鲜明的对比。驻留者——漂洗丝絮的手工业者，只在本族内走动（强关系），他们专注于维持旧业（世代重复着相同的工作），对新异与创新没有丝毫兴趣。与之相对，离群者——寓言中的旅客，只是过路的陌生人（弱关系），他对维护传统并无贡献，但却能借他山之石对传统进行创造性的改造。

纵观中国历史，有关隐逸与创造力之关联的实例屡见不鲜。韩兆琦指出（Han，1998），隐士是中国思想、学问、诗词、音乐、绘画、茶艺、医学、地理学和健康等各个领域的先锋。正如道家思想由老子和庄子两位世外隐士所创立。还有许多著名诗人和画家归隐于山中。对应于生物学上的基因（gene），思想文化的产物被称为文化基因（meme）。如生物基因一样，文化基因也会传宗接代（譬如在思想上儒家学者都是孔孟的子孙）。由于创新者需要独立提出新的想法，因而在文化基因传承上，创新者与那些离群独立繁殖的鱼儿有许多相似之处。

独立繁殖

Breeding Independently

人类离群独居的原因繁多，如寻求独自消遣、逃离社会压力等（Averill & Sundararajan，2014）。但若将独居作为尽心竭力追求的生活方式，人类做出这种选择的原因可能与那些离群独行、探寻新栖息地的鱼儿非常接近，即为了独立繁育——与其照顾他人的后代，不如自己繁育。与之相似，独立构思、毕生致力于文化基因发展而不去拥护大多数人的成见，这正是隐逸之士的初衷。的确，许多隐士可谓文化基因的贡献者——终其毕生心血用于生产优秀的文化基因。对于这一点，我们可以引用中国诗学中最具影响力的理论家唐代隐士司空图（837年—908年）的诗句来描述：

世间万事非吾事，只愧秋来未有诗。

在此，隐士并不关注世俗生活，而是献身中国社会最为看重的文化基因之一——诗词。

让我们进一步加深鱼儿与隐士的类比。维护新开辟的领地时，离群的鱼儿比驻留的鱼儿更具攻击性。与之类似，隐士在维护自己秉持的原则（文化基因）时也更加激进。

英雄式的隐士。 为了自己的理想（文化基因），隐士宁可放弃舒适安逸的社会生活以及由入仕做官赋予的地位和经济保障。正如牟复礼（Mote，1960）指出的，真正的（bonafide）隐士在原则上绝不妥协，他们将为朝廷做官效命视为对自身伦理准则的最大威胁；拒绝为官同时也是隐士们对抗朝廷和统治者的表达方式之一。有些人甚至为此宁死不屈、付出生命，介子推的故事堪称典型。介子推是晋文公的内阁核心谋士之一，他对晋文公历尽万难最终重得王位贡献颇多。晋文公权力稳固后，介子推出于对朝中权力斗争的厌恶不辞而别，遁入深山隐居。由于寻不见介子推，晋文公下令放火焚山，企图以此逼迫他出来君臣相见，谁料介子推坚决不出，最后抱着一棵大树被焚而死（Han，1998）。

隐士愿付出任何代价而坚守的另一个原则是"我行我素的自由"，特别是维护自己的精神与情感气节。入朝为官需要阿谀奉承；拒绝为了迎合他人而压抑自身情感是隐士追求隐逸独居的另一主因。正如隐士郭璞（276 年—324 年）所言："纵情在独往。"（Li，1986，p.251）对此，最著名的例子当属诗人陶渊明（365 年—427 年）。

陶渊明虽生于官宦家庭，但在朝廷中并未受到重用。一天，上级官员前来视察政务，要求陶渊明穿戴整齐、恭立迎候。陶渊明叹道："吾不能为五斗米折腰，拳拳事乡里小人邪！"（Han，1998，p. 24）。而后挂冠而去。归隐田园时，陶渊明四十一岁[①]，此后直至离世他都在庐山脚下身为"儒农"。虽然极为清贫，但在美酒与诗歌之中，陶渊明觅得了单纯而满足的生活。后世另一位隐士赵孟頫（1254 年—1322 年）曾赋诗以表达对陶渊明的仰慕：

> 弃官亦易耳，忍穷北窗眠。

远离社会生活充其量被视为被动攻击。此外，主动攻击在道家思想中并不突出，这缘于中国人对超越（transcendence）的注重。挑战主流、离经叛道是西方精英津津乐道的模式，隐士却与之不同。后者更像那些离群独行的鱼儿，独自离开，开辟新天地。相对于鱼儿，"超越"则是隐士在思想空间开拓新的疆界。

道即"无限融合"
Dao as Oceanic Merging

博拉斯（Bollas，2013）认为，西方文化推崇英雄主义，而东方传统则更重视超越。道家的超越蕴含着向更高对称性层级迁移，通过觉知在概念空间中打开崭新疆域。这个新的疆域，即"无限融合"（Oceanic Merging）。

在菲斯克（Fiske，1991）提出的关系型认知四层结构中，共享同

---

① 本书英文原版此处有笔误写为 1940s，应为 40s。——译者注

当是对称性最高层级(见本书第 1 章);然而博朗代(Bolender,2010)认为,在共享同当之外可能还存在更高维的对称性形态。博朗代将这种具有超级对称性的关系型认知称为"无限融合"(p. 104)。"无限融合"被定义为"与万物合一,融于博爱之中"(p. 107)。这是一种"最具对称性的关系模型"(p. 106),在此,变换完全不受任何限制,即任何变换都不会造成信息差异,也就是说,在这种情况下不存在差异性的可能。同时,没有差异性,也就不存在"知识表征"的可能。"无限融合"将我们带入一个玄妙的领域,在此,真正的"道"超越所有表征之上,正如老子所谓:"道可道,非常道。"不仅如此,意味着连共享同当之"圈内与圈外之分"这一最基本差异都已被抹除——所有事物都融入无限合一之中。博朗代(Bolender,2010)指出,在《瓦尔登湖》中,亨利·梭罗就曾捕捉到这种人与自然的玄妙融合。

儒家偏好"共享同当"和"尊卑上下"(见本书第 3 章),道家思想则立足于无限融合这一更高层级的对称性。接下来,我将深入探讨道家思想之超级对称性带来哪些后果。

反长幼废尊卑
Anti-hierarchy

儒家所谓"道"是道德真理体系(system of moral truths),而道家思想的"道"指的是大自然之基本属性——永恒存在、不可名状、无法言表。儒家所谓"道"体现在秩序与尊卑的非对称性之中,道家之

"道"体现于对称性的最高维。道家之"道"是多元的、无所不在的，正如庄子所谓："道在屎溺"——不存在任何顺序先后与贵贱尊卑。既然尊卑不存在，也就无所谓何为"正统"了——在孔子及后继思想家们看来，唯有遵循独一"真道"，社会才能安定有序；然而，道家之"道"是多元化、非单一的，因而所谓"正统"之观念在道家看来是毫无意义的。谈及庄子时，梅维恒（Mair，1994）所言毫不夸张："庄子是历史上倡导多样性的第一人，不仅如此，他还深刻地认识到，多样性是无法通过官府法令去实现的。"（p. xli）

儒家观念中，圣人即权威，圣人的训诫是拨乱反正的真理。与儒家形成强烈反差，道家典籍《庄子》记述了大量幻想式的对话，对话各方彼此平等相待，不同方面的声音又各具道理。这些幻想式对话发生于形形色色的角色之间——从虬枝盘绕又气味刺鼻的大树、千足蚰虫，到身负刑罚的罪犯、残疾畸形者、乐师甚至山间旋风等。《庄子》一书对关于"道"的各种声音，特别是那些敢于顶撞权威或身份最为卑微者的声音，都抱着开放的态度倾听、接纳。这些对话与讨论常以一个发人深省的提问作为结尾（到底是……还是……呢?），而非给出一个确凿的论断（见 http：//plato. stanford. edu/entries/taoism/）。总而言之，道家否定一元宇宙观，拒绝独尊某种独一规则，这是因为"无论任何时候，任何因素都有转化为最关键因素的可能"（Hall，1978，p. 277）。

让我们再次回想儒家的两个关键要素——尊卑上下与共享同当。道家的理想在于，打消前者，保留并促进后者。

独处若比邻

Alone, Together

让我们来回忆一下，对称性（见本书第 1 章）指各种可然状态的叠加；我们可借助量子物理理论来理解对称性的概念，譬如"薛定谔的猫"既是活的也是死的，这就是对称性状态。而当你窥视之后，猫就不再同时处于两种状态，这就是对称性破缺。根据上述概念，"无限融合"作为对称性的最高层级必然包含同时并存的多种状态。这种特性让道家思想可以既接纳强关系也接受弱关系，这是低层级对称性亚群所不具备的。在低层级对称性亚群中，要么选择驻留（强关系——依血缘关系组成社会网络），要么选择分离（弱关系——陌生人之间组成社会网络），只可能存在一种形态。在"无限融合"中，隐士得以两栖并行——既可入世又能出世，"隐于市井"就是绝佳的例证（详见本书第 9 章）。

*强关系的灵性化。*道家在支持强关系的同时，也将其灵性化（spiritualize）。首先，儒家五伦（君臣、父子、夫妇、长幼、朋友）注重垂直型关系，而道家仅看重平行关系，即挚友间的关系。关于友谊，中国古代被广为传颂的当属俞伯牙与钟子期的故事：俞伯牙身为朝廷官吏，钟子期则是山野樵夫；无论钟子期是否是隐士，他都表现出许多道家关键特质：a. 自给自足——樵夫和渔夫是隐士经常选择的少数几种职业；b. 平等观——俞伯牙与钟子期身份上的差异（朝廷高官与山野樵夫）并未影响二人在友谊上的平等；c. 弱关

系——以陌生人之间的流动性与关联性为特点的弱关系在俞伯牙与钟子期的故事中占据重要位置。让我们来具体看一看这则关于友谊的著名故事。

伯牙乘船游历，船行至高山之下，他情不自禁拨动琴弦弹奏起乐曲。此时樵夫钟子期偶然路过，但他原原本本地道出了演奏者琴声中蕴藏的心意。当夜，二人在舟上谈音论律，结为挚友。然而伯牙要沿江北上为官，第二天两人就分别了。一年后，当伯牙重返与钟子期相会之地的时候，得知钟子期已然过世。闻听这个噩耗，伯牙砸碎自己的瑶琴，从此终生不再弹奏。

这则故事将心与心交的诸多元素精彩地呈现出来（见本书第 3 章和第 6 章）。首先，它强调"两心之间，此心与彼心之映射"的重要性（McKeown，2013；见本书第 6 章）。当伯牙拨动琴弦时，樵夫钟子期总能准确地道出乐曲中暗含的心声；其次，西方认识论所熟知的主题——分享信息、获取知识、控制和调节各种资源——并无任何一条出现在上述故事的叙事中。故事的关键在于本体论，而非认识论。著名史学家司马迁曾发问："盖钟子期死，伯牙终身不复鼓琴。何则？"他自己给出了答案："士为知己者用，女为悦己者容。"艾瑞克·亨利（Eric Henry）又补充解释道："士无知己，则无以为措。"（Henry，1987，p. 12）

道家对强关系的第二项修正在于使共享同当超越血缘关系和圈内范畴。借此，隐士可与山川河流、林木奇石结伴为友（Rowley，1959）。更重要的是，道家拓展了强关系的范畴，使其得以跨越互惠互利的局限，超越圈内圈外之分，推崇普遍利他精神(Lee, Chen & Chan, 2013)。"水善利万物而不争"式的利他精神是历代道家思想的核心向往(Lee et al., 2013, p. 89)。拓展共享同当的范畴，并不一定冲淡对亲密的渴望；实际上，道家思想对亲密性也强调有加。

道家思想对强关系的第三项修正，是将亲密关系的根基由父性转向母性。博拉斯(Bollas, 2013)提出，母婴关系是母性法则的基础。父性法则强调长幼与等级；与之相对，母性法则是"一种母性世界，它借助自我与他人融合，以同感式的同频(empathic attunement)而非言语，以形式表达而非言说，达到心领神会的境界"(p. 73)。俞伯牙与钟子期的夜晚偶遇是上述论点的绝佳实例(Henry, 1987, pp. 9-10)：夜幕笼罩下，黑暗遮盖了双方社会地位的差异——官吏与樵夫，他们(以非语言方式)抒怀音乐上的共鸣与彼此间的相知。

创造力与社会生活：相反亦相成
Creativity and Society, a Dialectic Relationship

隐士揭示出创造力与社会之间的辩证关系。一方面，富有创造力的人可能"格格不入"——面对社会压力他们少有妥协；另一方面，相比那些满足于延续传统文化基因的人，隐士对社会做出的贡献更多。择偶假说为上述观点提供了支持。

创造力的择偶假说(The sexual selection hypothesis of creativity)。 择偶假说认为，择偶交配中充满竞争与博弈，优胜劣汰的压力促进认知，特别是关系性认知的发展，进而推动社会整体进步(McKeown，2013）。沟通能力的发展进化就是绝佳例证。由于竞争以获取资源与建立紧密关系同等重要，人际沟通就必然包含两种功能——服务于功利性目的与用于增进情感联结。麦基翁（McKeown，2013）提出，对应于社会联结与社会竞争，人类沟通的目的可分为两类——合拍（alignment）与炫耀（display）。炫耀性沟通时，人们为达成自己的目标会控制、利用他人，"合拍性"沟通则不会。邓巴（Dunbar，1996）认为，缔结关系、形成社会联结的每个过程都关乎人际间的合拍，如亲密、共情、自我表露等，却相对较少看重个人炫耀。但对于创造力而言，上述区分就不再显著了，如原本用于增进情感联结的技巧——合拍，在艺术创造中也被用于炫耀，以达到争取社会地位、搏得优质伴侣的目的。同时，择偶竞争又会反过来促进合拍技巧不断发展演化。

激烈的择偶竞争中，若想表明自己是合格配偶的最佳人选，必须炫出实力，譬如有能力付出高昂代价，或证明自己的本事货真价实。这就解释了，为什么艺术往往避免使用既有的炫耀技巧，如通俗的表现形式，而偏好运用快节奏、新奇、即兴而发与随性的炫耀方式。换句话说，展示难以假冒的真材实料（McKeown，2013）。从择偶假说的角度看，展现艺术创造力的求偶竞争既促进了社会联结，又推动了合拍技巧不断进化。若将"选择配偶"进一步拓展至"选择社交关系网中的伙伴"，借助"择偶假说"，让我们来看一看隐士对社会发展做出了哪些贡献。

让我们来看庄子讲述的石姓木匠故事（Mair，1994，p. 244）。庄子路过惠子之墓，有感而发：

郢人垩慢其鼻端若蝇翼，使匠石斫之。匠石运斤成风，听而斫之，尽垩而鼻不伤，郢人立不失容。宋元君闻之，召匠石曰："尝试为寡人为之。"匠石曰："臣则尝能斫之。虽然，臣之质死久矣。"

（楚国京城郢都有个人的鼻尖上粘了一层像苍蝇翅膀那么薄的白灰，他让匠石用斧子削掉这个小白点。匠石挥动斧子呼呼作响，漫不经心、从容自如地砍削下去，鼻尖上的白灰被完全被清除而鼻子丝毫无伤，郢地的人站在那里也若无其事、不失常态。宋元君知道了这件事，召见匠石说："你为我也这么试试！"匠石说："我之前确实能够砍削掉鼻尖上的小白点。但对不起，现在无法表演了，因为我的好朋友已经去世，唯一能和我配合表演这项绝技的搭档不在了！"）

而后庄子道出了这则故事的寓意："自夫子之死也，吾无以为质矣，吾无与言之矣。"（自从惠施先生去世之后，我就没有施技之人了！我没有可以对谈的人了！）

庄子的个人叙事是一则交织着孤独与怀念、富含关系亲密之情的故事。故事反映出隐士生活的两个维度——强关系与弱关系。庄子和他的朋友——逻辑大师惠子之间的对话在《庄子》中记述颇多，其中充满了迥异的观点，似乎这两位思想家根本无法交流。然而，匠石的故事却将庄子与惠子在另一维度上的对话显明出来——二人非言语的交流中饱含无间的亲密。通过这则故事，道家对多样性和不同思想的开放与包容可见一斑。然而，与他人完美融合之感往往仅存于那转瞬即逝的刹那，待到捉摸思索时已成怀念和追忆（见本书第 6 章）。而在现实生活中，隐士感到自己是孤独的，即"吾无与言之矣"。

庄子故事中的故事——匠石之逸事——是创造力择偶假说的展现。匠石的精湛技艺涵盖了合拍技巧的方方面面。首先，他用斧如有神，体现出"一心之内，心与识之映射"（McKeown，2013）——身体、心灵与相互协调契合的绝佳状态。道家思想对这种技艺的展现津津乐道："得于心，应于手。"（Fu Tsai cited in Chang，1970，p. 207）其次，故事中匠石与其伙伴彼此全然信任与共融，暗含"两心之间，此心与彼心之映射"——这种亲密感近似母婴间的相互联系。但这些合拍技巧也被用于炫耀行为。

匠石挥动斧头却未伤及伙伴鼻子一分一毫，展示如此精湛的技艺一举多得：首先，让观众为之惊叹，提升自己的社会声望；其次，宣扬与赞誉伙伴之间非凡的默契；最后，冷落对其技艺倾慕有加的权贵——宋元君，以为其不配为友。从创造力的择偶假说（Mckeown，2013）来看，这则故事中交织着道家思想的两个核心观念——隐士虽不合群，但对心与心交、默契合拍技巧的深度与广度都做出了极大的贡献。

道家思想的遗产
The Legacy of Daoism

川迪斯（Triandis，1996）认为，各种文化都有其集体主义与个人主义、独立或互依的偏好。如果我们将文化看作对行为的长期慢性启动，那么儒家思想似乎启动了互依行为系统。哈姆达尼等人

(Hamedani，Markus ＆ Fu，2013)将互依型行为启动描述为："变通，对他人开放接纳，善于与他人协作。"(p. 191)的确，儒家思想与上述定义颇为相似。与之形成鲜明对比的是，道家隐士的处事方式，更符合独立型行为启动："自主，自立，善于独立工作。"(p. 191)由于"道"具有超级对称性(见本书第 1 章)的特点，独立(隐居)与互依(接受他人并与他人协作)这两种对立趋势在道家思想内应可同时并存。

道家之独立观是优化版本的个人主义。个人主义与创造力彼此关联，这在学术界众所周知。问题是如何能够在保持创造性的同时而不付出西方式个人主义的代价。冈察洛和克劳斯(Goncalo ＆ Krause，2010)指出，个人主义蕴含着两个元素——独立与竞争。无论在理论上还是实验上，这两个元素都是彼此有别的。道家版本的个人主义重视灵性超越与追求独立(Joy，2004)，因此避开了崇尚竞争的西方式个人主义带来的种种弊病，譬如自我中心、充满敌意以及与之相关的健康问题(Simonton，1999)。

对于互依的观念，道家思想与儒家思想似乎非常相似，然而实际上前者要比后者激进得多——无限合一中不含任何差异，连社会阶层的分别也不复存在。道家之无阶层式的互依观对现代管理学颇有启发，如非集中化管理、扁平结构化、员工自由裁量权等。道家互依观更加重要的一个贡献是对生态系统的洞见(Sessions，1995)。有关道家对生态问题的见解，博拉斯(Bollas，2013)做了清晰又深刻的阐释："这是一种数千年前即已存在的认识，即，倘若人类不能认清自己在自然界中的地位——并非高于一切，而是置身其中——那么人类终将毁灭地球。"(p. 105)这一观点在创造力方面有着直接的应用。

创造力的生态学。中国隐士的传统观念为我们提供了一种道家思想的生态学智慧——对于任何文化来说，其蕴含的创造力潜能可能恰恰在于该文化是否能为荒野留出空间。在此，"荒野"(wilderness)两层含义，即未受驯化的野生物种，以及野生物种生活所需、无人干涉的广阔天地。荒野的第一层含义，指未驯化的野生动物，即那些离群独行、探索新栖息地的鱼儿，或那些不甘拘泥于陈规、渴望隐逸独居的隐士。荒野的第二层意思指一种生态学理想。对此保罗·埃林顿(Paul Errington，1967)有清晰表述："对于任何生物(包括人类在内)而言，天地之间都存在不属于它的地方。"(p. 251)埃林顿继续说道："我相信这是公众的责任，赶在人类无止境扩张、侵蚀荒野之前，尽我们所能去保护它；也应保护那些'害羞怯人'的野生物种——它们需要无人涉足的广阔天地才能繁衍生息。"(p. 262)

这些道家思想对社会的潜在贡献至今都未得到充分利用。这可能与道家，尤其是隐士，自古以来常常被指为逃避主义者有关。这其实也可以理解，从留守者角度来看，那些对维护陈规不尽心尽责的人一定是道德出了问题。中国历朝历代对归隐世外者的宽容程度也各有不同。牟复礼(Mote，1960)指出，儒家有怀柔与铁腕两派。碰到怀柔派(tender-minded)儒家，隐士的日子要好过一些。孔子的政治理想提倡"兴灭国、继绝世、举逸民。"(Han，1998，p. 7)所以孔子认为隐士是需要保护的少数者群体之一。然而铁腕派(tough-minded)①儒家则不以为然，他们深受法家思想影响。牟复礼（Mote，1960）认为，法家强调君主、国家至上，所以不能容忍"任何敢以自身道德准则抵触服侍君主义务的人"（p. 207）。以鱼群的语言来表述，即严厉禁止独自繁育，所有鱼儿都必须为照顾统治者后代出工出力。因此，在一些法家门生的眼里，隐士"悖逆"、"不忠"，甚至"罪该至死"。

在中华文明发展的巅峰唐宋时期，隐逸之风非常盛行；而蒙元及之后两个朝代对隐士的宽容程度大不如前。特别是明朝，对隐士的宽容度跌倒谷底——任何拒绝为官的行为都被以罪论处、入刑受罚。这一点不足为奇。一个社会对"羞怯的野生物种"（Errington，1967，p. 262）的宽容程度难道不正是与其对新异思想领域的开放程度息息相关吗？

也许我们可以从鱼儿那里学到一些东西。依据其行为习性，食蚊鱼（mosquito fish）常被分为两类——合群型与不合群型（Bergmüller & Taborsky，2007）。当种群内鱼儿数量增长时，不合群的食蚊鱼会远离群体，独自生活。此外，它们还会向未开发之地迁徙，不断探索新的领域，而不会在一块领地内长期逗留、大量繁育。根据《科学新闻》报道（Milius，2012），保持种群最佳状态的关键是合群与不合群两类鱼儿能够共生共存。譬如，当合群型食蚊鱼数量增长，过剩的鱼儿就迁移到不合群型鱼儿已开发好的栖息地生活。研究者还发现，与不合群的食蚊鱼共处时，合群型食蚊鱼获取食物的机会比与同类型同伴共同觅食时更大。

---

① 英文原版书此处有笔误，tough-minded 被错写为 touch-minded。——译者注

参考文献

References

Ames, R. T. 1991. Reflections on the Confucian self: A response to Fingarette. In M. I. Bockover (Ed.), *Rules, rituals, and responsibility* (pp. 103-114). La Salle, IL: Open Court.

Averill, J. R., & Sundararajan, L. 2014. Experiences of solitude: Issues of assessment, theory, and culture. In R. J. Coplan & J. C. Bowker(Eds.), *The handbook of solitude: Psychological perspectives on social isolation, social withdrawal, and being alone* (pp. 90-110). Hoboken, NJ: Wiley.

Bergmüller, R., & Taborsky, M. 2007. Adaptive behavioural syndromes due to strategic niche specialization. *BMC Ecology*, 7, 12. Retrieved from http: //www. biomedcentral. com/1472-6785/7/12.

Bolender, J. 2010. *The self-organizing social mind*. Cambridge, MA: The MIT Press.

Bollas, C. 2013. *China on the mind*. New York: Routledge.

Chang, C. -Y. 1970. *Creativity and Taoism*. New York: Harper & Row.

Dunbar, R. I. M. 1996. *Grooming, gossip, and the evolution of language*. London: Faber and Faber.

Dunbar, R. I. M. 2014. The social brain: Psychological under pinnings and implications for the structure of organizations. *Current Directions in Psychological Science*, 23, 109-114.

Errington, P. L. 1967. *Of predation and life*. Ames, IA: Iowa State University Press.

Fiske, A. P. 1991. *Structures of social life: The four elementary forms of human relations*. New York: The Free Press.

Goncalo, J. A., & Krause, V. 2010. Being different or being better? Disentangling the effects of independence and competition on group creativity. In S. R. Thye & E. J. Lawler (Eds.), *Advances in group processes* (Vol. 27, pp. 129-157). Bingley, England: Emerald.

Hall, D. L. 1978. Process and anarchy: A Taoist vision of creativity. *Philosophy East and West*, 28, 271-285.

Hamedani, M. G., Markus, H. R., & Fu, A. S. 2013. In the land of the free, interdependent action undermines motivation. *Psychological Science*, 24, 189-196.

Han, Z. Q. 1998. *Hermits in ancient China (in Chinese)*. Taipei, Taiwan: Taiwan

Shang Wu.

Henry, E. 1987. The motif of recognition in early China. *Harvard Journal of Asiatic Studies*, 47(1), 5-30.

Joy, S. 2004. Innovation motivation: The need to be different. *Creativity Research Journal*, 16, 313-330.

Kitayama, S. , Ishii, K. , Imada, T. , Takemura, K. , & Ramaswamy, J. 2006. Voluntary settlement and the spirit of independence: Evidence from Japan's "Northern frontier". *Journal of Personality and Social Psychology*, 91, 369-384.

Lee, Y. T. , Chen, W. , & Chan, S. X. 2013. Daoism and altruism: A China-USA perspective. In D. A. Vakoch (Ed.), *Altruism in cross-cultural perspective* (pp. 85-100). New York: Springer.

Li, F. M. 1986. *The Taoist tales of the six and the Sui and T'ang dynasties (in Chinese)*. Taipei, Taiwan: Xue Seng Shu Ju.

Lynn, R. J. 1999. *The classic of the way and virtue*. New York: Columbia University Press.

Mair, V. H. 1994. *Wandering on the way*. Honolulu, HI: University of Hawaii Press.

McKeown, G. J. 2013. The analogical peacock hypothesis: The sexual selection of mind-reading and relational cognition in human communication. *Review of General Psychology*, 17, 267-287.

Milius, S. 2012, April 21. Mixed results: Having the right blend of animal personalities can make or break a group. *Science News*, 24-29.

Mote, F. W. 1960. Confucian eremitism in the Yüan period. In A. F. Wright (Ed.), *The Confucian persuasion* (pp. 202-240). Stanford, CA: Stanford University Press.

Oishi, S. , & Kesebir, S. 2012. Optimal social-networking strategy is a function of socioeconomic conditions. *Psychological Science*, 23, 1542-1548.

Owen, S. 1992. *Readings in Chinese literary thought*. Cambridge, MA: Harvard University Press.

Porter, B. 1993. *Road to heaven: Encounters with Chinese hermits*. Berkeley, CA: Counterpoint.

Rowley, G. 1959. Principles of Chinese painting. Princeton, NJ: Princeton University Press.

Sapir, E. 1956. Culture, genuine and spurious. In D. G. Mandelbaum & E. Sapir (Ed.), *Culture, language and personality* (pp. 78-119). Berkeley, CA: University of California Press. (Original work published 1924)

Sessions, G. 1995. Deep ecology and the new age movement. In G. Sessions (Ed.), Deep ecology for the 21st century (pp. 290-310). Boston: Shambhala.

Simonton, D. K. 1999. Origins of genius: Darwinian perspective on creativity. Oxford, England: Oxford University Press.

Sundararajan, L. 2004. Twenty-four poetic moods: Poetry and personality in Chinese aesthetics. *Creativity Research Journal*, 16, 201-214.

Triandis, H. C. 1996. The psychological measurement of cultural syndromes. American Psychologist, 51, 407-415.

Watson, B. 1964. Chuang Tzu: Basic writings. New York: Columbia University Press.

Zhu, B. Q. 1984. *The poetics of Si-Kong Tu* (in Chinese). Shanghai, China: Gu Ji.

Online Resource

http: //plato. stanford. edu/entries/taoism/

第2编

描 情 于 中 国 风 物 之 中

Tracing Emotions Daintily Through Things Psychologically Chinese

导　言

Introduction

诗缘情而绮靡。

陆机《文赋》

前面章节描述了中国古代各家思想的概念空间。在此基础上，本部分将详解中国人的情感如何活跃于这些概念空间之中。接下来四章将分别探讨：以同感为本（empathy-based）的情感、以共鸣为本（resonance-based）的情感、以自由为本（freedom-based）的情感和以受宠/感激为本（indulgence/gratitude-based）的情感。在这四章中，我并不会对典型情感（如幸福、忧伤、愤怒等）或所谓"基本情绪"做专门分析，而是力图向读者呈现中国人情感版图的整体轮廓及其宽广的情感谱系。至于为何以这种方式展开分析，我将在第 12 章详细说明。在此，让我简短地说明我的研究方法。我相信对中国人情感的研究应如诗人陆机（261—303）所说：试以温柔的笔触去缘情描绘，而非用标签或分类将情感钉死标定。这正是我秉持的研究方法。

参考文献

· Fang, A. (1951). Rhyme prose on literature: The Wen-fu of LuChi(A. D. 261-303). *Harvard Journal of Asiatic Studies*, 14, 527-566.

第 5 章

心疼的爱

Heart-Aching Love (Teng, 疼)

又苦又甜之爱

Love, Bitter and Sweet

真是让人又爱他，又气他，又心疼他，小耿深情地注视着在台
上侃侃而谈的丈夫。(CCL Corpus，2009)

上述引文中妻子对丈夫的爱意可谓五味杂陈，这是一种微妙的
情感状态(Sundararajan，2002)，而非单单将若干情绪/情感混杂到
一起。有个广为人知的观念认为，亚洲人偏好辩证的思维方式，这
使他们会同时体验积极与消极两种情感(Larsen，McGraw & Ca-
cioppo，2001；Miyamoto，Uchida & Ellsworth，2010)，因而亚洲
人有更多混杂或矛盾的情感。这种说法暴露出一个问题：实际上，
亚洲人的情感属于微粒系统，而研究者却常将其当作混同系统(Ab-
ler，1989)去研究。色彩是混同系统的实例——灰色由黑色和白色混
合而成(见本书第 2 章，图 2-1)。但情感是微粒系统，因而某些情感

并非所谓"矛盾的心情"那样单调。对于许多人而言，情感的糅合混杂是一种甚为微妙的状态，其丰富性和复杂性并非"矛盾心情"的简单结构所能代表。

"心疼"或"疼"是情感微妙地糅合交织的绝佳例证。中国人对这种爱之复杂体验的把握有多深呢？谢弗等人（Shaver, Wu & Schwartz, 1992）以育有30～35个月婴儿的中国母亲为被试，发现70％的被试报告说婴儿能够理解母亲的"心疼"之感——该词在研究中被研究者译为"悲/爱"（sorrow/love）（p. 199）。从降生到离世，中国人的一生是怎样被"疼/心疼"之情所蕴含的情感包裹和指引呢？这正是本章聚焦的主题。下文分析的所有中文段落均出自现代汉语语料库（CCL Corpus，2009）。

"疼"字有两种用法：

①疼：不及物动词，意为"感到疼/痛/受伤"。这是"疼"字的主要用法。

②疼：及物动词，意为"疼惜/爱怜"。"疼"字的这种用法较少出现，远少于"心疼"一词的出现频率。可想而知，这是因为这种用法只限定于某些特定或非常特殊的关系中——父母对子女或祖父母对孙子孙女。父母或祖父母之外的其他关系不能使用"X 疼 Y"的表述（夫妻/配偶关系是唯一例外）。

"疼"的两种形态往往都蕴含着深深的爱意。

哟，怎么心疼了？怪不得……原来你爱她这么深。

我们可通过三种彼此关联的观念对"疼"加以分析：亲密关系中的温柔之感、对他人感同身受，以及人类对他人苦难的感受性（一种与生俱来、难以招架的感受）。

温柔的爱："疼"与温柔（tenderness）有一定重叠和类同。字典对"心疼"的定义也可佐证这一点——心疼、疼爱、舍不得、惋惜……这些词汇无不饱含对那珍爱又脆弱的"心疼"对象万分依恋、珍惜怜爱。

"疼"与"温柔"的关系得到谢弗、施瓦茨和奥康纳（Shaver，Schwartz，Kirson & O'Connor）研究的印证。研究者们将"爱"分类，其中一个子类是"温柔之爱"，它与爱、爱慕、喜爱、吸引、关怀和同情等情感相关。我们借助依恋理论（Bowlby，1969）来理解这些汇聚、重叠于"温柔之爱"上的种种情感。依恋理论认为，抚养行为系统（caregiving behavioral system）对任何示弱信号都非常敏感，并且会被这些信号激活。表现得纯真无邪且需要帮助（如娃娃脸——大大的脑袋、小小的身子和像小鹿斑比①一样的大眼睛）就是传达"我很弱小"的信号之一。正是这些示弱和无力自保的信号激活了温柔之情。

这种温柔之情也能激发情欲：

林饺子把女人拉进怀里。女人就在林饺子的怀里哆嗦，林饺子就越发心疼她；他越心疼女人，女人就越呻吟得厉害，林饺子就越喜欢得不可自已了。

温柔之感的情欲成分在列维纳斯（Levinas，1969）的作品中有清

———————————

① 小鹿斑比（Bambi）：迪斯尼制作的众多经典动画形象之一，外形可爱俏皮。

晰的表述："被感动是一种带来满足感的怜悯之情，一种快感，一种转化为快乐的苦难。一言以蔽之，即情不自禁。"(p. 259)

温柔之感可被示弱信号激活，然而"疼"则相比前者更为深刻。所以虽然温柔之感与愤怒很难混合，心疼之爱却可以同后者共存，生成新异的情感体验：

他又心疼又生气，回到车上把车门摔得山响。

为了让瞬息即逝的温柔之感变得持久深刻，成为疼爱之情，抚养行为系统必须被激活——被示弱信号部分激活还不够，必须靠深刻的爱意被全部激活。

"疼"与抚养行为系统："疼"反映出亲子之情在中国文化中的重要地位，特别是父母对其骨肉的情感，一个例子即可说明：

世界上最疼我的那个人去了。（这段话常被用于母亲去世。）
孩子是娘的心头肉，哪有母亲不疼自己孩子的？

依恋理论(Bowlby，1969)关注孩子与抚养者之间的情感联结，非常适于解释前述现象。中国版依恋理论将心疼作为亲子之情的核心。

哺乳动物一般都有疼爱下一代的本能。母牛生下一头小牛，老牛一步都舍不得离开孩子。
猴妈妈对子女十分疼爱，总把小猴抱在怀里。

在依恋理论的框架下，"疼"可用鲍尔比(Bowlby)所谓的抚养行为系统来解释。鲍尔比(Bowlby，1969)认为，母婴情感联结的功能在于提供安全感。因此，理想的依恋对象应对外界扰动信号高度敏感。从这种敏感性我们可以推断出抚养者不仅能及时觉察，还可以同感共鸣地预知和感受到孩子的任何需要，从而及时给予安抚和照顾；同时尽量保障孩子的恐惧系统不被激活，以提供安全感和保护。中国文化中，理想依恋对象的高度警觉以及对孩子安危的高度敏感主要以忧虑(worry)的形式体现。

孟武伯问孝。子曰："父母唯其疾之忧。"(《论语·为政》)。在另一个版本的故事里，孔子所说的是："不要让父母为你身体安康之外的事情担忧。"这两种说法都反映出抚养者的焦虑。这与罗特鲍姆等人(Rothbaum，Weisz，Pott，Miyake & Morelli，2000)的研究结果吻合——研究者们发现，日本父母相对于西方的父母，能更有效地预期婴儿的种种需求，并提早应对，将婴儿感受到的不适降至最低。

从现象上说，心疼之爱由三个要素构成——刺激激活(看到弱小无助而激发怜爱之情)、痛感(感他人之痛——担心他人无力自保，因而感到紧张和焦虑)(Sundararajan，2014)和抚养者式的反应(保护、照料)。这三个要素在对"疼"的语言分析中能够被清晰地反映出来。对此，本书的合著者叶正道将在下面做详细分析。

"疼"之语言学分析
A Linguistic Analysis of Teng

下面的段落引自《红楼梦》：

①"我们姑娘来时，原是老太太心疼她年小，虽有叔伯，不如亲

父母，故此接来住几年。"

②"又兼贾母爱惜，也时常的留下秦钟，住上三天五日，与自己的重孙一般疼爱。因见秦钟不甚宽裕，又助他些衣履等物。"

从上述例子表明，"疼"是从长辈向孩子流淌的温柔之爱，有时甚至孩子对此并无察觉。这种爱是无条件的。在家长的眼中，他们挚爱的孩子是如此幼小、柔弱、易受伤害又无力照料自己。长辈特别用心地保护着孩子，生怕有什么不好的事情发生在孩子身上。例子①中，当女儿（外孙女的母亲）去世之后，为了让外孙女在自己身边生活，祖母做了特意安排。例子②中，祖母把秦钟置于自己的庇护之下，把他当作自己的孙子抚养，在物质上充分满足其需要。

怜惜晚辈弱小，为他们的饥饱冷暖牵肠挂肚，生怕他们受外界伤害，构成了痛感的来源。这种痛推动长辈一刻不停地做些什么，来确保心疼对象受到最好的照顾，而且这种痛可通过悉心照顾对方而暂时得到减轻。但是他们无法一劳永逸。爱永无止境、绝不停息，忧虑亦然。对痛的感受者来说，他们为晚辈们做的永远都不够，也永远做不完。这是心疼之痛的恶性循环。"疼"是一种通过呵护、关心和照料来表达的沉甸甸的情感。"疼"的全部内涵可以通过以下几点简单全面地概括：

X 疼爱 Y。

a. 当 X 想起 Y 时，思考到的是：

b. 他/她是我的一部分；

c. 他/她好多事都做不来；

d. 因此，好多不好的事都可能随时发生在他/她身上；

e. 我不能让任何不好的事情发生在他/她身上；

f. 因此，我要时时刻刻为他/她做好多好事情；

g. 如果我做了这些事，也许不好的事就不会在他/她身上发生；

h. 因此，X 想到这些时会产生某种感受；

i. 因此，X 时时刻刻都用心做对 Y 好的事。

"疼"的认知结构显然非常复杂。b（"他/她是我的一部分"）和 c（"他/她好多事都做不来"）两个步骤反映出"疼"的典型关系，即亲子关系。特别是 c 体现出在心疼者眼中，被疼爱者没有能力、难以照顾好自己。步骤 d（"因此，好多不好的事都可能随时发生在他/她身上"）捕捉到了疼爱者对被爱者易受伤害的忧虑。殷切期望保护、照料晚辈的想法在 e 与 f 中一览无遗（"我不要任何不好的事发生在他/她身上""因此，我要时时刻刻为他/她做好多好的事情"）。实际上任何人都不可能每时每刻保护孩子，所以才有步骤 g"如果我做了这些事，也许不好的事就不会在他/她身上发生"。这里的"也许"二字恰恰道出了不确定性可能正是心疼之所以连绵不断的原因。步骤 i（"因此，X 时时刻刻都做对 Y 好的事"）说明 X 的愿望通过对 Y 随时随地的照料得以实现。

关于"心疼之爱"的结构——"怜爱—痛感—保护"，我们的探讨到此告一段落。现在就让我们通过其日常应用来看一看它的独特性质。

心疼之日常使用

Xin-teng in the Everyday

疼即宠爱。"疼"中暗含宠爱，当爱的冲动涌出，理智会让位于溺爱。父母会孩子竭力满足的任何要求便是例证：

有的家长把疼爱孩子理解为有求必应……

各行各业也在利用家长的这种倾向大发其财：

更不缺观众，中国两亿多少儿童，哪个不爱看电影？如今家长都疼独生子女，谁舍不得掏点钱让孩子进电影院高兴一回？

有的家长，特别是母亲，不让孩子去上学或不许孩子参加体育活动，因为她们不忍看孩子在体育锻炼中吃苦。批评者认为这是很不理性的做法：

老师颇有感叹：家长心疼孩子，也不能这个心疼法啊！

但中国有句俗话为家长们撑腰："谁家孩子谁心疼。"

人们为爱会做傻事，疼爱有时也会过分。在所有过分的父母之爱中，疼爱相对下面这个例子来说算是小巫见大巫，远不及后者暴烈。下段是某个钢琴家王阳（假名）的成长经历。他自幼被迫苦练弹琴：

一天，王阳的父亲从外面回来，发现本应在家练琴的儿子却出去和小朋友们一起玩。王阳回家后，他的父亲立刻抓起一瓶毒药说："你如果不想练琴就喝半瓶，我也喝半瓶，让你妈和我们一起死也行。"这瓶毒药后来一直被摆在钢琴上。（Kuan，2011，p. 89）

王阳父亲对孩子的爱缺乏"疼"的元素，而"疼"正是大部分父母的"软心肠"，这使他们不会借爱之名做过分的事。

受苦的感官线索。心疼之爱往往需要通过感官线索启动。因为它是由感知到亲人受苦而激发的痛苦体验。

在县城工作的子女们看在眼里，疼在心头，三番五次劝二老到县城住，可二位老人就是不肯。

这段故事中，切心之痛由"看到"被激发——这种启动依靠感官线索，而非在观念道理上对受苦做评估。

"疼"也是带有行为冲动的内心之痛。这一点在接下来被心疼对象的声音而非视觉信息所激活的例子中非常明显。

女儿打来电话，一声呼唤牵起父亲所有的心疼，恨不得飞向女儿身边。

心疼之爱的行为冲动源于依恋关系的亲子抚养系统（caregiving system）——其中，痛苦是提示抚养者即刻做出保护、照料行为的信号。

有时实在太累了，许艳如会不知不觉地趴在桌子上。心疼她的姐姐常常会让她睡上 10 分钟，然后把她叫醒。

上面这段文字里，尽管故事发展过程省略掉了"看见"，更侧重心"疼"与保护、照料等行为之间的联系，但是知觉线索依然非常明显。

"看见"与"感他人之痛"（empathetic pain）的联结在下面这段描写中也非常清晰，行为的冲动在此处并不会激发任何新行动，而是干涉当下既定计划的实施——主人公因不忍眼睁睁地看父母吃苦而中止学业。

忍饥挨饿，省下粮食，让孩子们多吃一点。这一切，姜伟看在眼里，疼在心上。眼睁睁父母一天天瘦下去，他无法再忍心读书。

下面的例子中，"看到"和"感到（悲伤）"之间联系得如此紧密，足以提醒我们知觉线索在"疼"之中具有重要地位，详见后文论述。

看到丈夫如此体贴入微地照料自己，包俊清心疼难过得不知哭过多少次。

心疼之爱藏而不露：（心）"疼"之情并无特定面部表情，其原因可能在于"疼"是秘而不宣、内心私有的情感。在中国人的"内在/私有"与"外在/公开"的划分中（见本书第 3 章），"疼"对立于公开示人的面部表情，它常常扎根在"内在/私有"的范畴之中：

爸爸妈妈更是喜在脸上，疼在心里。

这种隐秘、潜藏的痛楚恰如巧克力的苦涩，对于挚爱之人的成功，"心疼"为喜悦之情平添了一份丰富和复杂——一方面感到欣喜，另一方面又为疼爱对象所吃的苦感到切身之痛。让我们再看一个例子：

小李姑娘将自己的劳动报酬每月及时地送到母亲手中，母亲既心疼又夸赞。

"疼"——孝道的组成元素之一：回报（reciprocity）既然是孝道的核心，父母的心疼之爱在孩子成人后会得到回馈。

昔日母疼子，今日子孝母。
女儿爱妈妈，妈妈心疼女儿。
孩子们心疼老人，便时常趁休息日跑来做出一星期的菜留下给他们。
人家是妈妈哄女儿、疼女儿，俺家是女儿哄妈妈、疼妈妈。

抚育孩子过程中浮现的"感他人之痛"，如体贴、关心他人（Van Doesum, Van Lange & Van Lange, 2013；见本书第 3 章），渐渐成为通向社会觉知的通路。

慧芳在家是老大，从小就知道心疼人，从没伸手跟妈要过东西。

如果孩子没有遵循这个路线，他们会被要求这么做：

什么事都得你妈去跑，你就不心疼我这把老骨头啊？

如此这般，孩子们学会了预期父母为他们而受的痛感：

都匆匆躲开，当问他们为什么时，他们说："我怕让妈妈看见了心疼。"

"唯恐父母看了会心疼"可以溯源孔子所说的孝道："父母唯其疾之忧。"总之，我们可以毫不夸张地说，关系式孝道扎根于"心疼"之爱（见本书第3章），这是它与权威式孝道的本质差别。"疼"（爱）在亲密关系中孕育勃发，哲学家孟子拓展了"疼"的内涵，使其跨出、超越了人际圈的范畴，指向万事万物。

心疼之爱与同感共情
Heartaching Love and Empathy

中国人的同感共情（empathy）可被视为"疼"的引申，但又与"疼"略有不同——这里并无亲密关系中常有的柔情，但怜惜—痛感—保护三者的关联被完整地保留了下来。特别应指出的是，"疼"的两个组成成分——"感他人之痛"和施以照料、保护的行为冲动——在同感共情中发挥重要作用。

"感他人之痛"倚重知觉线索与痛感之间的紧密联系。

同志们望着他那双被汽油"折磨"得不成样子的双手，无不心疼落泪……

多数情况下，通常在同感共情——感受到他人之痛——以后，人们会做出无私的利他行为：

> 小鸟跌落在她的脚下。黄宗英一看，小鸟的翅膀上有一片血迹，她心疼地把它捧回家。

"感他人之痛"构成了儒家伦理的基础。孟子（公元前 371 年—前 289 年）认为，人之所以为人，乃在于"有心"。"有心"的标志在于看到他人遭受苦难时会感到难以忍受："人皆有不忍人之心。"不忍之心——用白话来讲就是"'难以忍受'看他人受苦"。我们可将此视为把"疼"的对象由圈内人（in-group）拓展到了圈外人（out-group）。

正如冯友兰所说：孟子所谓"恻隐之心"或"不忍之心"乃我们与其他事物间（有机）联结的表达（1966，p. 283）。王阳明（1472 年—1529 年）认为："万物一体"（Tu，1984，p. 385），我们的同情真真切切地可以拓展到相差甚远的对象上：

> 孺子犹同类者也，见鸟兽之哀鸣觳觫，而必有不忍之心，是其仁之与鸟兽而为一体也。鸟兽犹有知觉者也，见草木之摧折而必有悯恤之心焉，是其仁之与草木而为一体也。草木犹有生意者也，见瓦石之毁坏而必有顾惜之心焉，是其仁之与瓦石而为一体也。

亲缘关系从相似他人（亲属同类）拓展到截然不同的他者（瓦砾与石头）时，道德良知的适用范畴变得更加广泛，而其天生的冲动依然保持完整无损。

越来越多的实证研究表明，人类自幼即能表现出对他人的真切关怀。托马塞洛（Tomasello）及其同事通过实验发现，2 岁的婴儿在

直接帮助求助者或观察求助者接受他人帮助时，即表现出瞳孔放大
的反应(Hepach，Vaish & Tomasello，2012)。与该实验类似，孟子
曾提出其著名思想实验——他说道："今人乍见孺子将入于井，皆有
怵惕恻隐之心。"(如果突然见到一个小孩要掉进井里，人们必然会产
生惊惧、同情的心理。)(Chan，1963，p. 65)在假设情境中，虽然落
井的小孩子不属于关系圈内成员——与施救者并无亲缘关系，但在
施救者"不忍之心"被知觉线索(乍见)启动之后，便自动产生了利他
助人行为的冲动。孟子进一步指出，此处的利他助人行为并不夹杂
任何自利成分："非所以内交于孺子之父母也，非所以要誉于乡党朋
友也，非恶其声而然也。"(既不是要跟孩子的父母攀亲结交，也不是
要求取乡党朋友的称誉，更不是担心别人指责自己见死不救的坏名
声才产生怵惕恻隐之心。)(Chan，1963，p. 65)为进一步阐明上述孟
子的话，接下来让我们看一看认知评估理论。

不忍之心与认知评估
The Unbearing Mind and Cognitive Appraisal

要想透彻分析"不忍之心"，可从玛格达·阿诺德(Magda Ar-
nold)提出的认知评估理论入手。阿诺德分辨出"初级"和"二级"两类
认知评估——其区别在于二者分属第一类思维系统和第二类思维系
统(Stanovich & West，2000；见本书第 1 章)。阿诺德(Arnold，
1960)将初级认知评估定义为："直接、即刻、直觉的认知评估"，而
非由反思(reflection)生成(p. 172)；二级认知评估与前者不同，它是

为了"进一步评估"而做的"反思性判断"(p.172)。为了加以说明，阿诺德给出了如下范例：

> 棒球场上，外场手对击出的球做"判断"时，他仅借助感知自己跑动的方向和棒球飞行的方向，从而把球接住。若此时停下来思考，他就无法正常参与比赛了。(p.172)

根据阿诺德的理论，孟子所说的正是"当不忍之心被激发时，'如果想要追着球跑'，最好不要停下来反思"。可见，孟子认为不忍之心的关键，即在于对好恶做"简单、基本的评估"，而不是将复杂的认知过程置于优先地位。对于孟子思想之激进，我们可借助认知神经科学研究来阐明。

勒杜(LeDoux)以大鼠为实验对象研究恐惧，发现感官信息传递到杏仁核有两条神经通路：一条经过大脑皮层，另一条则没有。科特利和约翰逊-莱尔德(Oatley & Johnson-Laird，1996)对这一发现在情绪领域中的应用做了清晰阐述。他们提出，情绪系统接受两类不同信号："情绪信号和评估情绪原因的故事性信号。"(p.364)对应于简单评估，情绪信号可直达杏仁核："它不经过大脑皮层，所以这种信号仅接受粗加工，它完全是感情用事：感到恐惧而不知其缘由。只有经过皮层神经通路的信号才能让人知道情绪反应的原因。"(Johnson-Laird & Oatley，2000，p.466)克洛尔与奥托内(Clore & Ortony，2000)的研究也印证了上述假设。他们发现"存在两种激发情绪的通路：一种受早期知觉过程控制——识别具有情绪价值的刺激并预备性地激活行为反应；另一种通路受认知过程控制，检验刺激并将刺激置于情境背景中评估其价值"(p. 41)。

当代心理学普遍认为，复杂认知加工/评估是发展高级情绪/情感，甚至是发展道德伦理的必要条件。另外，学者们普遍认为：认知决策时，耗费认知资源、反思性的第二类思维系统要优于靠刺激激发、易于出错的第一类思维系统(Kahneman，2011)。然而，孟子却持截然相反的观点，他的看法也许可以这样表述："不忍之心"的运作规则偏重于使用直觉、不加思索的第一类思维系统，而避免运用深思熟虑的第二类思维系统。那么，摒弃第二类思维系统的理性思考，而将道德大厦构筑于容易出错的第一类思维系统上，有没有道理呢？

为理解"不忍之心"背后的道理，我们需要将这种现象摆在"基于养育关系的道德观"(care-based morality)上考察。

基于养育关系的道德观
Care-Based Morality

在不忍之心的观念中，人类与生俱来就对他人的苦难具有难以招架的感受性。这种强调与生俱来、难以抗拒的同情之心，正是戴西迪与考维尔(Decety & Cowell，2014)提出的"基于养育关系的道德"的实例(p. 533)。他们认为，同情心系统的运作"依托于人类长久进化过程中围绕亲子养育关系生成的驱力机制"(p. 533)，特别是情绪/情感感染(emotional contagion)——这是同感共情的主要成分之一。

"不忍之心"有两个前提：

a. 同情取决于见到他人受苦时，是否有较低的激发阈限。

b. 与生俱来的对他人苦难的感受性可能受理性思维（如功利性思考）干扰。

"不忍之心"的两个前提与戴西迪和考维尔（Decety & Cowell，2014）提出的道德情绪/情感感染的两个属性不谋而合——道德情绪/情感感染是"a. 促发照料、助人动机的基础；b. 独立于解读他人心智、观点采择能力之外"（p. 529）。戴西迪进一步阐释了情绪/情感感染的第二个属性 b，他通过实证研究指出，在缺乏共情关注的实验情境下，功利性的决策反而会有更好的任务成绩。举例来说，所有动物的大脑眶额叶区/大脑腹内侧前额叶都是有关"养育行为的重要脑区，特别是基于鼓励和情感的养育行为"（p. 533）。这一区域受损或出现功能障碍会导致共情性反应减少，功利性判断增加。

已有大量道德心理学实证研究可以为"不忍之心"的观念提供支持，对此大致总结如下：

①道德决策中，情绪/情感比思考具有更重要的作用（Haidt，2001）。

②利他行为是一种本能，而非理性思考的结果（Righetti，Finkenauer & Finkel，2013；Zaki & Mitchell，2013）。

③受感动是情绪/情感发展的关键。受感动能力存在缺陷对诸如自闭症等情感障碍有很大影响（Hobson，2007）。

④直达杏仁核的神经通路在同感共情中有重要作用。这一通路出现问题常与麻木不仁的精神病态相关（Blair，Mitchell & Blair，

2005）。

到目前为止，我们分析得还算顺利。但是接下来如何发展？我们如何从"基于养育的道德观"发展出更成熟的道德理念呢？或用戴西迪与考维尔（Decety & Cowell，2014）的概念来表述，我们如何将同感共情式关怀拓展到"族群之外"（p. 533）的呢？这个至关重要问题的答案可一分为二，分别落脚在区隔非关系型认知与关系型认知的鸿沟两边——非关系型认知在发展中攀登认知阶梯（cognitive ladder），关系型认知在发展中攀登觉知阶梯（awareness ladder）（见本书第 1 章表 1-1）。

科尔伯格（Kohlberg）提出的道德推理范式是攀登认知阶梯的典范，该理论强调深思熟虑、理性决策和自上而下的受控认知加工。相比之下，"心疼之爱"则沿着觉知的阶梯发展——从低层级感官知觉向高层级对情绪心理状态的觉知发展。随着觉知阶梯向上发展，那些底层的、靠外在刺激激发的行为到了高层觉知就没戏唱了；而在高层级觉知中，情绪/情感成为德国中世纪修士约翰内斯·陶勒尔（Johannas Tauler）所谓："内在的、冥思式的欲求。"（Shrady，1985，pp. 139-140）

为了进一步对觉知阶梯加以说明，我们来看一看威廉·加里（William Gary）提出的情绪洗练理论（emotional refinement theory）：

基本的、未分化的情绪/情感在儿童成长过程中不断分化，逐渐发展出数量庞大、精细有别、不甚激烈的微妙情感或情绪基调，它们具有特定的属性。精细的情绪/情感逐渐发展成难以计数的种种情

感模式，构成了认知经验的情感语言。(p.7)

加里继续说道，在情感发展初级阶段，人们常常会"体验到深重、激烈的情绪/情感，有时难以招架"(p.8)，历经多阶段、逐渐的洗练之后，人的情绪/情感才会达到最高的微妙与冥思阶段(nuancing and meditational phase)：

接下来是最高级的阶段——冥思阶段，在这一阶段里，微妙的情感基调流连于觉知或前意识中，所持续的时间可能是几秒钟、几分钟或几年。(p.5)

测量觉知阶梯发展水平的工具之一是 LEAS 量表(Lane，Quinlan，Schwartz，Walker & Zeitlin，1990)。该量表测量五个情绪觉知层级，自下而上分别为躯体感觉、行为倾向、单个情绪/情感、复合情绪/情感以及复合情绪/情感的混合。对比来看，(心)"疼"的觉知阶梯可涵盖 LEAS 的所有部分：不忍之心被前两个层级——躯体感觉与行为倾向——激发进而转化为利他行为；心疼之爱属于第四层级——复合情绪；最后一个阶段——复合情绪的混合可借用以下段落证明：

真是让人又爱他，又气他，又疼他，小耿深情地注视着在台上侃侃而谈的丈夫。(CCL Corpus，2009)

最后的情感混合阶段并没有特定行为与之对应。在这里，情绪/情感以及因其而生的所有冲动都服务于同一功能——深思。在这一阶段里，情感的功能正如列维-施特劳斯(Levi-Straus)谈及死亡的益处时所说的"在于激发人思考"。

认知阶梯看重高层级而非低层级的认知，因而第二类思维系统比第一类思维系统占有更优先的地位。然而，中国人情绪/情感发展的觉知阶梯对低层级和高层级都给予同等重视。儒家提倡的修身养性乃从觉知阶梯的低层级——不忍之心入手，达到高层级的情感——陶冶和洗练(Frijda & Sundararajan，2007)。近年来，道德发展的觉知阶梯通路得到越来越多实证研究的支持。

让我们回到戴西迪与考维尔(Decety & Cowell，2014)提出的问题：如何将同感共情式关怀拓展到"族群之外"？毕竟，将同感共情式的关怀局限在强关系范围之内是天性使然，正如戴西迪与考维尔的实验发现——即使啮齿类动物也是如此。在其研究中，雌性大鼠在观察近亲受苦时表现出的恐惧反应要显著强于其观察远亲受苦时表现出的恐惧反应。那么人类又是如何将同感共情拓展到陌生人呢？在孔子看来，关键在于以诗书礼乐教化人心(见本书第3章)。对于孔子的这一看法，史蒂文·平克(Pinker，2011)应该会非常认同。在孔子提出"以诗书礼乐教化人心"数千年之后，平克在欧洲也发现了类似的方针。具体来讲，平克认为，西方世界的同情心之扩大得益于发生在18世纪欧洲的扫除文盲运动。戴西迪与考维尔解释道："越来越多的证据表明(例如，Djikic et al.，2009)，阅读、语言、艺术和传媒提供了丰富的文化输入，激发了人们心灵内在的拟化(internal simulation)①过程……

---

① 内在的拟化(internal simulation)：在头脑中想象觉知到的信息，如读到小说中的情节，会在头脑中演电影一般模拟文字所述的场景。依托这种内在拟化的过程，人类才发展出共情的能力。换言之，内在拟化是发展共情能力的必要条件之一。——译者注

情感上的体验因此变得丰富起来，进而促发了对他人的关注和关怀。"

总之，我们对道德的学习始于母膝之上。成年后，心疼之爱及其高层级觉知的种种表现长久地激发、启动我们的社会正念。社会正念表现为日常生活中对他人需求时刻保持敏感性和反应性，随时随地，当不忍之心发动时，利他行为随之而出。

结论性意见
Concluding Observations

不忍之心将道德的两类通路清晰明确地区隔划分开来——西方人偏好的冷（非关系型）认知通路和中国人所偏好的热（关系型）认知通路。当问及有关道德的问题时，西方式的提问是："你有没有理性地思考、分析过这件事？"而中国人的提问则截然不同："你是否感同身受？"若不理解这个差异，就会对亚洲先贤所谈到的诸多"无心"（no-mind）观（如禅道家崇尚自然等）造成误解。对于西方观察者来说，他们并不是用理性在思考，因此其判断有着丧失道德基准的风险。而对中国人来说，这种担忧不足为惧，因为在做道德判断时，感同身受能力对于他们来说要远比理性思维重要。

基于直觉的道德在强关系世界中举足轻重（见本书第 1 章）。在强关系中，每个人对道德的规范都熟知明了，因此关键在于是否能够迅速行动。而在当今没有成规可守的弱关系世界中，使用劳神费力、多思反省、冷静的认知去处理道德问题可能更为有效。当今我们面临的诸多问题，如全球变暖等，需要用抽象推理方式去分析解决，而难以依靠贴近经验、感官线索去处理。不过，即使在当今全球化、弱关系占主流的时代，健全的道德依然生根于母膝上习得的同感共情，依然需要强关系的丰沛情感暗流去毕生培养——一言以蔽之，这就是"心疼"之情在我们生活中的意义与作用。

为管窥不忍之寸心如何带来深远影响，我们以米歇尔·布伦纳（Michelle Brenner，2015，p.324)在澳大利亚的一段亲身经历作为本章的结束。

几年之前，我曾遭遇过一个意外事故。我的一个拇指几乎被削掉，直到今天每当回想起事故发生时的情景我都会心惊肉跳。在医院急诊室里，医生把削掉的指尖缝回指头上。特别奇怪的是，我记得当时手指并不疼，我想可能是恐惧屏蔽了痛感，但是创伤的感觉却非常突出。我记得医生非常成功地把我的指尖缝了回去，然后他示意护士在我手上缠好绷带。而护士只在手术缝合处贴上一小块半透明创可贴。我震惊地坐在那里，他们怎么能让我贴着一个创可贴就离开医院？我可是几乎丢了手指的人！我抬头望着护士说："我觉得你是不是应该在那儿多缠一些东西，现在这样可不大够。"她的回答非常强硬和坚决——没那个必要。我坐在那里盯着我的指头，这场意外给我的伤害和惊吓特别大，但眼前这个创可贴完全不能保护我的手指。我需要的是一块纱布垫，能承受任何意外碰撞，同时这也是一个传达医院关怀、安慰的信物。我在那里等着没有离开，直到医生回来，我坚持要求："请再给我的拇指绑上些东西。"后来医生指示护士在我手上的创可贴外再绑一层绷带。带着不屑的态度，护士在我手指上加了一层绷带。

慈悲同情之心是一种超越性的情感，它超越逻辑、超越理性思维。显然从护士的角度看，我的拇指仅需一块不大不小的创可贴就足够了；这是她依据逻辑、理性对为我包扎手指做出的判断。然而，我经历的是拇指从受伤切断到回归恢复的历程。一个创可贴难以代表对我所经历伤痛的安慰，无法让我——一个活生生的人，感到任何慰藉，否定了我的手指为回归生命需要获得的安全感。慈悲同情在践行时超越了理性和逻辑建构的意义，以敏锐的觉知去面对生命。

参考文献

References

Abler，W. L. 1989. On the particulate principle of self-diversifying systems. *Journal of Social and Biological Structure*，12，1-12.

Ames，R. T.，& Rosemont，H.，Jr. 1998. *The analects of Confucius：A philosophical translation*. New York：Ballantine.

Arnold，M. B. 1960. *Emotion and personality*. New York：Columbia University Press.

Blair，J.，Mitchell，D.，& Blair，K. 2005. *The psychopath：Emotion and the brain*. Oxford，England：Blackwell.

Bowlby，J. 1969. *Attachment. Attachment and loss*（Vol. 1）. New York：Basic Books.

Brenner，M. 2015. *Conversations on compassion*. Sydney，New South Wales，Australia：Holistic Practices Beyond Borders.

Cao，X. -Q.，& Gao，E. 1998. *Hongloumeng*（*Dreams of the red chamber*）. Beijing，China：Renmin wenxue chubanshe.

Chan，W. -T. 1963. *A source book in Chinese philosophy*. Princeton，NJ：Princeton University Press.

Clore，G. L.，& Ortony，A. 2000. Cognition in emotion：Always，sometimes，or never? In R. D. Lane & L. Nadel(Eds.)，*Cognitive neuroscience of emotion*(Chap. 3). New York：Oxford University Press.

Confucian Analects. 1971. In J. Legge (Ed. & Trans.), *The Chinese classics* (Vol. 1, pp. 137-354). Taipei, Taiwan: Wen Shih Chi. (Original work published 1893).

Decety, J. , & Cowell, J. M. 2014. Friends or foe: Is empathy necessary for moral behavior? *Perspectives on Psychological Science*, 9, 525-537.

Djikic, M. , Oatley, K. , Zoeterman, S. , & Peterson, J. B. 2009. On being moved by art: How reading fiction transforms the self. *Creativity Research Journal*, 21, 24-29.

Frijda, N. H. , & Sundararajan, L. 2007. Emotion refinement: A theory inspired by Chinese poetics. *Perspectives on Psychological Science*, 2, 227-241.

Yu-lan, F. (edited by Derk Bodde). 1966. *A short history of Chinese philosophy*. New York: The Free Press.

Gray, W. 1979. Understanding creative thought processes: A nearly formulation of the emotional-cognitive structure theory. *Man-Environment Systems*, 9, 3-14.

Haidt, J. 2001. The emotional dog and its rational tail: A social intuitionist approach to moral judgment. *Psychological Review*, 108, 814-834.

Hepach, R. , Vaish, A. , & Tomasello, M. 2012. Young children are intrinsically motivated to see others helped. *Psychological Science*, 23, 967-972.

Hobson, P. 2007. On being moved in thought and feeling: An approach to autism. In J. M. Pérez, P. M. Conzálex, M. L. Comí, & C. Nieto (Eds.), *New developments in autism: The futures today* (pp. 139-154). London: Jessica Kingsley.

Johnson-Laird, P. N. , & Oatley, K. 2000. Cognitive and social construction in emotion. In M. Lewis & J. Haviland (Eds.), *Handbook of emotions* (2nd ed. , pp. 458-475). New York: Guilford.

Kahneman, D. 2011. *Thinking fast and slow*. New York: Farrar, Straus & Giroux.

Kohlberg, L. 1984. *Essays in moral development: Vol. 2. The psychology of moral development*. New York: Harper & Row.

Kuan, T. 2011. "The heart says onething but the hand does another": A story about emotion-work, ambivalence and popular advice for parents. *The China Journal*, 65, 77-100.

Lane, R. D. , Quinlan, D. M. , Schwartz, G. E. , Walker, P. A. , & Zeitlin, S. B. 1990. The levels of emotional awareness scale: A cognitive-developmental measure of emotion. *Journal of Personality Assessment*, 55, 124-134.

Larsen, J. T. , McGraw, A. P. , & Cacioppo, J. 2001. Can people feel happy and sad at the same time? *Journal of Personality and Social Psychology*, 81, 684-696.

Levinas, E. 1969. *Totality and infinity*. Pittsburgh, PA: Duquesne University.

Miyamoto, Y. , Uchida, Y. , & Ellsworth, P. C. 2010. Culture and mixed emotions: Co-occurrence of positive and negative emotions in Japan and the United States. *Emotion*, 10, 404-415.

Oatley, K. , & Johnson-Laird, P. N. 1996. The communicative theory of emotions:

Empirical tests, mental models, and implications for social interaction. In L. L. Martin &
A. Tesser(Eds.), *Striving and feeling: Interactions among goals, affect, and self-regulation* (chap. 15). Mahwah, NJ: Lawrence Erlbaum.

Pinker, S. 2011. *The better angels of our nature: Why violence has declined.* New York: Penguin Group.

Righetti, F., Finkenauer, C., & Finkel, E. J. 2013. Low self-control promotes the willingness to sacrifice in close relationships. *Psychological Science*, 24, 1533-1540.

Rothbaum, F., Weisz, J., Pott, M., Miyake, K., & Morelli, G. 2000. Attachment and culture: Security in the United States and Japan. *American Psychologist*, 55, 1093-1104.

Shaver, P. R., Schwartz, J. C., Kirson, D., & O'Connor, C. 1987. Emotion knowledge: Further exploration of a proto type approach. *Journal of Personality and Social Psychology*, 52, 1061-1086.

Shaver, P. R., Wu, S., & Schwartz, J. C. 1992. Cross-cultural similarities and differences in emotion and its representation: A proto type approach. In M. S. Clark(Ed.), *Review of personality and social psychology, emotion* (Vol. 13, pp. 175-212). Beverly Hills, LA: Sage.

Shrady, M. (Trans.). 1985. *Johannes Tauler/Sermons.* New York: Paulist.

Stanovich, K. E., & West, R. F. 2000. Individual differences in reasoning: Implications for the rationality debate? *Behavioral and Brain Sciences*, 23, 645-726.

Sundararajan, L. 2002. Shifting paradigms in the energy theory of emotions: Toward a synthesis. *Ultimate Reality and Meaning*, 25, 295-306.

Sundararajan, L. 2014. The function of negative emotions in the Confucian tradition. In W. G. Parrott (Ed.), *The positive side of negative emotions* (pp. 179-197). NewYork: Guilford.

Tu, W. M. 1984. Pain and suffering in Confucian self-cultivation. *Philosophy East and West*, 34, 379-388.

van Doesum, N. J., van Lange, D. A. W., & van Lange, P. A. M. 2013. Social mindfulness: Skill and will to navigate the social world. *Journal of Personality and Social Psychology*, 105, 86-103.

Zaki, J., & Mitchell, J. P. 2013. Intuitive prosociality. *Current Directions in Psychological Science*, 22, 466-470.

Online Resource

CCL Corpus. 2009. Centre for Chinese Linguistics, PKU. Retrieved from http://ccl. pku. edu. cn: 8080/ccl_corpus/index. jsp? dir=xiandai

第 6 章

亲密的艺术

The Art of Intimacy

导　言

Introduction

在描述亲密关系时，美国人较多使用诸如"两人相互亲近"……和"彼此情意深厚"之类字眼；而印度受访者在描述亲密关系时更多提及一种"我们"（we-ness）之感。

"闲暇时你选择和他/她单独相处的频率是多少？"（Miller & Lefcourt，1982，p. 516）。这是《米勒亲密关系量表》（Miller Social Intimacy Scale，Miller & Lefcourt，1982）的条目之一，代表西方定义亲密关系的整体倾向——聚焦于某个关系的体验特性及相关行为。相比之下，中国人的亲密关系则聚焦关系本身在认识论和本体论上的转变。中国人的情感强调超越性的运作（transcendent function，Sundararajan，2014），因而，中国人的亲密关系对情感理论提出了一个有趣的问题：诸如"亲密"这样的积极情绪是否有益于自尊，从而让自我(self)的基础变得更加巩固；抑或是否会因此跳出"我执"(ego)而跃入另一番天地，即"我们之感"的世界？

中国人的亲密关系中，内含本体论和认识论从独立个体走向"我们之感"过程中发生的种种转变。这种亲密观念具有如下特性：它偏重同心合志(shard intention)式的紧密联结；它以亲子关系，而非伴侣关系为模式；它不是单个心灵的内在现象，而是运作于心灵与心灵之间的现象。本章内容包括三个部分：首先，我将探寻中国人亲密关系的认识论渊源，追根溯源至中国人所谓"感"之观念——特别是"感类"(对同类的回应)和"感应"(激发与回应)。而后，我将分析心理同享(mental sharing)——特别聚焦于心灵感知(mind perception)和意向归因——来阐明同感共鸣的现象学(phenomenology of resonance)。最后，我将列举心与心交的各种样例，来展示何为亲密关系与同感共鸣。

感类：同感共鸣的宇宙
The Sympathetic Universe of Gan Lei

正如我之前的分析，心灵可以进行两类交接——心与物交和心与心交(见本书第 1 章)。这两类心理交接模式甚至在婴儿学会说话之前即已显现（见图 6-1 与图 6-2）。

图 6-1　5 个月大的婴儿在水族　　　图 6-2　5 个月大学会说话之前
　　　　馆中的心与物交　　　　　　　　　婴儿的心与心交

　　对这种类型划分，麦基翁提供了有力理论支持和进一步说明。麦基翁（McKeown，2013）指出，可将认知映射（cognitive mapping）分为三种类型（见本书第 3 章），或用更技术性的词汇描述，"心灵表征之间的同构性关系（isomorphic relationships）可分为三个层级"（p. 274）：

　　a. 心物映射（mind-world mappings）——心理表征与感知对象间的同构性映射。

　　b. 一心之内，心与识映射（within-mind mappings）——人心灵内部，表征与表征间的同构性映射。

c. 两心之间，此心与彼心映射（between-mind mappings）——个体与个体间心灵表征的同构性映射。

心与物交与 a 对应，心与心交对应于 b 和 c；可将 b 看作 c 的一种变体，即个体心灵之内不同心理内容间相互映射。那么 a 是否也可能成为 c 的变体呢？换句话说，是否能将心与心交的方式延伸至外在世界的事物上呢？当代哲学的一个理论——"延展心灵假说"（extended mind hypothesis）为上述议题提供了支持（Clark，2008；Noë，2009，见本书第 12 章）。查默斯（Chalmers，2008）认为，所谓"世界是心灵的延伸"并非难以置信，因为"当外部环境某些部分正好与大脑某些功能相匹配时，这些环境即可成为我们心灵的一部分"（p. x）。"正好相匹配"与"类"（相似或对等）的观念（Sundararajan，2009）是相通的。

山水画画家宗炳（375 年—443 年）曾说："又神本亡端，栖形感类。"（神本是无生无灭的，只是暂时栖于形，而与同类，如画家之心灵相感应。）（《画山水序》，见 Munakata，1983，p. 123）我们可将这段话看作"延展心灵假说"的反向转述——画家的心灵在此成了大自然之神灵的延伸。对中国人来说，匹配双方中孰为起端并不重要。双方都可被归为同一观念——"两心之间，此心与彼心之映射"（McKeown，2013）。从这个观念再进一步我们就可以说，心与物间的关系不是单个心灵之内的现象，而是运作于心灵之间的现象，即心与心交。

从"感类"（responding in kind）的观念来看，心与心交并不局限于社会领域，还是同感共鸣之宇宙的反馈回路。

荆州地方官颁布法令禁绝佛教，并且责令成百上千僧人退佛还俗。一时间人心惶惶，无论老幼皆悲伤落泪。适逢此时，长沙城中一尊佛像流汗不止竟达五日。地方官得知后急忙召见寺庙住持洪昌大师询问究竟。洪师说，"无论神明距此多远，无事可逃过他的法眼。过去佛和现在佛，彼此相应。现在佛怎可能会不念及其他佛呢？"(Dao Xuan，1929，p. 415c)。

上述现象在心理学中被称为"神人同形同性论"(anthropomorphism)。神人同形同性论有其伦理维度，正如威茨等人(Waytz et al.，2010)指出："某个非人之物随着它与(观察者的)自我或人类相似程度的增加，其被人格化的趋势就会增大；同理，随着相似性逐渐降低，对其去人性化的趋势就越来越大。"(p. 60)对我们的讨论而言，受到神、人同形同性论影响最大的并非道德，而是认识论的转变——从心与物交或主体与客体的交接，转变为心与心交，或主体对主体的思维模式，这就是感类的观念。神人同性论与"心灵感知"的实证研究也有很多相关之处。

心灵感知(*mind perception*)。心灵感知(Gray，Gray & Wegner，2007)指将生命或心灵的某些特性赋予所见之物(Looser & Wheatley，2010)。人类婴儿发展出的第一种辨别能力就是辨别观察对象是否有生命(Mandler，2004)。那么为何还会有心灵感知(把无生当作有生)的现象呢？心灵感知是否源发于"类"之原理（类别对应的相似性）？洛塞和惠特利(Looser & Wheatley，2010)的研究为这一猜想提供了支持。他们以渐变的面部图像为实验材料，研究人们如何从面部特征判断观察对象是否有生命或心灵。实验中被试观察电脑屏幕上呈现的一系列面部图像，这些图像从无生命体（人体模型）逐渐变为生命体（真人面部）。研究者发现，当实验材料非常接近真人时，被试才会判断它"是人非物"——只有与自己相似的东西才可能生而有灵——被试大概会这么想。

对于中国人的"感类"观念，颜延之（384 年—456 年）说得最好：

> 以为物无妄然，各以类感。感类之中，人心为大。（万物不是随便就相互交接的，乃各依其类而相感，在因类相感之中，人心的感类能力最强，它可与万物一体同类，因而对一草一木都能有所感应。）

颜延之指出人类拥有卓越的心灵感知能力，这一点已得到有关"神人同形同性论"的实证研究支持。鲍尔斯、沃舍姆、弗里曼、惠特利和希瑟顿（Powers，Worsham，Freeman，Wheatley & Heatherton，2014）提出，由于人类是社会性动物，所以对人类来说，从周遭环境侦测出那些能够建立有意义、与心灵联结的对象非常重要。因而我们进一步推论认为，那些注重建立联结的文化或个人在未必有心灵的之处感知到心灵的能力更强。这一假设已得到研究的证实。鲍尔斯等人（Powers et al.，2014）在研究中用对生命度（animacy）的感知来反映心灵感知水平。他们以渐变面孔为实验材料，测量被试对生命度的感知能力，研究发现，被试者与他人建立、形成联结的愿望越强，其心灵感知阈限就会越低，以至于渐变面孔中的人脸面部线索越来越少时，被试依然能一再看到（有生命的）真人面孔。研究者认为，对生命度做过度归因可能特别有益于个体对环境的适应。那些在感知生命度上更为敏感的人在识别利于建立社会联结的资源时视野更为开阔，进而为其更新社会关系增加更多机会。

"类"的"对等原理"(parity principle)为心与物匹配提供了认识论基础，却遗漏了此中的情感部分。雷迪(Reddy)指出，相似性(对等)不是情感投入的充分条件(Reddy，2008)。如何解释富有情感的生活？"感"(感应)理论对此提供了更加清晰的解释：当相似性是体验或感受而非简单感知时，强有力的情感即油然而生；这与伯恩(Byrne，1971)提出的"相似性吸引理论"(theory of similarity-based attraction)不谋而合。"感"是基于相似性的反应，由此而生的宇宙观必是富有情感的世界。"儒家思想认为万事万物彼此相互吸引，这种内在吸引力在各个现实层面都是宇宙、社会和个人生活之所以凝聚而不离散的原因。"(Berry，2003，p.96)

感应之共鸣式反馈回路(刺激—反应)
The Resonating Feedback Loop of Gan -Ying(Stimulating-Responding)

> 彼此联结使我们不再被智力蒙蔽。
>
> 艾默生

感应(见本书第 12 章)的字面意思是"刺激—反应"。但它不是简单的"刺激—反应"(S-R)，而是宇宙同感共鸣的一个反馈回路。在这种认识论视角下，"感"虽被动，却有主动意义：被感动实际就是加入、参与到宇宙万物间彼此响应的反馈回路之中——正如音叉一样，需要自己先被拨动，才能继而影响、带动其他音叉共鸣。如此这般，彼此共鸣的反馈循环生生不息。

文学评论家陆机(261 年—303 年)有感于季节更替，在《文赋》一文中吟出了诗人的感怀：

悲落叶于劲秋，喜柔条于芳春，心懔懔以怀霜，志眇眇而临云。

宇文所安(Owen，1992)对陆机的这句诗做了如下解读：“有感于自然的变迁——我们或悲，或喜，或战栗——都是我们参与、融入自然的佐证。反复出现的对比——悲和喜、秋与春——强调种种变化带来了各式各样不同反应。”(p. 91)因此，王兆杰（Wong，1978）总结了王夫之(1619 年—1692 年)的观点：“当人无法与宇宙亲密无间地相交、联结时，诗可以重续天人之际的断弦”(p. 150)。王兆杰解释道：“诗因人之意识感物而生……读诗时，读者之心动不过是万事万物间永恒相感相应的一环。”(1978，p. 148)

“感类”与“感应”清晰地揭示出中国人关于“感”的认识论——这一认识论由三个相互关联的成分构成：a. 中国人的刺激—反应是同感共鸣式的反馈回路(感应)；b. 这种共鸣式反馈回路的维持延续有赖于同感共鸣的宇宙中所有事物间相互吸引的情感纽带；c. 同感共鸣的宇宙受对等原则(类)支配。上述所有这些“感”的内涵在婴儿与抚养者间的“原型对话”中都有所体现。

原型对话中的心与心交

Mind-to-Mind Transactions in Protoconversation

儿童是成人之父。

沃兹沃思

"原型对话"指婴儿在前语言阶段与抚养者的情感交流形式。与 a 同感共鸣式反馈回路一致，原型对话是一种交互调节式的情感交流；孩子与抚养者不是独立个体，而作为交互系统的组成部分彼此协调活动。交互调节系统旨在维持母子共生的生理平衡。对应于 b 相互吸引的情感纽带，波格丹（Bogdan，2000）指出，亲子间以情感联结调节双方生理上的互动，是一种智慧且高效的进化策略。与 c 对等原则相一致，对相似他人（与我相像者）的感知是婴儿模仿（Meltzoff & Moore，1999）与原型对话（Trevarthen，1993）的关键。

笛卡儿认为心智存在于独立个体的头脑之中。实际上，只有当孩子头脑外存在运行的心智时，孩子才得以生存。儿童依靠外部的认知假体（cognitive prosthesis）来行使认知功能。这种观点符合"延展心灵假说"（Clark，2008）。后者认为，心灵并不局限于个人头脑内，可分布于许多身体中。中国人之"感"的观念及相关思想能够补充和拓展"延展心灵假说"。与"感"之认识论殊途同归的是以婴儿—抚养者之原初交流为模板的哲学思想，即认为心理模式应建立在母婴间生理相互协调、共建稳态的情感联结上（Bogdan，2000）。用诺尔（Noë，2009）的话来说："婴儿与抚养者之间的关系的确是我们心

理的模板。"(p. 33)

让我们来设想一段"原型对话"：

婴儿生气做出不高兴的表情，似乎想要撕咬和踢打。如果抚养者在婴儿撕咬或踢打等行为出现之前做出反应，即对婴儿的行为意向做出反应，那么婴儿就会换以其他意向来反应。例如，对婴儿愤怒的眼神，父母用温柔安抚的目光来回应："出了什么事？"同时伸出手臂，发出要抱起婴儿的信号……对此，婴儿回馈以痛苦缓解的表情、不再那么愤怒，并换用期待的目光投向父母。家长也会以另一个姿态继续对婴儿做出回应……婴儿破涕为笑……几秒钟后，家长已把孩子抱在怀里，孩子也变得自在放松。此刻，孩子身上的不安与紧张已经消散，他也显得平静了许多。(Greenspan & Shanker，2004，pp. 31-32)

传统心理学观念对上述场景的描述是：家长对婴儿表达情绪的行为进行认知评估，将之判断为愤怒，需要施加干预以缓解、降低愤怒的冲动和强度。因此家长行动起来，最终取得理想的效果。然而，还存在另一种描述——从心与心交的角度来讲述这段"原型对话"——在此，心灵意向的相互交接是关键所在。格林斯潘和尚卡尔(Greenspan & Shanker，2004)特别关注家长对婴儿意向性信号的反应，婴儿对家长反应的回馈，以及双方如何彼此协调以达到"同享的、舒缓的愉悦，而非单方面侵扰式行为"(p. 32)。研究者继续指出，上述过程所引导的(原型)对话对于婴幼儿的情感学习至关重要："随着婴儿的意向得到回应，他能越来越好地表达自己的意向，而不

会越来越冲动，以致直接做出行动。"(p. 32)

若将上述情景置于"感"的观念框架中，那么此处起关键作用的因素是"类"——本体论上的归类是自己与相似他人彼此协同的基础。这个过程起始于抚养者(心灵 1)看到婴儿面部表情的那一刻——这个表情被解读为婴儿也具有分享意向的能力，恰如抚养者自身一样。以此为出发点，当心灵 1(抚养者)与心灵 2(婴儿)间建立起对等("类")关系之后，相互响应的情感传递就开始运作了——一连串的情感信号在循环反馈回路中往复收发。婴儿对抚养者与生俱来的反应性("感")是他进入这个游戏的入场券。这已足够。接下来的故事就围绕着心灵 1 与心灵 2 间的反馈回路展开，随着心与心间(原型式)对话的累积，情感信号的传递会变得更加丰富和微妙。这样看来，儿童情感发展可被总结归纳为情感上同类相吸的脚本。德国中世纪神秘主义者约翰纳斯·陶勒(Johannes Tauler，约 1300 年—1361年)曾对此做出清晰的表述："如此，上帝('抚养者')吸引、邀请并引领着人(的'婴儿')从与己不同，进入与己相似的状态。"(Shrady，1985，p. 142)

这就是亲密关系的原型，它以同享的意向(shared intention)为特性，而其招牌戏则是同感共鸣。

同感共鸣与心理同享
Resonance and Mental Sharing

西方偏好修辞、辩论(rhetoric mode of persuasion)，中国人的

思维则偏好同感共鸣式的诗文(poetic mode of thinking)。因而同感共鸣在中国古代典籍中比比皆是(Tu，1989)。西格尔(Siegel，2007)指出，大脑控制社会行为的区域中存在共鸣回路(resonance circuit)，具体包括脑岛、颞上回、镜像神经元和中央前额叶区域。亲密关系内的同感共鸣是一种心理同享，而心灵感知是心理同享的先决条件之一。

　　"心灵感知"与"解读心智"(mind reading)。心灵感知与解读心智是两个不同的概念，后者又被称为心智化(mentalization)(Jurist，Slade & Bergner，2008)。"心灵感知"与"解读心智"这两种认知他人心灵的方式分别对应于两类心理交接，即心与心交、心与物交。"解读心智"或"心智化"起源于人际竞争与适者生存，这有助于我们更好地适应充满异己他人(dissimilar others)的社会环境(Fonagy & Target，2008)。这种方式注重如何准确无误地解读和表征自我与他人的心灵。"解读心智"可以利用他人(McKewon，2013)；而心灵感知仅服务于人际亲和性，是与同己他人(similar others)心理同享的必要条件(McKeown，2013；Sundararajan，2009)。

　　认知他人心灵是为彼此亲和还是为功利算计？为了厘清这个问题，我们可参考有关拟态模仿的研究。拟态模仿具有"心灵感知"的所有特征：它取决于主体对互动对象生命度的感知，正如米尔特佐夫和摩尔(Meltzoff & Moore，1999)发现，婴儿通过用手把弄或放入嘴中来了解无生命的物体。然而对于了解他人，婴儿必须通过模仿来达成。模仿可以强化社会联结(Chartrand & Bargh，1999)。更重要的是，模仿似乎并非为了解读他人——并不在于尽量准确地认知和表征他人心智。这个假说可以通过将拟态模仿放在不同环境中检验——将模仿从与同己他人形成联结的环境中转置到异己个体间相互利用的环境。斯蒂尔、范戴克和奥利维尔（Stel，van Dijk & Olivier，2009）在实验设计中置入了一个撒谎者的角色——被模仿对象在实验中要么撒谎要么告知真相。实验被试作为观察者被分为三组："模仿组"被要求尽力拟态模仿观察对象的躯体动作，"避免模仿组"被要求刻意不做模仿，控制组未收到任何是否需要模仿观察对象的指示。结果表明，被要求避免模仿的观察者能最准确地估计出被模仿对象的诚实度和情绪状态，而模仿了动作的观察者——包括"模仿组"以及虽然没有被要求去模仿但却不知不觉地模仿的控制组——对观察对象的诚实度和情绪状态的判断准确率显著低于"避免模仿组"。为什么在明确告知避免模仿的情况下人们探测欺诈的能力会所提升？研究者将这种效应总结为：拟态模仿"会阻碍观察者客观评估模仿对象的真实情感"（Stel et al.，2009，p.9）。这一结果与福纳吉和塔吉特（Fonagy & Target，2008）的预测吻合，即社会竞争强化心智解读，社会联结抑制心智解读。

　　意向与心理共享。托马塞洛等人（Tomasello & Herrmann，2010；Tomasello et al.，2005）认为，人类与猿类认知功能的核心差异在于人类有能力分享自身意向。"意向"（intentionality）的概念含有两个有关心智的基本假设：第一，意向是需要心灵才能被解读的符号，所以它是心与心交最重要的媒介。我们不会去跟砖墙分享任何自己的意向，不是吗？即便婴儿也明白这一点。在一岁之前——远在有能力解读他人心智、了解他人会犯错误（Baron-Cohen et al.，

2000)之前——婴儿就已经可以感知他人的意向(Woodward，2009)。斯特恩(Stern，2004)指出，接受、协调来自他人心灵的信息，是婴儿与生俱来的能力。

这将我们带到关于意向的第二条基本假设，即心灵有表达的需要。例如，希望他人理解并分享自己的内心状态。正如埃文·汤姆逊(Evan Thompson，2007)所说：

> 共情时，我们的体验是：另一个人是有意向的实体，他的一举一动都表达着其内心的状态。

与功利性的行为(instrumental action)不同，表达性的行为(expressive action)并非意在改造外部世界，而在于拓展和延伸意识版图；同感共鸣就是对此的绝佳例证。意向协调(attuned/shared intention)会产生同感共鸣，正如西格尔(Siegel，2007)所说："当两个组成部分开始彼此产生共鸣时，便构成了一个协调性系统(attuned system)。"(p. 206)同感共鸣来自麦基翁(McKeown，2013)所说的"两心之间，此心与彼心之映射"之心理同享。让我们来看一个实例。

原型对话中的评论与主题
Comment Versus Topic in Protoconversation

拉扎勒斯和福尔克曼(Lazarus & Folkman，1984)提出，认知评估围绕有关个人利害的"关键性问题"展开，譬如"当下或将来，在哪些方面，我是否会惹上麻烦，或我是否有利可图?"(p. 31)相比之下，原型对话则围绕人对事物的看法与观点。个人利害与个人看法（person's take）[1]在取向上的差异，可以借助语言学中主题（topic）与评论（comment）间的区别来理解（Bogdan，2000）。

语言学中，一个句子可被解构为主题与评论：

对于 x（主题），我认为 y（评论）。

主题关乎表述内容——人需要这个信息才能评估自己的目标是否有问题。与之相对，评论关乎个人对事物看法的分享："评论是对某个主题的看法或关系，并借以表达感受、情感、立场或态度。"（Bogdan，2000，p. 78）评论在孩子与抚养者间的原型对话中非常突出。与评论相似的另一个例子是共同关注（joint attention）（Tomasello，1995）——抚养者是否分享其个人的看法，对孩子的心理发展来说极其重要。

图 6-3　两个月大婴儿似有若无的微笑

---

[1]　此处英文原书有笔误，应为 person's take，原文误写为 person stake。——译者注

波格丹(Bogdan，2000)提出，原型对话中的评论实际上与主题并不相关，因为评论的作用在于维持婴儿与抚养者间共享的生理平衡，此外别无他用。举例来说，婴儿对某个表情或手势所报以的微笑实际上与主题无关——他并不是因某个具体事物发笑(见图 6-3)。因此，评论与当前的目的和行为无关，而是一种沟通模式——"在一起""来分享"或"参与他人的内心状态"(Stern，1985)。

主题和评论之差异在中国古代诗词中被充分利用，让我们来看一个例子:

> 频呼小玉原无事，只要檀郎认得声。

这个诗句中，大小姐一再呼唤婢女并不是要她做什么事，其目的在于让心上人认得自己的声音。波格丹(Bogdan，2000)认为，这种在心理同享之外并无他用的交流方式，正是人类独有的语言形式。

关注意向
Attention to Intention

意向更接近于愿望(wish)而非目的(goal)。意向是一种冲动，或者正如杰默(Germer，2009，p. 138)所说，意向是"内心的向往"，而目的是储存于内、稳定不变的表征。目的与意向的差异在于主控认知与无控认知(见本书第 2 章、第 7 章)的区分。西格尔(Siegel，2007)指出，目的与计划相关，而意向与启动效应相关。制订计划需要调动大脑前额叶功能——对抽象概念进行顺序加工，并以结果为导向。相较之下，启动是大脑的并行加工处理，它总为下一刻做好准备。西格尔认为："意向将启动整合起来，使我们的神经系统进入某种意向状态——我们能够准备去接受、感知、聚精会神或采取某种行动。"（p.177）

西格尔（Siegel，2007）认为，现实情况与大脑启动中预期的内容相一致时就会激发同感共鸣。他指出，如当我们将注意力集中在自己的意向时便会激发一种内在的同感共鸣状态。他说"在正念觉知状态下，将注意力集中于自己的意向，就会产生一种内心预期与现实经验不谋而合的同感共鸣"（p.180）。以呼吸吐纳的正念觉知为例："在呼气时，我们已经为吸气做好准备；吸气时，预期与现实体验匹配相合"（p.175），就产生了同感共鸣。

西格尔（Siegel，2007）所说的是由"一心之内，心与识映射"而生的同感共鸣（McKeown，2013）。这种基于启动的同感共鸣也可拓展延伸到两心之间，即"此心与彼心映射"（McKeown，2013）。为说明一点，就以清少纳言（日本天皇皇后藤原定子的侍女，约公元965年—1020年）自传中的一个片段为例（Sei，1967）：

那是八月十日过后不久，一个夜空清澈、月光挥洒的夜晚。皇后在寝宫，坐在露台边缘，右近为她吹笛演奏，其他侍女坐到一起，说说笑笑；但是我独自一个人在一边，倚靠在主堂和阳台间的一根廊柱上。

"为什么这么沉默？"皇后殿下问道，"说点什么吧，你不言不语的时候会让我难过。"

"我在看秋月。"我答道。

"啊，对。"皇后说，"这正是你应该说的。"(Section 66，125)

侍女(A)的意向是品味赏月的体验；皇后(B)的意向，在于查明A的意向，以期彼此同感共鸣。在 B 对 A 之意图的预料与 A 的自陈相匹配契合的那一刻——"这正是你应该说的"——"两心之间，此心与彼心相映射"的同感共鸣(McKeown，2013)悠然而发。应该注意的是，此处强调的意向自陈(A 对 B 直言不讳的内容)实际上是"一心之内，心与识相映射"(McKeown，2013)，而非 B 对 A 心理的解读——A 的凝视明月不言自明，没有解读的必要。此外，同感共鸣不仅仅是一种头脑中的运作，也是建造同享共有的现实素材(Echterhoff, Higgins & Levine，2009)。A 与 B 双方都知晓的现实即她们同为一类(相似他人)，都是拥有高致雅趣者——值此良辰美景，众人皆谈笑取乐，唯有她们沉醉于赏月意境之中。

兴：诗词之同感共鸣
Xing：Resonance Through Poetry

"兴"的字面意思是"激起"或"激发"。在中国传统诗评中，"'兴'是一种意象，其主要功能并非意指，而是某种情绪或情感的激发；'兴'并非指某种特定情绪/情感本身，而是某种情绪/情感的激发。"(Owen，1992，p.46)中国的文学评论家一向强调"兴"不是一心之内而是心灵之间的现象。当诗人有所感触，便用意象激发读者的同感共鸣；读者/评论家反过来以自己同感共鸣的意象将其对诗词的理解传达给他人。叶嘉莹(Yeh，2000)认为，从作者到读者/评论家——这种同感共鸣的意象传递链，正是文学评论的理想形态，"它让诗词那打动心灵的力量得以连绵不断地传达延续"（Yeh，2000，p. 327）。

传统中国文学评论认为，"兴"之所以独具魅力乃在于它有一个缺陷——表征不够明确①。在中文诗评中，"兴"是一种写作技巧术语，是间接表达情绪/情感的两种方法["比"（比较、比拟）与"兴"（"引人动情的意象"）]之一（Wixted，1983，p. 238）。一直以来，人们认为这两种修辞手法的主要差别在于显与隐之间。"比"的意指非常明确，即比喻和明喻，如"我的爱是火红火红的玫瑰"。相比之下，"引人动情的意象"（evocative image）——"兴"所用的内容与诗歌正文内容并无明显关联，即以一种晦涩、潜在或隐藏的方式去表达。

举例来说，让我们参考《诗经·关雎》中一个"引人动情的意象"：

> 关关雎鸠，
> 在河之洲。
> 窈窕淑女，
> 君子好逑。

主人公的情欲萌动与雎鸠鸣叫，其间关联晦涩不清——诗赋开篇时呈现的激发情感意象，与后文所述内容并无明显联系，这便是中国古代诗歌的特殊手法之一——"兴"。文学评论家围绕"兴"的讨论已数不胜数。一些宋代学者认为"兴"是"一首诗或一个章节与主题无关的启始，纯粹出于押韵或其他文体上的考虑，与其后所谈到的

---

① "兴者，先言他物以引起所咏之辞也"：借表面上写无关之事引出想说的内容，以此施展其独特魅力。——译者注

人或事并无任何意义关联"（Yu，1987，pp. 62-63）。有关上面这首诗，郑樵曾写道：

　　"关关雎鸠"，乃作诗者一时之兴，所见在是，不谋而感于心也。凡兴者，所见在此，所得在彼，不可以事类推，不可以理义求也。（Yu，1987，pp. 60-61）

　　开篇的词句既然与诗的主题没有明显关联，读者别无他法，只能毫无保留地让动情的意象拨动心弦，希望借此联想能感触到作者的本意。由此，读者品味的每个点滴都成为他与作者心灵彼此相通的机会。

　　心灵如何在"兴"中彼此相通呢？也许印度的诗评可以为我们带来启示。韦尔斯-乔普林与奥科特利（Wells-Jopling & Oatley，2012）认为，西方诗学与印度诗学的差异在于"心与物交"与"心与心交"之分野："西方传统诗学专注于亚里士多德式的模拟——着力于文字与客观世界之间相符相合的关系……印度传统诗学则更看重'暗示'（dhvani）以及诗人与读者或听众间的关系……"（p. 247）——这一比较也适用于西方与中国的诗学。印度诗学术语"dhvani"意为暗示（suggestion），是一种间接隐晦的交流形式。我们可以将"兴"视为中国的"dhvani"（Oatley，2004）。无独有偶，霍根（Hogan，1996）也将"dhvani"视为一种启动效应。

　　那么，"Dhvani"如何达到启动效应？霍根（Hogan，1996）通过分析印度文学中类属"*rasa*"（文学情感）的种种小故事来回答这个问题。在印度古典文学中，每一处对文学情感（*rasa*）的描写，都提供了一个情境，旨在引起联想、唤起某种情感。例如，讲述一则情色故事可以唤起读者情欲的联想。在此，我们能发现"兴"与"*rasa*"有着相似之处：《诗经》中雎鸠的意象可以启动读者心中某些特定联想。然而只有当读者愿意被启动时，这个启动才会发挥作用——这就是读者、诗人心与心交的关键所在。正如韦尔斯-乔普林与奥科特利（Wells-Jopling & Oatley，2012）的观点："只有当我们愿意沉浸在故事中，让故事引发的联想与我们已有的经验和渴望相交共鸣时，启动才真正奏效。"(p. 248)

为了进一步探究"兴"如何促发读者与诗人间的亲密关系，我们来看一看韦尔斯-乔普林与奥科特利（Wells-Jopling & Oatley，2012）借助转喻（metonymy）概念对"dhvani"的分析。奥科特利（Oatley，2010）指出，转喻具有联想性，它带来的暗示因人而异、各显神通。雅各布森（Jakobson，1956）认为转喻的联想性结构与比喻相对立。他指出，比喻与转喻是言语的两极——比喻处于语意一极（a 即 b），转喻处于语法一极（a 与 b 并置）。比喻和转喻的结构差异恰到好处地对应于中国诗学中"比"（比拟）和"兴"（动情的意象）的差异。

韦尔斯-乔普林与奥科特利（Wells-Jopling & Oatley，2012）提出："转喻是激发读者与诗人亲密关系的重要方法。"(p. 248)他们认为，转喻是一种通过语言来实现的亲密关系："……传心术的神通（telepathic transmission of thoughts）难以实现，缘于人心截然不同。然而，语言是心灵与心灵的中介，借转喻之力，亲密（如传心术一般?）的交流便能产生。"(p. 245)他们继续写道："意识序列及其联想、过往记忆与未来可能性之间的联想、对当下事件的理解与反思之间的联想——一个个心灵片段在人与人之间传递。转喻正是这种可以传

递给读者的联想。"(p. 245)

让我们回到本节的问题："兴"何以能激发亲密感？答案正在于那诗赋开篇处的武断。"兴"的特殊之处在于诗人选用无关的事物作为开篇——与后文内容全无逻辑关系的雎鸠。这种恣意而为是转喻的特征。帕帕弗拉戈(Papafragou，1996)指出，作者建构转喻与读者接受转喻并不需要转喻用词与所指之间存在任何切实联系。转喻的突兀武断正足以说明"两心之间，此心与彼心映射"是读诗与解诗的关键所在。正如帕帕弗拉戈(Papafragou，1996)所说："转喻的唯一限制在于读者是否能心领神会。因此，转喻是极其随机(context-dependent)、因人而异的(idiosyncratic)。"(p. 184)

以雎鸠开篇为例。任何鸟类似乎都可入诗，为何作者偏偏选择雎鸠作为挑动男女结合之情的意象呢？在转喻理论中，这种写作手法被称为"寓情感表达于新奇指点中"(Papafragou，1996，p. 181)。韦尔斯-乔普林与奥科特利(Wells-Jopling & Oatley，2012)指出，转喻中武断唐突的指点可追溯到幼年期的"共同关注"体验；在"共同关注"(Tomasello，1995)中，抚养者与孩子两心彼此映射。"看！"抚养者恣意指向一个物体，引导婴儿注意。诗赋中"兴"的运作方式与之类似。正如朱熹所说"兴者，先言他物以引起所咏之辞也"(Yu，1987，p. 63，note43)。孩子通过共同关注，对那位正在呼唤她注意某个随意选择物的人就有了会心的理解，进而能够欣赏后者的观点(Bruner，1983)。"我看到的和你看到的一样吗？"这个"两心之间，此心与彼心映射"(McKeown，2013)的任务正是孩子需要通过共同关注去学习的。正如"兴"——转喻让读者也面临相似的任务。

日常生活中的亲密

In the Everyday World of Our Lives

同心合志(Comradery)。片刻的意向是如何成为稳定可靠之行为的根基呢？通过彼此同享，短暂的意向被稳定下来，同享的意向进而成为共同行动(joint action)的基础。诚如格根(Gergen，2009)所言：在同心协力的行动中人们可以创造出无穷无尽的意义，这理所应当。无怪乎中华人民共和国成立后，人们将彼此共享意向的人称为"同志"(comrade)——缺少这一条件则很难在代价高昂的革命运动中确保人人同心、众志成城。这反映出"同心合志"是保持共同行动、亲密关系的基本要素。

"我们"式的对话。东亚文化——中国、韩国与日本——都偏好心与心交。崔锦珍和金起范(Choi & Kim，2006)提出"韩国人际互动的主要渠道是心与心沟通，而非行交流"(p.358)。韩国文化中"shim-jung"(心情)的观念是对上述观点的绝佳反映，shim-jung由两个词组成，Shim(心)和jung(情，即事情的真实状态)(见本书第12章)。就此，崔锦珍等人(Choi，Han & Kim，2007)提出，"心情"是一种"心境"(p.324)，而非诸如悲伤、快乐或愤怒等任何特定情感。

"当未能从亲密关系中获得预期的、渴求的结果时，心境(shim-jung)即被激活。"(Choi & Kim，2006，p.360)崔锦珍等人(Choi，Han & Kim，2007)认为，"传统的'心情对话'(shimcheong discourse)就是对这种心境的修复过程；在'心情对话'中，与伴侣一同构筑、强化'我们'之感，并站在彼此的角度看待问题"(p. 327)。研究者指出，"心情对话"并非解读他人心思：需要修复的并不是某个人的内心，而是双方共有的心灵空间，即"我们之感"。因此，这种对话并非要人们激活心理理论(theory of mind)等认知功能，而是"要求他们激活富于情绪/情感的相互之感(mutuality)"(p. 327)。

下面是一段关于"心情对话"的例子(Choi & Kim，2006)：

在一个雨天，母亲拿着伞在车站等待儿子放学归来。终于，儿子到站走下了公交车。儿子看到母亲后生气地说："你不该来为我送伞！"母亲回答说："我的宝贝，对不起啦。"(p. 363)

崔锦珍和金起范(Choi & Kim，2006)认为，儿子用不悦的语气将其对母亲的感激之情隐藏起来，而母亲以道歉隐藏了她的失望。在心理的更深层面，崔锦珍和金起范认为，"亲密关系中，通过隐藏真实情感、表达相反的情感，'心境'得以修复强化"(p. 363)，从而"双方都体验到完全相同的心境"(p. 364)。

也许，下面这段埃米莉·迪金森(Emily Dickinson)的诗句《亲爱的三月》可作为韩国母子间同享意向的最佳注解。

可是小事显得如此不足挂齿
自从你来了
怪罪像赞美一样亲切
赞美也不过像是怪罪

参考文献

References

Baron-Cohen, S., Tager-Flusberg, H., & Cohen, D. J. (Eds.). 2000. *Understanding other minds*. Oxford, England: Oxford University Press.

Berry, T. 2003. Affectivity in classical Confucian tradition. In T. Weiming & M. E. Tucker(Eds.), *Confucian spirituality*(pp. 96-112). New York: Crossroad.

Bogdan, R. J. 2000. *Minding minds*. Cambridge, MA: MIT Press.

Bruner, J. 1983. *Child's talk*. New York: W. W. Norton.

Byrne, D. 1971. *The attraction paradigm*. New York: Academic Press.

Chalmers, D. 2008. Foreword. In A. Clark(Ed.), *Supersizing the mind* (pp. 9-16). New York: Oxford University Press.

Chartrand, T. T., & Bargh, J. A. 1999. The chameleon effect: The perception-behavior link and social interaction. *Journal of Personality and Social Psychology*, 76, 893-910.

Choi, S.-C., Han, G., & Kim, C.-W. 2007. Analysis of cultural emotion/understanding of indigenous psychology for universal implications. In J. Valsiner & A. Rosa (Eds.), *The Cambridge handbook of sociocultural psychology*(pp. 318-342). Cambridge, England: Cambridge University Press.

Choi, S.-C., & Kim, K. 2006. Naïve psychology of Koreans' interpersonal mind and behavior in close relationships. In U. Kim, K. S. Yang, & K. K. Hwang(Eds.), *Indigenous and cultural psychology: Understanding people in context*(pp. 357-369). New York: Springer.

Clark, A. 2008. *Supersizing the mind*. New York: Oxford University Press.

Dao Xuan (596-667). (Ed.). 1929. Ji shen-zhou san-bao gan-tong lu. In J. Takakusu & K. Watanabe(Eds.), *Taisho shinshū daizōkyō*(The Chinese Buddhist Tripitaka edited during the Taishōera)(Vol. 52, pp. 404-435). Tokyo: The Taisho shinshu daizokyo KankoKai.

Du, S. B. 1976. *Zen and poetics of Tang and Song dynasties (in Chinese)*. Taipei, Taiwan: Li Ming.

Echterhoff, G., Higgins, E. T., & Levine, J. M. 2009. Shared reality: Experiencing commonality with others' inner states about the world. *Perspectives on Psychological Science*, 4, 496-521.

Fang, T. 2010. Asian management research needs more self-confidence: Reflection on

Hofstede (2007)and beyond. *Asia Pacific Journal of Management*, 27, 155-170.

Fonagy, P. , & Target, M. 2008. Attachment, trauma, and psychoanalysis. In E. L. Jurist, A. Slade, & S. Bergner (Eds.), *Mind to mind* (pp. 15-49). New York: Other Press.

Gergen, K. J. 2009. *Relational being : Beyond self and community.* New York: Oxford University Press.

Germer, C. K. 2009. *The mindful path to self-compassion.* New York: Guilford.

Gray, H. , Gray, K. , & Wegner, D. M. 2007. Dimensions of mind perception. *Science*, 315, 619.

Greenspan, S. I. , & Shanker, S. G. 2004. *The first idea.* Cambridge, MA: DaCapo.

Hogan, P. C. 1996. Towards a cognitive science of poetics: Anadavardhana, Adhinavagupta, and the theory of literature. *College Literature*, 23, 164-178.

Jakobson, R. 1956. Two aspects of language and two types of aphasic disturbance. In R. Jakobson & M. Halle (Eds.), *Fundamentals of language* (pp. 53-83). The Hague, Netherland: S-Gravenhage Mouton.

Jurist, E. L. , Slade, A. , & Bergner, S. 2008. *Mind to mind.* New York: Other Press.

Lazarus, R. S. , & Folkman, S. 1984. *Stress, appraisal, and coping.* New York: Springer.

Looser, C. E. , & Wheatley, T. 2010. The tipping point of animacy: How, when, and where we perceive life in a face. *Psychological Science*, 21, 1854-1862.

Mandler, J. M. 2004. *The foundations of mind : Origins of conceptual thought.* New York: Oxford University Press.

Mascolo, M. F. , Misra, G. , & Rapisardi, C. 2004. Individual and relational conceptions of self in India and the United States. *New Directions for Child and Adolescent Development*, 104, 9-26.

McKeown, G. J. 2013. The analogical peacock hypothesis: The sexual selection of mind-reading and relational cognition in human communication. *Review of General Psychology*, 17, 267-287.

Meltzoff, A. N. , & Moore, M. K. 1999. Persons and representations: Why infant imitation is important for theories of human development. In J. Nadel & G. Butterworth(Eds.), *Imitation in infancy* (pp. 9-35). Cambridge, MA: Cambridge University Press.

Miller, R. S. , & Lefcourt, H. M. 1982. The assessment of social intimacy. *Journal of Personality Assessment*, 46, 514-518.

Munakata, K. 1983. Concepts of lei and kan-lei in early Chinese art theory. In S. Bush & C. Murck(Eds.), *Theories of the arts in China* (pp. 105-131). Princeton, NJ: Princeton University Press.

Noë, A. 2009. *Out of our heads*. New York: Hill and Wang.

Oatley, K. 2004. *Emotions: A brief history*. Oxford, England: Blackwell.

Oatley, K. 2010. Suggestion structure. In P. C. Hogan(Ed.), *Cambridge encyclopedia of the language sciences* (pp. 819-820). New York: Cambridge University Press.

Owen, S. 1992. *Readings in Chinese literary thought*. Cambridge, MA: Harvard University Press.

Papafragou, A. 1996. On metonymy. *Lingua*, 99, 169-195.

Powers, K. E., Worsham, A. L., Freeman, J. B., Wheatley, T., &. Heatherton, T. F. 2014. Social connection modulates perceptions of animacy. *Psychological Science*, 25, 1943-1948.

Reddy, V. 2008. *How infants know minds*. Cambridge, MA: Cambridge University Press.

SeiShônagon, 1967. *The pillow book of Sei Shônagon* (Ivan Morris, Ed. &. Trans.). London: Penguin.

SengYu(445—518). (Ed.). 1929. Hong ming ji. In J. Takakusu &. K. Watanabe(Eds.), *Taisho shinshū daizōkyō* (The Chinese Buddhist Tripitaka edited during the Taishōera) (Vol. 52, pp. 1-96). Tokyo: The Taisho shinshu daizokyo Kanko Kai.

Shrady, M. (Ed.). 1985. *Johannes Tauler/Sermons*. New York: Paulist.

Siegel, D. J. 2007. *The mindful brain*. New York: W. W. Norton.

Stel, M., van Dijk, E., &. Olivier, E. 2009. You want to know the truth? Then don't mimic! *Psychological Science*, 20, 693-699.

Stern, D. N. 1985. *The interpersonal world of the infant: A view from psychoanalysis and developmental psychology*. New York: Basic Books.

Stern, D. N. 2004. *The present moment/in psychotherapy and everyday life*. New York: W. W. Norton.

Sundararajan, L. 2009. The painted dragon in affective science: Can the Chinese notion of *ganlei* add a tranformative detail? *Journal of theoretical and Philosophical Psychology*, 29, 114-121.

Sundararajan, L. 2014. The function of negative emotions in the Confucian tradition. In W. G. Parrott (Ed.), *The positive side of negative emotions* (pp. 179-197). New York: Guilford.

The She King. 1971. *The Chinese classics* (Vol. 4) (J. Legge, Trans.). Taipei, Taiwan: WenShih Chi. (Original Work Published 1893).

Thompson, E. 2007. *Mind in life*. Cambridge, MA: Harvard University Press.

Tomasello, M. 1995. Joint attention as social cognition. In C. Moore &. P. Dunham (Eds.), *Joint attention: Its origins and role in development*. Hillsdale, NJ: Lawrence Erlbaum.

Tomasello, M. , Carpenter, M. , Call, J. , Behne, T. , & Moll, H. 2005. Understanding and sharing intentions: The origins of cultural cognition. *Behavioral and Brain Sciences* , 28, 675-691. Retrieved from http: //dx. doi. org/10. 1017/S0140525X05000129.

Tomasello, M. , & Herrmann, E. 2010. Ape and human cognition: What's the difference? *Current Directions in Psychological Science* , 19, 3-8.

Trevarthen, C. 1993. The self born in intersubjectivity: An infant communicating. In U. Neisser (Ed.), *The perceived self* (pp. 121-173). New York: Cambridge University Press.

Tu, W. M. 1989. *Centrality and commonality*. Albany, NY: SUNY Press.

Waytz, A. , Epley, N. , & Cacioppo, J. T. 2010. Social cognition unbound: Insights into anthropomorphism and dehumanization. *Current Directions in Psychological Science* , 19, 58-62.

Wells-Jopling, R. , & Oatley, K. 2012. Metonymy and intimacy. *Journal of Literary Theory* , 6, 235-251.

Wixted, J. T. 1983. The nature of evaluation in the Shih-p' in (Gradings of poets) by Chung Hung (AD469-518). In S. Bush & C. Murck (Eds.), *Theories of the arts in China* (pp. 225-255). Princeton, NJ: Princeton University.

Wong, S. -K. 1978. Ch'ing and Ching in the critical writings of Wang Fu-chih. In A. A. Rickett (Ed.), *Chinese approaches to literature from Confucius to Liang Ch'i-ch'ao* (pp. 121-150). Princeton, NJ: Princeton University Press.

Woodward, A. 2009. Infants' grasp of others' intentions. *Current Directions in Psychological Science* , 18, 53-57.

Yeh, C. Y. 2000. *Wang Guo-wei and his literary criticism* (in Chinese) (Vols. 1 & 2). Taipei, Taiwan: Gui-Guan Tu-shu.

Yu, P. 1987. *The reading of imagery in the Chinese poetic tradition*. Princeton, NJ: Princeton University Press.

第 7 章

自由与情感： 真我与创造的道家丹方

Freedom and Emotion: Daoist Recipes for Authenticity and Creativity

激情使人卓然特立，也使人受其奴役。

涂尔干(Emile Durkheim)

自由与情感若能协调，情感便可以随性(spontaneity)展现；随性又是真我与创造力的特征。本章着重探讨自由如何成为随性、真我与情感创造力等词汇的纽带。道家思想认为，摆脱认知控制是迸发情感创造力的灵丹妙药。那么，就让我们通过本章具体看一看道家对认知双加工理论和情绪的认知评估理论提出了哪些挑战。

"自由"是道家思想的核心(Hall，1978)。这种对自由的追求又对情绪/情感产生了何种影响？庄子的"圣人无情"说是对这个问题的有力回答之一(《庄子·德充符》)。

> 惠子谓庄子曰："人故无情乎?"
> 庄子曰："然。"
> (惠子对庄子说："人本来是没有感情的吗?"庄子说："是的。")

纵观中国历史，庄子这一高深玄妙的陈述引发了百般激辩。在接下来的篇章中，我将分别通过"不受制于情的自由"（主理派）与"乘情而往的自由"（主情派）这两种对自由和情感的不同看法来解析历朝历代对庄子这一陈述的反应。

不被情所左右的自由
Freedom from Emotions

"不被情所左右的自由"（freedom from emotions）（主理派）以理性为达到自由的途径。这个途径与情绪/情感调节的再评估策略（Gross，2007）有些许重叠和交叉。主理派相信圣人没有情感，因为圣人之心宛如明镜。《庄子》（见本书第 7 章）云："至人之用心若镜，不将不迎，应而不藏，故能胜物而不伤。"（圣人用心犹如镜子，任物之来去而不勉强，如实反映而无所隐藏，所以能够胜任万物而不被物所损伤。）（Fung，1966，p. 287）要想让心灵达到近乎"虚如明镜，平如天均"（Fung，1962，p. 183）的状态，需要具有跳脱至客观立场的能力。正如哲学家、文学评论家王夫之所说："故吾以知不穷于情者之言矣：其悲也，不失物之可愉而不奔注者焉，虽然，不失悲也；其愉也，不失物之可悲者焉，虽然，不失愉也。"（那些不被情所左右者，悲伤时，依然知道有快乐的事情，但是这并不能扭转其悲伤的现实；他们快乐时，知道仍有悲伤的事存在，但这并不会打破其快乐的事实。）（Wong，1978，pp. 128-129）

（在第 2 章我们提到，有两种"和"——情之未发的"和"与情之已发的"和"。）"以理化情式的自由"崇尚情之未发的"和"——未受扰动之前的平衡，此即完美的对称性，恰似那涟漪泛起前平静的湖面（见本书第1章、第2章）。应注意的是，王夫之反复使用阴阳两极式的对比（快乐与悲伤、内在感受与外在现实）来中和情感冲击——客观现实中的快乐抵消了主观世界里的悲伤，反之亦然。若以"和"之对称性理论（见本书第2章）来看，王夫之就是利用阴阳两极的对立原则将喜与悲、内与外相互抵消，将情感扰动转化成不具差异的差异，使心灵原初的对称性或虚平如镜的状态得以保持。

相比之下，乘情而往的自由（freedom for emotions）更注重情感扰动发生之后的动态之"和"（见本书第2章）。这一主题存在两种变体。

乘情而往的自由
Freedom for Emotions

真情（*True emotion*）。庄子与惠子有一段著名对话。惠子问，为何圣贤无情，庄子答道："是非吾所谓情也。吾所谓无情者，言人之不以好恶内伤其身，常因自然而不益生也。"（这并不是我所说的情呀。我所谓的无情，指的是不因好恶、取舍干扰自己内心，伤害自己身体；常顺应自然而不故意增添什么。）（摘自 Graham，1986，p.62）。对此，格雷厄姆（Graham，1986）的解释颇有启发性，他指出，庄子所说的"情"是"唯有圣人才可重获的本真、完美的状态"（p.62），凡人则"不可救药地固守理性或道德"，故其情极易坠入是非之境（p.62）。

上述讨论是对道家喜好的自然与文化之辩的延伸。道家所谓"回归自然”旨在重归原初的纯真情感，因而要清除所有掺杂于情之中的“概念、陈规、社会和语言”残迹（Hansen，1995，pp. 200-201）。在周敦颐（1017 年—1073 年）的新儒家思想中，“真情”是不被理性判断所污染的，乃“无欲则静虚动直”（Fung，1966，p. 290），“真情”是见到孺子将入于井时迸发的施救冲动（见本书第 5 章）。冯友兰（Fung，1966）解释道，如果一个人不依其“最先出现的冲动”行事，而是停下来思量是不是该救这个孩子，那么“他就是受‘第二私念’（转念）的驱使，因而丧失了固有的静虚（vacuity inquiescence）状态以及随之而有的动直（straight forwardness in movement）状态”（p. 272）。

　　若将庄子原始陈述中的“无情”改为“有情而无累”就得到了“乘情之自由”的另一变体。这个变体出现在王弼（226 年—249 年）对《庄子》的评注中：“圣人茂于人者，神明也。同于人者，五情也。……五情同，故不能无哀乐以应物。然则圣人之情，应物而无累于物者也。今以其无累，便谓不复应物，失之多矣。”（圣人异于常人之处在于其精神和理智，而圣人与常人的相同之处在于其也有各种情感……因此圣人亦不会对事物无动于衷，没有喜怒哀乐。但是，圣人之情应物而生，而不为物所累。如果说圣人不会为情所累就认为他们没有情感，那就大错特错了。）（Fung，1966，p. 238）那么，何以做到有情而无累？公元 3—4 世纪出现的新道家——玄学（Neo-Daoism）给出了答案：风流。

　　浪漫精神（*romantic spirit*）。风流的字面意思是“清风（wind）与流水（stream）”，冯友兰（Fung，1966）将其译为“浪漫精神”（the romantic spirit）（p. 231）。他认为，在 3 世纪左右的玄学思想中，风流由“自然”（随性、非人为）引申而来，是与“名教”（道德、礼制）相对

立的观念（p. 240）。风流的本质乃"超越事物分辨之心，以求达到不假他人的自足"（p. 291）。

在独立自主的模式中，风流注重新奇（novelty）。请看下面这段《世说新语》中对玄学代表人物刘伶（221 年—300 年）的记述：

> 刘伶恒纵酒放达。或脱衣裸形在屋中，人见讥之。伶曰："我以天地为栋宇，屋室为裈衣。诸君何为入我裈中？"
>
> （刘伶常常纵情饮酒，之后肆意而为。有时会脱去衣服，赤身裸体待在屋里。有人看到后就讥笑他，刘伶却说："我把天地当作房屋，把房屋当作衣裤，你们干嘛要跑到我裤裆里来？"）

刘伶被同时代人视为风流不羁的表率，并非因其赤身露体，而在于他标新立异。这的确是一种极端的标新立异：所有既定规范——从生理感官到社会行为守则——都被超越了。其结果可谓随性狂（cult of spontaneity）。"随性狂"是矛盾的组合体——一方面是肆意而为的冲动，另一方面是"有妙赏愉悦的能力，渴求更高雅的快乐，不需要纯肉体感观上的快乐"（p. 235）。这样看来，风流名士是"纯粹任由冲动而行，但丝毫未思量肉感快乐"（p. 235）。伴随"浪漫精神"，如何达到无累于情的问题已不在于是否有情，而是如何表达情感，表达中是否有高雅的感触，是否有心灵的自由。

上述两种追求情感自由的途径（主理派与主情派）表明，"真"情与"创造性"情感之间有着密切联系——两者都强调自然随性（spontaneity）。这与沙伊贝（Scheibe，2000）的观点异曲同工。沙伊贝认为，真诚、随性和创造力三者存在内在关联："只有出人意料、不假做作和新奇有趣的戏剧才可谓真正的戏剧……日常生活的剧本是否真切鲜活，取决于我们是否有能力发动主创性和独创性，即兴而为地游刃于既有的生活素材和主题之中。"(p. 240)

上述几个情感境界——真实、创造、随性和自由——交汇融合于中国诗学；这一点有品评诗歌的标准为证："意深而词简，畅流而不碍"(Okabe，1983，p. 35)；品诗原则特别强调创造、真我和自由三者的融合。如果你不介意我提前剧透一下，那么我想说——理想的诗歌或生活之关键在于摆脱认知控制的辖制。接下来我将重点分析情感自由、真实和随性背后的认知机制。

真诚乃随性

Authenticity as Spontaneity

> 恰如圣人，诗人与道周始、不加取舍，附笔于纸、着手而成，不假思索、不容修改，挥之而出、一出即成。
>
> 宇文所安(Owen，1992，p. 325)

随性是禅宗和道家思想的遗产之一，它融汇了信乎拈来、精准与疾速，并以此为特征，塑造出中国式的创造论。一项海峡两岸和香港为对象研究调查了华人对"创造"的定义(Rudowicz & Yue，2000)，发现，在"动态性"因子中，"做事迅速"这一条目具有很高载荷(p. 183)。同样，在另一项研究中(Chan & Chan，1999)，香港教师认为学生"反应快"是创造力的属性之一。

上面引用宇文所安(Stephen Owen)的字句道出了中国美学中随

性与真我之间的密切联系，也就是说，艺术中自我的真实表达理应
"挥之而出、一出即成"。这种强调随性的观点——以"忽然任心、率
性而行"作为真情与创造性情感的标识——与主流心理学的情绪/情
感理论格格不入。主流心理学通常认为，情绪/情感的作用恰如公路
减速带——将刺激与反应拆散，以便延缓做出反应行为的时间，进
而增加行为的变通性。引用克洛尔与科特拉尔（Clore & Ketelaar，
1997）的话："从进化论角度看，情绪/情感是认知的原始形态（proto-
cognition），可作为刺激与反应间的心理中继站（psychological way
station）旨在增加行为变通性。这样一来，情绪/情感可以提供信息
和动机，而不会强制触发行为。"（p. 112）情绪/情感作为中继提供了
一个延迟期，用谢勒（Scherer，1994）的话来说："在评估刺激与做出
反应间置入了一个延迟反应阶段。"（p. 128）谢勒认为，"这个延迟期
为生命有机体监控（对于人类，甚至反思）内在心理过程提供了时
间。"（p. 130）综上所述，主流心理学认为：情绪/情感最好以慢速、
反思性的第二类思维系统运行。

　　道家思想与上述观点形成鲜明的对比，认为不含延迟期的"随
性"才是富有创造性之真情的衡量标准。中国传统观念认为，随性的
关键在于心灵与环境的配合（coupling），而非拆散（decoupling）。接
下来让我们从多个水平入手分析，来看一看心灵与环境如何配合。

　　让我们来看一看动物世界中自然而发的交流。动物幼崽对母亲
呼唤做出的本能反应就是一例，正如《易经》之"中孚"卦相（61）呈现
的意象：

　　鸣鹤在阴，其子和之。

　　对于母亲的召唤，小鹤会做出本能性反应。"母婴间使用的信号收发系统基于同一套生理机制"(Buck，1984，p. 6)——这个假说可以帮助我们解释上述现象。奥夫伦和巴乔洛斯基(Owren & Bachorowski，2001)也提出，信号能够瞬间传递可能是因为其发送与接收属于"同一机制的功能"(p. 172)，换言之，信号收发双方能紧密配合。不仅交流速度惊人，这些自然配合的信号往往是自发的、非有意而为，因而也无法伪装或伪造(Buck，1984)。在中国人看来，真情与随性的紧密关联正在于此。

　　时间点是关键。虽然延迟期对深思熟虑是必要的，但并不总有益。有证据表明，延迟期可能会阻碍内隐信息的整合加工。史密斯等人(J. D. Smith et al.，2014)在一项研究中，让参与者执行两类任务：实验情境 A 调动第二类思维系统认知加工，要求被试依据规则推理完成实验任务；实验情境 B 调动第一类思维系统认知加工，要求被试以关注整体的方式处理信息。任务成绩也以两种方式回馈给被试：即时回馈——每次任务完成后即展示成绩；延迟回馈——一组任务全部完成之后才展示成绩。研究人员发现，延迟回馈不利于信息的整体式学习(第一类思维系统)，但并不会对规则推理式学习任务(第二类思维系统)造成消极影响。可见，道家思想之所以看重随性，其可能原因之一即在于延迟会干扰道家所偏好的认知加工风格，即整体性的信息整合。既然即时回馈需要信息之间紧密配合，那么就一定得谈一谈随性的必要条件之一——社群(community)①。

---

　　①　社群：指互相关照，而非乌合之众的群体。——译者注

随性与社群(Spontaneity and Community)。

社群是真诚的前提。

强关系社群的志趣并不在于获取有关外在世界的认知地图，而是评估人与人之间的可信度。衡量是否可信的尺度之一便是随性。正如爱德华·斯林格兰(Edward Slingerland)所说，随性是反映未用心机的标志："如果觉察到对方有认知调控的迹象，我就会觉得他可能在打什么小算盘。因为当人们有意而为或调动认知调控，往往都是要扯谎、欺瞒或为己谋利了。"(引自 http：//edge. org/conversa-tion/the-paradox-of-wu-wei)

随性的表现之一是无延迟的交接(interaction)；无延迟的交接对于互动双方方应答性(responsiveness)至关重要。有研究发现，抚养者的应答性是促进婴儿语言发展以及孩子在其他情境中学习你来我往之交互的重要因素(Tamis LeMonda，Kuchirko & Song，2014)。社会交互的方方面面都有赖于应答性——正是应答性才使"交接"之"交"产生作用。若非如此，那么情况将如坦塔姆(Tantam，2009)所说：人们执行社会行为，却不带任何彼此间的交流。

除回应性之外，随性的另一表现——共情也是社会生活的黏合剂。

共情即配合(Empathy as Coupling)。

庄子与惠子游于濠梁之上。庄子曰："鱼出游从容，是鱼乐也。"惠子曰："子非鱼，安知鱼之乐?"(《庄子·秋水》)

(庄子和惠子在濠水的桥上散步。庄子说："鱼在河水中游得多么悠闲自得，这鱼多么快乐啊。"惠子说："你又不是鱼，怎么知道它快乐呢？"）

　　惠子问，你又不是鱼，怎知鱼之乐？庄子答道："我知之濠上也。"（我在濠水上散步时就知道了。）（Mair，1994，p. 165）这种不假思索的理解乃由共情而生。坦塔姆（Tantam，2009）对维特根斯坦所作的解读可谓庄子思想的现代翻版，坦塔姆认为："维特根斯坦解开了哲学家反复诘问的一个谜题——如何确知他人的存在。维特根斯坦的回答是，他不需要知道，因为他本已处于确信他人存在的立场。"越来越多证据表明，自闭症患者难以不假思索地解读他人的心理状态，这可能缘于其共情能力存在缺陷。自闭症患者必须调动心理理论才能理解他人（Baron-Cohen，Tager-Flusberg & Cohen，2000）。可见，情绪/情感障碍越严重，人在处理社交和情绪/情感信息时就越需要依靠缓慢、费力的第二类思维系统。即便如此却仍可能出错。

真情与自由
Authenticity and Freedom

　　情感随性的另一内涵是免受认知调控干扰。免受认知干扰的最广为人知的途径当属道家的"无为"观。安乐哲与赫尔（Ames & Hall，2003）提出，"无为"常以"无……"的形式出现（p. 32），最常见的有：无为、无知与无欲，其意义分别是：非强制性的行为、不依赖于法则的了解和不以占有或控制为目的的欲望（p. 32）。安乐哲与赫尔认为：

> "无……"的观念解放了技术哲学中用以维持抽象认知和道德感
> 性的能量，使这些能量不再通过概念、理论和人为的道德规则为中
> 介，而能直接表现为那些给日常生活带来活力的具体感受。正是通
> 过这些具体感受，人们才能了解世界，人类体验才得以升华。
> （p. 36）

在此，要想不借助任何中介表达、表征情感能量，需要在两个
层面上都摆脱认知：摆脱认知评估（见本书第 5 章）与摆脱认知控制
（见本书第 2 章、第 5 章）。

摆脱认知评估

Freedom from Appraisal

主流心理学中，情绪/情感的认知评估理论（Ellsworth & Scher-
er，2003）认为，情绪/情感的必要条件之一是具有对世界的知识表
征，即我们常说的"认知图式"（cognitive schema）。哈雷（Harré，
2009）曾用鸭—兔两可图来举例说明——需要有鸭或兔的图式参与认
知评估，大脑才能确定看到的到底是鸭还是兔：

> 与此类似，对于那些环境变化和身体扰动的复杂事件，必须调
> 动认知图式才能确定其是否属于情绪/情感经验的一部分，以及属于
> 哪种情绪/情感经验。（Harré，2009，p. 299）

　　然而，倘若有人正如诗人或艺术家那样恰恰更喜好在充满模糊又无定数的"鸭—兔两可之世界"中流连忘返，又会怎么样呢？(Sundararajan，2004，2008)真情——即情感回归到原初的无邪状态——道出了这种超越认知图式去体验世界的欲求。

　　情感与认知评估是否能拆散开来？激进派的认知评估理论认为，情绪/情感完全取决于认知评估。据此，这个逻辑的结论应该是：若没有认知评估就不存在情绪/情感。这正是庄子思想的出发点——圣人无情，因为圣人之心早已超越对错、好坏之分。可是，对"情"比较宽泛的定义则支持正念研究者的发现："人们对现实的体验通常会受个人身份认同过滤；但实际上大脑能够直接体验未经加工的、直观的感受。"(Siegel，2007，p. 152)对于如何获得超越"叙事与记忆、情感反应与习惯"的体验(Siegel，2007，p. 100)这个问题，中国诗论与正念研究者殊途同归，提出了相同的倡议："暂停分门别类式的认知加工。"(Siegel，2007，p. 250)

　　认知评估理论是心与物交观念的产物，它以主体对客体的视角看待世界。这个视角注重稳定、既有的表征，如有关自我或有关目标的表征，即那些能够从环境中抽离出来、独立建构、单独维持的表征。在所有的心理表征中，自我被投注最多认知资源，也因此成为所有认知评估的重心。认知评估围绕几个有关自我的"重要议题"展开，如"我会遇到麻烦还是获益，现在还是将来，有什么样的麻烦/获益？"等(Lazarus & Folkman，1984，p. 31)。往往当自我叙事与认知评估搭配运行时，自发的情感就会变为被动性的情感。

　　正念研究者指出，认知评估是对生活造成干扰的"一种以自我为

中心的生活叙事"(Brown & Cordon，2009，p. 227)。生活叙事充满
了既有表征（如自我身份、动机目标等）。这些既有表征造成的干扰
之一是过滤(filtering)，即中国人所谓"隔"。文学评论家王国维
(1877 年—1927 年)曾指出，好诗在于不"隔"。"隔"指感官经验被陈
旧、既有表征过滤之后丧失了即时、直接的影响力（Averill &
Sundararajan，2006；Yeh，2000）。然而，对于道家所追求的情感
自由，仅仅减少认知评估过滤是不够的，还需要摆脱认知控制(见本
书第 2 章、第 5 章)。

摆脱认知控制的独裁

Freedom from the Tyranny of Cognitive Control

认知控制通常被认为具有生存适应性——可以抵消或调节自动
化行为，以便优先加工当前任务的信息，促进目标指向性行为的执
行。已有研究表明，在可预期性低的任务环境中，即难以预料应如
何应对的情况下，自上而下的认知控制至关重要。但在熟悉、可预
知性较高的强关系环境下(见本书第 1 章)，认知控制并不一定有益；
随性——"随感而应，不假思索"(Fung，1962，p. 184)却是强关系环
境下理想的沟通方式。

为了弄清认知控制是否具有普遍的生存适应意义，博卡内格拉
和霍梅尔(Bocanegra & Hommel，2014)进行了一系列实验。研究表
明，自上而下的认知控制实际上会干扰信息自动化整合，进而有损
行为效率。他们总结认为，若环境能够提供足够的信息资源，让认

知系统可以完全依托于自动化的认知加工——做无人驾驶式的操作，那么认知控制在这种情况下并非必要之策。采用这种"不含控制的认知加工"（见本书第 2 章）处理信息，正是道家所谓的"随性"。

　　*少就是多。*不含控制的认知加工，其优势在儿童学习中显而易见。汤普森-席尔、拉姆斯佳和克莱斯科（Thompson-Schill，Ramscar，& Chrysikou，2009）指出，学习型任务与操作型任务之间存在着消彼长的权衡："利于操作型任务的认知机制在学习型任务中并不一定有理想的效果，反之亦然。"（p. 260）操作型任务需调动 PFC（前额叶皮层）功能作为动态过滤器，滤除无关信息，并选择与保持与任务相关的信息（Chrysikou et al.，2014）。PFC 尚不发达虽然使儿童在操作任务中处于劣势，但在语言和社会规范的学习上却表现得更好。这是因为 PFC 还未成熟，使得儿童的学习过程相对较少地受自上而下认知控制干扰。除了学习，创造力也需要在不受自上而下认知控制干扰的状态下，才能畅游于第一类思维系统之中。纵观历史，古往今来任何社会中的成年人都专注于执行操作性任务。在这种大环境下，道家思想以回归自然的呼唤提醒我们放下认知控制，重归童年的、富有创造力的学习方式。

从认知到元认知
From Cognition to Metacognition

　　博卡内格拉和霍梅尔（Bocanegra & Hommel，2014）认为，认知功能之所以具有生存适应性并不在于控制机制本身，而在于元认知技能。这是一种元控制——对认知控制的控制（Memelink & Hommel，2012）。个体自主地调控自身的控制机制，以达到既定的目标，适应外在的环境。元认知的重要功能之一是确保个体免受不当认知控制的干扰。博卡内格拉和霍梅尔（Bocanegra & Hommel，2014）指出，"只有当认知控制被限制在所需范围内，才能认为它具有生存适应性"（p. 1254）。简言之，对认知控制的控制才是要诀所在。

双加工理论之再回顾。主流心理学所述的关于情绪/情感的故事，可用双加工系统理论加以总结（Smith & Neumann，2005）。该理论认为，情绪/情感的基本组成部分来自进化上较古老的机制。这些简单、反应性、不受认知影响的机制可见于自动化、联想式的认知加工和模块式（pattern-completion）的认知加工，以及图式化的表象。双加工理论认为，这种使用第一类思维系统处理信息的情感系统极易出错，需要依靠推理或认知加以调控；而推理、认知则属于第二类思维系统，其特征为主控、反思式的加工，注重基于规则的推理与命题表征（Smith & Neumann，2005）。双加工理论最卖座的讲述者当属诺贝尔奖获得者、心理学家丹尼尔·卡尼曼（Kahneman，2003）。然而，布克特尔与洛伦萨杨（Buchtel & Norenzayan，2009）指出，双加工理论的说法并非放之四海而皆准。这两位文化心理学家认为，非西方版的双加工故事可能完全是另一幅图景（另见本书第5章）。下面就让我以道家思想为例，为布克特尔与洛伦萨杨的观点提供支持。

在道家看来，第一类与第二类思维系统、大脑皮层下系统与大脑皮层、进化上的原始功能与高级功能——都可能对心理功能产生积极或消极影响，好坏之关键在于人的觉知水平。据此，可将元认知定义为"以觉知为中介的认知"(awareness-mediated cognition)，旨在监控与抑制过度的认知调控。接下来，我将探讨道家如何借助"元认知"让情绪/情感成为人类天性真实又自然的表达。

从认知评估到觉知。谢勒(Scherer，1994)提出，认知评估让我们的心灵保持距离、不受当下事件辖制，从而增加了行为的变通性。然而，道家思想以及有关正念的研究则为我们提供了另一条丰富行为变通性的途径——觉知。"驱动着自我调控(self-regulation)的显然是觉知本身，而非有关自我的认知(self-relevant cognition)。"(Brown & Cordon，2009，p. 216)读到这里，对于具有适应意义的情感功能(adaptive emotional functioning)，我们已看到两种相互竞争的算法(algorithm)：认知评估理论——以清晰明确的动因和意向目标去建构完善的认知地图，是生存适应性情感反应的必要条件(Deonna & Scherer，2010)；与此相竞争的是道家思想——行为是否具有生存适应性完全取决于更高层次觉知中的元认知技能。

元认知技能包括解构认知图式，并遏制第二类思维系统的过度加工。解构认知图式是指拆散那些因生活习惯而固着的认知体系。正念是解构认知图式的例子之一。西方传统心理学观念认为，注意与认知评估紧密交织在一起，但正念展示出拆散注意力与认知评估的可能性——"念在当下，觉知无遗"(Brown，Ryan & Creswell，2007，p. 213)。当注意与认知评估被拆散时，后者会受到抑制。所以在正念练习中，已有的情感脚本被弃之不用，而任凭觉知徜徉于情绪/情感的振荡之中。正如杰默(Germer，2009)所说："如果有痛苦，正念是能够感受、体味痛苦而不对痛苦做出习惯性反应的能力。"(p. 132)这些元认知技能正是道家思想之"雅兴高趣"(refined pleasure)的关键所在。

艺术家王徽之(公元 388 年逝世)的一则逸事就是"雅兴高趣"的绝佳实例。《世说新语·任诞第二十三》中记载某个冬夜，屋外下着大雪，王徽之夜半醒来突然思念好友戴逵：

> 时戴在剡，即便夜乘小船就之。经宿方至，造门不前而返。
>
> （当时戴逵在剡县，王徽之即刻连夜乘小船去拜访他，船行了一夜才到，王徽之到了戴逵家门前却没有进去又转身返回。）

王徽之向那些对其行为困惑不解的人解释道："吾本乘兴而来，兴尽而返，何必见戴。"（我本来乘着兴致而去，现在兴致没了就返回，为什么一定要见到戴逵呢！）。王徽之的雅兴高趣体现在他对情感控制的精湛把握——一个冲动被激发（动身前去访友）的同时又抑制另一冲动（与朋友会面）。以目标导向（goal-oriented）的思维，去看，动身前去访友与实际会见朋友，这两个行为倾向不可分割。而王徽之的雅兴高趣将二者拆散开来，分别取舍，这是道家对目标导向性思维的又一次贬斥。

矛盾性的悖论在道家思想中比比皆是。正如盆景并非自然之自然，而是人为之自然。从矛盾性来看，我们可以将玄学思想中的"即兴而发"与"随性而为"解读为受介导的即刻而发（mediated immediacy）或受控的冲动（controlled impulsivity）。这种解读对双加工理论的二分式看法——将属于第一思维系统的冲动性与属于第二思维系统的受控加工对立起来(Kahneman，2011)——提出了挑战。秉持道家思想的画家王徽之难道冲动吗？以传统观点来看，他正是在践行玄学所推崇的随性(spontaneity)(参见 Fung，1966)。道家的随性看上去近似于冲动，但却完完全全立足于冲动的对立面——正念。正念的高阶觉知在王徽之的身上表现得淋漓尽致：①对自身每个迫不及待的冲动之起伏涨落有所注意觉察；随后②不自欺地纵容自己的冲动；而当冲动消散，行为也立即终止。

这样的行为具有适应意义吗？若考虑当时的文化环境，答案一定是肯定的。王徽之对其作为心知肚明——这是在向其玄学挚友(包括那位未能见面的朋友)炫耀自己的本事，令他们见证自己是如何能让内心的渴望保持自由，不受世俗、经营算计之观念束缚牵绊。

最后，这一雅兴高趣的逸事将意向与目标拆散——王徽之在追求意向的同时抑制目标。意向(intent)指特定的冲动或"内在倾向"(Germer，2009，p.138)，意向比目标更短暂(见本书第 6 章)。我们应注意的是，艺术家王徽之并非以安静的内省去对待意向，而是积极追求、通过满足意向获得乐趣。唯一未能实现的是面见挚友这个目标——此目标是一个既定的、不受冲动起伏涨落影响的表征，所以王徽之对它毫无兴趣。

这则传说看似古怪离奇，但它暗含的真理却在中国历史中被反复赞誉——富有创造性的行为是矛盾性的复合体，它既包含幼童式的单纯认知，又有成人式的正念觉察。道家圣人既老迈又年少——这种矛盾性借用维克托-艾米尔·米什莱(Victor-Emile Michelet)的词句来表述再恰当不过："啊！我们必须到老年才能驾驭少年，使少

年能无所羁绊，任性而为。"(引自 Bachelard，1964，p. 33)

为解开道家思想的"矛盾性之谜"，让我们来谈谈两种复杂性——认知和意识(见本书第 5 章)的复杂性。道家思想是这两种复杂性阶梯反向延伸的组合：意识的阶梯向上攀登(追求二阶或三阶觉知)；认知的阶梯向下通行——更看重第一类思维系统，如冲动或对外界环境随感而应等。这种"矛盾"的组合形成了中国人情绪/情感特有的认知评估，即"以无心而应"(Fung，1962，p. 184)。

道家永恒的遗产
A Lasting Legacy

道家思想是塑造中国佛学观念的重要元素，正如梅维恒(Mair，1994)所说："中国的佛教徒，尤其是禅宗，从庄子思想中汲取的灵感要比其他任何先秦思想都要多。"(p. xliv)中国诗学在很大程度上也受道家思想影响，发展出独特的认知评估取向——偏重简单、自动化认知加工，视之为随性与真情的展现；不信任冗思、主控式的认知评估，视其为算计与是非之心的污染。

在西方基督教神秘主义中也能找到与道家类似的思想(Sundararajan，2008b)。神秘主义大师鲁道夫·奥托(Otto，1970/1923)曾声称，神秘体验就像无酵饼，无须酵母——理性辩证思维——的参与。他说，神秘体验"可以被透彻理解、牢牢掌握和深刻欣赏；这纯粹取决、在于和源于感知本身"(p. 34)。若将奥托陈述中的"神秘"一词替换为"情感"，那么这句话便可作为对中国诗学与道家思想加工处理情绪/情感信息之策略的简要总结。上述这些传统思想特有的信息加工策略——重体验，轻归因——可为当代情绪/情感研究做出重要贡献。

落幕曲：情绪/情感中的善人与恶人
Coda: The Good Guys and Bad Guys in Emotion

不加控制的认知对道家雅兴高趣的蓬勃发展贡献颇多。同时它也对西方主流心理学的成见——重视"高明的"认知控制，轻视"原始的"第一类加工系统——提出了挑战。若站在更高的层面审视，我们不禁要问，为什么在像西方文化这样热衷推崇认知控制的文化中，"原始性"反而无处不在。

……情绪/情感，通常被认为就像女性一样，是原始的而非文化的、肆意而非理性、无条理而非有序合规、主观武断而非普遍合理、躯体性而非心智化、不顺意和不可控制，因此往往是危险的。(Lutz，1996，p. 151)

也许所谓"原始野性"——诸如情绪/情感以及其他心灵机能——并非证明认知控制之必要性的原因，而是认知控制自言自证的结果？换句话说，文化脚本①也许具有自证性——若某类认知加工过程长期遭到抑制，因而保留了所谓的"原始野性"，反过来"具有原始野性"

---

① 文化脚本(cultural script)：指预先建立的关于文化准则、职责、法规和设想等的人类生存体系(引自《21 世纪英汉大词典》)。——译者注

又被用作有必要对其加以抑制的证辞。一个例子是第二类思维系统中的精打细算和狡猾把控并不适于中国的心与心交、偏重关系的社会环境（见本书第 1 章），因而在对其加以抑制的同时，也不经意地抑制了科学理性的发展。而在另一种环境下——心与物交、非关系性的西方社会，第二类思维系统的持续开发成为科学发展的必要条件。

参考文献
References

Ames, R. T. , & Hall, D. L. 2003. *Dao De Jing*. New York: Ballantine Books.

Anagnost, A. 1997. *National past-times: Narrative, representation, and power in modern China*. Durham, NC: Duke University Press.

Averill, J. R. , & Sundararajan, L. 2006. Passion and qing: Intellectual histories of e-motion, West and East. In K. Pawlik & G. d'Ydewalle (Eds.), *Psychological concepts: An international historical perspective* (pp. 101-139). Hove, England: Psychology Press.

Bachelard, G. 1964. *The poetics of space* (M. Jolas, Trans.). NewYork: Orion. (French edition, 1958)

Baron-Cohen, S. , Tager-Flusberg, H. , & Cohen, D. J. (Eds.). 2000. *Understanding other minds*. Oxford, England: Oxford University Press.

Bocanegra, B. R. , & Hommel, B. 2014. When cognitive control is not adaptive. *Psychological Science*, 25, 1249-1255.

Brown, K. W. , & Cordon, S. 2009. Toward a phenomenology of mindfulness: Subjective experience and emotional correlates. In F. Didonna (Ed.), *Clinical handbook of mindfulness* (pp. 59-81). New York: Springer.

Brown, K. W. , Ryan, R. M. , & Creswell, J. D. 2007. Mindfulness: Theoretical foundations and evidence for its salutary effects. *Psychological Inquiry*, 18, 211-237.

Buchtel, E. E. , & Norenzayan, A. 2009. Thinking across cultures: Implications for dual processes. In J. St, B. T. Evans, & K. Frankish(Eds.), *In two minds: Dual processes and beyond* (pp. 217-238). New York: Oxford University Press.

Buck, R. 1984. *The communication of emotion*. New York: Guilford.

Chan, D. W. , & Chan, L. -K. 1999. Implicit theories of creativity: Teachers' perception of student characteristics in Hong Kong. *Creativity Research Journal*, 12, 185-195.

Chrysikou, E. G. , Weber, M. J. , & Thompson-Schill, S. L. 2014. A matched filter hypothesis for cognitive control. *Neuropsychologia*, 62, 341-355.

Clore, G. , & Ketelaar, T. 1997. Minding our emotions: On the role of automatic, unconscious affect. In T. K. Srull & R. S. Wyer (Eds.), *Advances in Social Cognition* (Vol. 10, pp. 105-120). Hillsdale, NJ: Lawrence Erlbaum.

Deonna, J. A. , & Scherer, K. R. 2010. The case of the disappearing intentional object: Constraints on a definition of emotion. *Emotion Review*, 2, 44-52.

Ellsworth, P. C. , & Scherer, K. R. 2003. Appraisal processes in emotion. In R. Davidson, K. R. Scherer, & H. H. Goldsmith(Eds.), *Handbook of the affective sciences*(pp. 572-596). Mahwah, NJ: Erlbaum.

FungYu-lan. 1962. *The spirit of Chinese philosophy* (E. R. Hughes, Trans.). Boston, MA: Beacon.

FungYu-lan. 1966. *A short history of Chinese philosophy* (DerkBodde, Ed.)New York: The Free Press.

Germer, C. K. 2009. *The mindful path to self-compassion*. New York: Guilford.

Graham, A. C. 1986. *Studies in Chinese philosophy and philosophical literature*. Albany, NY: SUNY Press.

Gross, J. J. (Ed.). 2007. *Handbook of emotion regulation*. New York: Guilford.

Hall, D. L. 1978. Process and anarchy—A Taoist vision of creativity. *Philosophy East and West*, 28, 271-285.

Hansen, C. 1995. Qing (emotions) inpre-Buddhist Chinese thought. In J. Marks & R. T. Ames (Eds.), *Emotions in Asian thought* (pp. 181-209). Albany, NY: SUNY Press.

Harré, R. 2009. Emotions as cognitive-affective-somatic hybrids. *Emotion Review*, 1, 294-301.

Kahneman, D. 2003. A perspective on judgment and choice: Mapping bounded rationality. *American Psychologist*, 58, 697-720.

Kahneman, D. 2011. *Thinking fast and slow*. New York: Farrar, Straus & Giroux.

Lazarus, R. S. , & Folkman, S. 1984. *Stress, appraisal, and coping*. New York: Springer.

Lutz, C. 1996. Engendered emotion: Gender, power, and the rhetoric of emotional control in American discourse. In R. Harré & W. Gerrod Parrott(Eds.), *The emotions: Social, cultural and biological dimensions* (pp. 151-170). Thousand Oaks, CA: Sage.

Mair, V. H. 1994. *Wandering on the way*. Honolulu, HI: University of Hawaii Press.

Memelink, J. , & Hommel, B. 2012. Intentional weighting: A basic principle in cognitive control. *Psychological Research*, 77, 249-259.

Mestrovic, S. 1997. *Postemotional society*. London: Sage.

Okabe, R. 1983. Cultural assumptions of East and West: Japan and the United States. In W. B. Gudykunst (Ed.), *Intercultural communication theory* (pp. 21-44). London: Sage.

Otto, R. 1970/1923. *The idea of the holy*(John W. Harvey, Trans.). London, England: Oxford University Press.

Owen, S. 1992. *Readings in Chinese literary thought*. Cambridge, MA: Harvard University.

Owren, M. J., & Bachorowski, J.-A. 2001. The evolution of emotional expression: A"selfish-gene"account of smiling and laughter in early hominids and humans. In T. J. Mayne & G. A. Bonanno(Eds.), *Emotions: Current issues and future directions* (pp. 152-191). New York: Guilford.

Rudowicz, E., & Yue, X.-D. 2000. Concepts of creativity: Similarities and differences among Mainland, Hong Kong and Taiwanese Chinese. *Journal of Creative Behavior*, 34, 175-192.

Scheibe, K. E. 2000. *The drama of everyday life*. Cambridge, MA: Harvard University.

Scherer, K. 1994. Emotion serves to decouple stimulus and response. In P. Ekman & R. J. Davidson(Eds.), *The nature of emotion: Fundamental questions* (pp. 127-130). New York: Oxford University Press.

Siegel, D. J. 2007. *The mindful brain*. New York: W. W. Norton.

Smith, J. D., Boomer, J., Zakrzewski, A., Roeder, J., Church, B. A., & Ashby, F. G. 2014. Deferred feedback sharply dissociates implicit and explicit category learning. *Psychological Science*, 25, 447-457.

Smith, E. R., & Neumann, R. 2005. Emotion processes considered from the perspective of dual process models. In L. F. Barrett, P. M. Niedenthal, & P. Winkielman(Eds.), *Emotion and consciousness* (pp. 287-311). New York: Guilford.

Sundararajan, L. 2004. Ssu-k'ung T'u's vision of ultimate reality: A quantum mechanical interpretation. *Ultimate Reality and Meaning*, 27, 254-264.

Sundararajan, L. 2008a. The plot thickens—or not: Protonarratives of emotions and the Chinese principle of savoring. *Journal of Humanistic Psychology*, 48, 243-263.

Sundararajan, L. 2008b. Mystics, true and false: How to tell the map art, if both profess the same URAM? *Ultimate Reality and Meaning*, 31, 183-206.

Tamis-LeMonda, C. S., Kuchirko, Y., & Song, L. 2014. Why is infant language learning facilitated by parental responsiveness? *Current Directions in Psychological Science*, 23, 121-126.

Tantam，D. 2009. *Can the world afford autistic spectrum disorder? —Nonverbal communication，Asperger syndrome and the interbrain*. London：Jessica Kingsley.

Thompson-Schill，S. L.，Ramscar，M.，& Chrysikou，E. G. 2009. Cognition without control：When a little frontal lobe goes a long way. *Current Directions in Psychological Science*，18，259-263.

Wilhelm，R. (Tr.). 1967. *The I Ching* (C. F. Baynes，Trans.). Princeton，NJ：Princeton University Press.

Wong，S.-K. 1978. Ch'ing and Ching in the critical writings of Wang Fu-chih. In A. A. Rickett (Ed.)，*Chinese approaches to literature from Confucius to Liang Ch'i-ch'ao* (pp. 121-150). Princeton，NJ：Princeton University Press.

Yeh，C. Y. 2000. *Wang Guo-wei and his literary criticism* (in Chinese). Vols. 1 & 2. Taipei，Taiwan：Gui-Guan Tu-shu.

Online Resource

http：//edge. org/conversation/the-paradox-of-wu-wei

第 8 章

宠坏了（撒娇）： 感激之情的习得
Being Spoiled Rotten (Sajiao): Lessons in Gratitude

导 言
Introduction

在中国，除了朋友间的友谊，人与人的关系大多包含等级排序。对于长幼之间的亲密感，"撒娇"是绝佳的例子。儒家思想一向强调社会正念和体贴他人（见本书第 3 章），然而与这些原则相悖，自私在儒家传统中也占有独特的一席之地——只要你幼小年少，只要你有人疼爱，只要有人愿意忍受你的稚气。这就是"撒娇"的关键所在：

一个小男孩在家里排行老幺，母亲常用"可爱"和"调皮"来形容他。他的确调皮可爱。当她[母亲]和我谈话时，他不断地往她背上爬，并使出最最撒娇的声音，央求母亲把他背起来。她终于顺从了，同时笑着对我说："撒娇呢!"(Farris，1994，p. 18)

凯瑟琳·法里斯(Catherine Farris，1994)认为撒娇是"惹人怜爱地耍脾气"(p. 161)。这个词语仅适用于幼儿或年轻女性。"撒"意为放任、放纵；"娇"意为美丽、柔弱、娇惯和宠爱。"撒娇"组合起来就意味着：①"作为被宠爱、溺爱的孩子而耍脾气"以及②"(女性)佯装生气或不悦"(pp. 12-13)。作为一种沟通形态，撒娇中含有言语和非言语线索的使用，构建出关爱、呵护的关系。这些言语和非语言式沟通包括："躯体语言，用头部、面部和躯体动作表达撒娇……在语调上，撒娇的语气充分地传达着发声者的意图……"(p. 23)更具体来说，面部活动包括翻白眼、快速眨眼和拉长、撅起嘴唇(p. 16)。从语言学上看，语助词("嘛"和"啦")将"评论"(comment)指明出来(见本书第 6 章)，将"说话者对所说之事的态度"表明无误(p. 23)。例如，语助词"嘛"在央求式话语中实际上是以一种表达情感的语气来"软化"自己的立场(p. 14)。

照料幼儿很累人，他们不仅认为你本该提供照料，并且想要就要，还会利用你的爱去达到他们的目的。这便是撒娇的典型场景。如此娇惯我们的孩子到底好还是不好？这个问题还是留给育儿专家去回答吧。在此，我提出一个更实际的问题：谁有精力整天应付这些被宠坏的小家伙？简要的回答是：这取决于支撑你的是意志力还是爱——前者可能消耗殆尽，后者则不会。要想知道详细具体的回答，还请你随我走上科学探索的羊肠小道。对此，我将探讨三个主题：第一，协同合作型社群是撒娇得以存在的生态环境；第二，人情(favor)背后的理性由两个基本元素组成——基于欠债与偿还的冷算计(cold computation of debt-based transactions)，以及基于热认知的感激之情(hot cognition of gratitude)；第三，撒娇是操练感激之情的场所。为了说明这几点，我将分析男性社交现象"喝花酒"

（flower drinking）中包含的撒娇原理之变体。我的结论是，在冷静的理性之外，含情脉脉的感激之情是达成自我控制的另一条通路。

撒娇的生态环境
Ecological Conditions for Sajiao

现代心理学告诉我们，意志力是有限、可能消耗殆尽的资源（Baumeister，Vohs & Tice，2007）。乔布、德威克和沃尔顿（Job，Dweck & Walton，2010）却对这个流行观点提出了挑战。他们指出，身体或心理精力是否能被耗尽取决于我们对资源的看法。研究中，他们将被试随机分为两组，一组被试接受资源有限论的指导语，另一组被试接受资源非有限性的指导语。研究者们发现，在完成了一些费心劳神的任务后，被试的精力是否耗尽取决于他们被启动的观念——资源是有限的还是非有限的。

资源有限理论与资源非有限理论分别对应两类社群范式——以资源有限为基础的社群（scarcity-based community）和协作型社群（synergistic community）（Katz & Murphy-Shigematsu，2012）（见本书第 1 章）。基于匮乏—竞争的社群认为有价值的资源是有限的，而协作型社群则认为协作是"悖论性、生生不息的"，即"资源越消耗，就生成越多的资源可供使用"（p. 54）。慕莱内森和沙菲尔（Mullain-athan & Shafir，2013）认为，无论是食物、时间还是其他任何东西，其匮乏有限性会影响人的认知效能。通过研究他们发现，认知资源的匮乏、有限可以改善注意力，但同时也会引发一个高认知控制下的特有现象——认知窄化。相比之下，资源的超级丰沛允许个体放松身心并以低认知控制漫步徜徉(见本书第 1 章、第 2 章、第 5 章和第 7 章)。在不同形态的社群中，人们打着不同的算盘。资源匮乏有限意味着预算紧张，需要精打细算(高认知控制)，以确保资源得到有效分配。资源超级丰沛的环境使你认为采用低认知控制和粗略估算即可应对，并不需要精打细算，进一步讲，资源的丰沛让你认为可以对之肆意挥霍。

根植于人情的撒娇之理性

The Favor-Based Rationality of Sajiao

　　要想理解撒娇，我们需要将中国的"人情社会"(Hwang，2012)作为背景进行分析。"人情社会"是中国传统的交往模式，它依照"资源越消耗，就有越多资源可供消耗"(Katz & Murphy-Shigematsu，2012，p.54)这一协同型社群的设想而运作。我认为(见本书第 1 章)，协同型算法和以资源匮乏为基础的算法，分别对应关系型和非关系型认知。这两种算法中国人都会用到，而何时运用哪种算法则取决于彼此是有关系(圈内人)还是无关系(圈外人)。梁觉和邦德(Leung & Bond，1984)研究发现，分配奖赏(award)时，美国学生倾向以个人付出的努力为标准，这反映出资源匮乏有限的社群中追求公平、精确的算法；而香港学生仅在对圈外人分配奖励时以个人努力为准，在圈子内他们更倾向采用不带精确区分的算法——不计功劳，平均分配，这反映出协同型社群之低认知控制的特性。不去斥斤计较，或用中国人更具画面感的语言表述："睁一只眼，闭一只眼"，有益于强化圈内凝聚力。这一点从赵志裕（Chiu's，1990）的研究中得到支持，该研究发现，香港大学生中，奖赏的平均分配（集体项目中每个人都获得相同成绩）与个人对团体凝聚力的感知水平呈显著正相关。

挥霍人情。基于匮乏的理性以资源有限性原则对一切精打细算。例如，时间有限——交接是一次性的来往，那么双方都希望交接的结果完全公平、不偏不倚。相比之下，协同型的理性认为资源——包括时间——都是用之不竭的。例如，强关系社群中长期、稳固的人际关系确保交接可以反复发生；在这样的环境下，时间和往复交接原则上都是无限多的，个人的损耗与获益最终将彼此抵消，达到平衡。因而，在处理交接平衡这一议题时，两种理性会采取完全不同的策略：基于资源匮乏的理性依赖精确计算，力图将一次性交易的来龙去脉把握得清清楚楚；协同型理性则以模糊的逻辑和隐性的推理来处理往复循环之交接的总体平衡。协同型理性的松散算法支撑起一种亏欠性的关系，它容许非对称、不平衡的交接存在。用贝德福德（Bedford，2011）的话来说："维护关系的方式在于积攒人情、让他人常常感到欠你的人情。"(p. 152)

基于人情亏欠的交接包含对称性破缺与对称性重建（见本书第 1 章）（Bolender，2010）两部分。在对称性破缺中，资源输出者拥有足够的资源（如社会资本——面子）并将资源挥霍给他人，使他人成为人情的亏欠者。一旦发生亏欠，对称性重建即开始运行，因为亏欠人情者会感到有义务去纠正这种人情失衡或非对称性。在心理上，对亏欠人情的觉知(awareness of indebtedness)在感激的情感/动机系统中非常关键。正如社会学家林南(Lin，2001)指出的，当资源输出者不要求或不强调即刻的资源回馈时，亏欠人情者常会永远心怀感激。

偿还亏欠的人情时较常用的策略之一是为施予者增加社会资本，譬如面子。这符合协同型社群的算法，即"你施予资源(如面子)越多，就有更多资源可供消耗"(Katz & Murphy-Shigematsu，2012，p.54)。为了加以说明，请看下面一则中文博客"老板，你能请我父亲吃饭吗?"所述的逸事：

一位刚刚毕业迈出大学校门的年轻人进入苏州一家外贸公司从事基层工作。他的父亲决定从家乡到苏州看望——看看他过得怎样，有没有朋友，住在哪里，等等。但年轻人在这座刚刚落脚的城市并没有什么朋友。他回想起母亲去世后，父亲一手把自己拉扯大；回想起儿时父亲如何骑着自行车载着他走街串巷卖豆腐……年轻人希望能让父亲对他的新生活放心，但是怎么办才好呢? 因为没有可以倚靠的朋友，年轻人最后决定向老板求助。忍受着极度的紧张和尴尬，年轻人询问老板能否带他父亲去吃顿饭。出乎年轻人的意料，老板不仅一口答应了吃饭的请求，甚至还给予了更多帮助——年轻人的父亲到达后，公司派出专车，把他接到一家豪华酒店，又和公司中层管理人员在高档餐厅共进了丰盛晚餐。不仅如此，公司还给了年轻人几天假期，提供专车，让他带着父亲在市内观光。父亲离开苏州后，老板召开公司员工大会解释他为何如此帮助年轻人："公司不仅是工作的地方，也是个大家庭，是每个员工彼此关心、爱护的大家庭。公司除了竞争、盈利和发展，还应该有寻常家庭的温暖，这才是个好集体，一个能永远朝前走的集体。"老板说得没错，这家公司在 2009 年全球金融危机中依然持续发展，保持盈利。时至今日，年轻人已升职为业务经理，并给每位新入职员工讲述他自己的故事："真情的力量胜过一切。"

根据对称性理论（见本书第 1 章），这则博客的主旨是：一位独自在陌生大城市工作、社会资本极为匮乏的年轻人，向老板请求借用一些社会资本——面子与赞许，用来满足远道来探望的父亲的期望。老板给足了年轻人及其父亲面子和赞许——这远远超过老板与年轻人之间的工作关系本身所承载的人情。为了修正这种不平衡之交接的非对称性，作为亏欠人情的年轻人竭力宣传他从老板那里所获的人情，进而使老板的声望大大提高。林南（Lin, 2001）指出，这是亏欠人情者在亏欠性交接中为维持关系（换句话说，重建对称性）较常使用的一种方法。

人情的算式不寻常
The Strange Math of Favor

作为对社会资本的一种投资，人情有一个奇怪的计算公式——其数量似乎从来都不均等。正如贝德福德和黄淑玲（Bedford & Hwang, 2013）指出的，"人们不是因为有关系而求情；他们求情或在对方开口前就给予人情，目的在于制造更多的'关系'"（p. 306）。基于人情亏欠、非对称性的交接之所以能持续不断、循环往复地运转，完全取决于它的内在动力——人们力图重建关系中的对称性。贝德福德等人(Bedford & Hwang，2013)指出："人情往来建立关系之原因在于'做个人情'让对方感到亏欠人情，因此制造出关系。只要欠下人情，两人间就有了关系。"(p. 307)这样一来，亏欠的人情越多，即非对称性越强，关系就越深。这个道理来自混杂性关系(mixed ties)。

混杂性关系的理性。混杂性关系的理性是平等匹配(见本书第 1章)(Hwang，2012)。平等匹配之一报还一报的理性(Fiske，1991)可见于灵长类动物患难相助的行为之中。已有很多研究(例如，Cheney，Moscovice，Heesen，Mundry，& Seyfarth，2010)表明，灵长类动物发出"求救"信号时，它的亲属都会赶来帮助；施救行为并不受双方近期交往经历的影响，正如强关系社群的理性所言，"因为我们是一家人"。相比之下，在无亲缘关系的灵长类动物之间，是否施救取决于双方关系的近期质量，如是否曾互相梳理皮毛或彼此发生冲突，前者激发施助行为，而后者则不会。同样的原则适用于黄光国(Hwang，2012)提到的混杂性关系(见本书第 1 章)，其中互惠的平等匹配原则，即"你帮我挠背，我也会帮你挠背"的原则，是决定有需要时是否能获得他人帮助的关键因素。在这种一报还一报的理性下，非平衡或非对称性若得不到修正，失衡的交接就成了摧毁关系的重大威胁。

黄光国(Hwang，2012)进一步指出，对于家庭成员间的血亲关系与朋友间的混杂性关系来说，二者间存在着一道几乎不可逾越的鸿沟；而朋友关系和与陌生人关系，其间的界限则可以穿透。这意味着混杂性关系具有不稳定的特性——朋友几乎不可能变成家庭成员，却总有可能变成陌生人。因此，在混杂性关系中，为了维护关系，不至沦为陌生人，人们往往具有重建对称性的动机。所以不平衡的、基于人情亏欠的交接之所以能够有效推动关系维护，其关键在于混杂性关系特有的敏感性和内在动机。

然而，亏欠人情不仅仅是冰冷的算计，它也有情感成分：

> 纯粹的经济往来是冰冷的，一笔笔算得一清二楚；社会交往则带有"人情味"。在贸易中，大家相互欠下人情债，再相互报答，一来二往中，双方都有一种温暖的感觉。人情的内涵丰富而又模糊。交往双方心中都有一杆看不见、摸不着但却实实在在感受得到的感情天平，在大原则和方向上保持人情债务平衡。（Zhou，2012，p. 85）

亏欠人情的情感层面是感激之情（Emmons & McCullough，2003）。

沐浴于感激的阳光之中
Basking in Gratitude

感激是一种道德性情感（McCullough，Kilpatrick，Emmons & Larson，2001）。中文里的"感激"是"感"的另一种复合形态："感"和"激"的复合。它蕴含着对亏欠人情的敏感性和反应性。

由于人们的敏感性不一，亏欠人情造成的影响不一定与人情的实际收支成比例。在协同型社群中，小投入可以生成大产出（Katz &

Murphy-Shigematsu，2012)，回馈与人情之间越不成比例，感激之情就越显著。正如一句中国谚语所云："滴水之恩，涌泉相报。"(另一翻译，见 Bedford & Hwang，2013，p.299)可见，及早发展出人情往来方面的敏感性和反应性非常重要，这甚至可以从童年的撒娇做起。

撒娇可以培养、训练感激之情，然而并非通过教人如何去说"谢谢"，而是教授比说谢谢更基本的东西：撒娇培养了谢意背后之最早、最原初的情怀，因而孩子长大以后才能表达谢意。对人情亏欠的敏感性和反应性起始于摇篮之中。童年培养出撒娇的两个必要成分——承认对他人的依赖(acknowledging dependency)以及对非对称性关系有关爱性的联想。

撒娇：陶醉于非对称性之中
A Celebration of Asymmetry in Sajiao

撒娇有两个含义——"亲密"与"从属"(Farris，1994，p.14)。由于撒娇的亲密体验依托于亏欠人情，因而撒娇是一亏到底的。但是亏欠在撒娇中的运作方式却与其在混杂性关系中的运作完全不同。

混杂性关系(mixed ties)中的人情亏欠必然伴随着焦虑，但撒娇中的人情亏欠却没有。其差别取决于两类关系本质上的不同。撒娇发生在家庭内的表达性关系(expressive ties)中，不会出现于毫无亲缘的混杂性关系中(Hwang，2012)。根据对称性理论模型(见本书第1章图1-1)，在对称性亚组由上至下的排布中，表达性关系高于混杂性关系，这意味着前者具有更多对称性，因此表达性关系对对称性破缺的容忍度和安全感要比混杂性关系高得多。由于混杂性关系容易受对称破缺影响而变得不稳定，所以全力以赴重建对称性以期维护人际关系是一项重要的任务；但这样一来，关系中的"情"就被喧宾夺主了。相比之下，"情"在撒娇中占据主导地位，非对称的关系值得玩赏而无需修正。情感占据主导地位必然导致较低的认知控制（见本书第 2 章、第 5 章和第 7 章）——撒娇让关系中的各方都从认知控制中解放出来、休息片刻——我们是在玩耍，而非算计或工作。

在撒娇中，非对称性的建造者是孩子，因为他们会诱导长辈给予他们百般恩惠。为了肆意享受非对称性，撒娇以最坏的行为表达，期待最好的结果。撒娇时人会表现出比正常行为更糟的样子，特别是自私和幼稚。自私体现在不择手段地向他人索取恩惠，幼稚则通过怨怒的情绪来表达。

宠坏了的孩子。在西方论调中，集体主义文化下个体是否可以"迎合"他人——与他人处好关系(fit in)是一项非常重要的能力；这种说法又认为，在集体主义文化中个体为了与他人和睦相处，必须抑制个人的需要和感情。然而，中国文化却为自私(selfishness)保留了空间——自私被认为是不成熟的标志，是年幼晚辈的特权。这个特别为年幼与稚嫩保留的自私空间就是撒娇。撒娇一词指那些被宠坏的小孩子的行为，又可引申适用于年轻女性，专指她们满是孩子气的调情方式。

撒娇包含对他人的肆意摆布。这一点反映在撒娇一词的含义中。法里斯(Farris, 1994)认为撒娇是"以从属性身份来哄人的语言模式"，这种策略儿童与成人都会用到(p. 13)。撒娇也指"被宠爱的孩子或年轻女子为索取物质或非物质好处，向不情愿的听众装扮可爱的任性或耍脾气"(p.13)。法里斯(Farris，1994)指出"儿童早早就学会通过撒娇获取他们想要的东西，而且知道这种行为被称为什么"(p.18)，如"可爱"或"淘气"。

撒娇者在撒娇时会用"儿语(baby talk)"的形式表达不满之情(p.16)。它用一些助词表达语气和声调："吧"是温和命令的助词之一，如"来吧，让我们……"；"嘛"表示恳求的语气，让要求变得软化，如"好不好嘛!"当丈夫打电话说他不能回家吃晚饭时，年轻的妻子撒娇地说："我已经做好晚饭了啦!"(p.19)儿语式的言语将怨怒的情感合法化地表达出来，正如生气式的撒娇会被视为幼稚而非不当的情感表达方式。

然而，撒娇的重点并非自私自利或想方设法摆布他人，而是那个容纳它的情境——亲密关系。所以，年幼的孩子可能在父母面前表现得像被宠坏的宝贝，在老师面前不一定会，而在陌生人面前则绝不会如此。年轻女性也可能只有在伴侣面前才会选择性地幼稚一下。这种有意的退行行为并非为了强化自我，而是为了强化关系。有关这一点，词典中对"撒娇"的定义是绝佳的说明："撒娇是依托于宠爱之情的放肆。"(Farris，1994，p.13)这不禁让人联想到日本文化中的"甘え"(amae)。

唤起母性法则
Invoking the Maternal Order

法里斯(Farris，1994)指出，中文"撒娇"与日文"甘え"是两个非常相似的概念，两者都有赖于他人的好意。日本精神分析师武藤秀

(Doi，1981)认为，"甘え"是日本人特有的性格——需要讨好和依赖周围的人。"甘え"是名词，其动词形态是"甘える"（amaeru）。武藤秀用"甘える"来描述"试图诱导权威人物——父母、配偶、老师或主管——来照顾自己"的行为。表达"甘え"的人会乞求或恳求，抑或表现得自私自利，同时确知照料者足够宽容，能够容许自己的放纵。基于武藤秀的研究，博拉斯（Bollas，2013）提出，"甘え"建立在一种信念之上，即"每个人都有权利被对方潜在的母性所爱"（p.120），由此而来的行为会唤起对方的母性原则。

母性法则（maternal order）是一种抚养呵护式的关系。它是亲子依恋的特征，也与心理治疗中的咨访关系相类似，如罗杰斯所谓的无条件积极关注。然而，"甘え"和"撒娇"中的母性原则却有其特殊之处，即强调不平等的交接——关系中的一方可以容忍对方放纵。若以对称性理论来看（见本书第1章），放纵凸显出极大丰富的对称性，甚至足以承受由对方为所欲为的自私所造成的对称性破缺。

富裕与自我放纵的任性之间是否存在关联？这个假设得到了埃米莉·比安基（Emily Bianchi，2014）的实证研究支持。她发现，经济富裕与自恋型人格特质之间存在正相关。自恋者在考虑问题时仅从自己的利益出发，其特点为以自我为中心、自大和自负。然而，撒娇却与此类被惯坏的孩子完全不同。

自恋与撒娇这两种倍受娇惯的孩子，其区别在于他们处在两种不同形态的心理交接之中——心与物交和心与心交（见本书第1章）。在心与物交的情境下，物质上的丰富促成放纵的生活，继而放纵滋生自恋的品格。但在心与心交的情境中，母性法则的丰富养成了放纵的孩子。但是在心与心交、注重关系的情境中，宠坏了的孩子明白他处于从属地位。撒娇背后的理性——"我受的宠爱并非理所应当属于我，而是别人施予我的恩情"——将个人主义社群基于权利的推理论证完全颠覆。撒娇的孩子并不认为自己的所有是应得或靠自己的本事赚来的，因而能深深地体会到自己对有心人的依赖——唤起母性法则的关键在于人之有心。

有分寸的退行行为

Regression with Discretion

在非关系型环境中，被宠坏的孩子常常不问自取。相比之下，在撒娇情境下被宠坏的孩子会先求再取——尽管他不一定用成人或成熟的方式表达自己的需求。在非关系型环境中，被宠坏的孩子常常依赖暴力，如欺凌、发脾气和威胁来获取想要的东西。相比之下，撒娇情境下被宠坏的孩子喜欢运用表达从属性(subordination)的策略——乞求或恳求——来索取。换句话说，撒娇使用个人魅力，而非暴力。

幼稚的动作，如撅嘴、哼唧、闹脾气、摆布他人等，为何如此有魅力？因为情人眼里出西施！只有在充满爱意之人的眼中，被宠坏的孩子才是惹人怜爱的。因而，撒娇、调皮捣蛋是以存在可撒娇之对象——能体现母性法则的有心人——为先决条件的。这就是为什么儿童在撒娇时需要调动分辨能力，包括分辨"在何种社会情境（亲密、熟悉），以何种社会身份（年幼、女性）去撒娇是合宜的"(Farris，1994，p.18)。

至于年轻女性，他们主要在择偶游戏(mating game)情境下撒娇。年轻女性会俏皮讨宠，用以确保 a. 只有在她行为不当时还能欣赏她的人才是好配偶；以及 b. 将浪漫关系建立在感激之情上。已有大量实证研究表明，感激之情能够促进人际关系（Algoe，2012），特别是对浪漫关系的忠诚度有促进作用（Algoe，Gable & Maisel，2010）。阿尔贡、海德特和盖布尔（Algoe，Gable & Maisel，2010）指出，感激之情的作用在于将我们的注意导向有高素质潜能的伴侣，并可促进双方结合得更为紧密。与该论点一致，有研究者发现，感激和欣赏之情是中国人婚姻亲密感的重要组成部分(Li，1999)。

儿童和年轻女性可以享受撒娇的乐趣，那成年的男性又如何呢？接下来，我将探讨一种中国台湾地区常见的男性社交活动——它是男性的成年礼，也是撒娇游戏的一种重要变体。

喝花酒：自我的退行[①]

Regression in the Service of the Ego: Males' Flower Drinking

"喝花酒"（flower drinking）是中国台湾地区常见的一种社交活动。贝德福德和黄淑玲（Bedford & Hwang，2011）将之定义为"酒吧（夜店女招待）中的酒类消费，常与卖淫相结合"（p. 82）。由于有"去

---

① 本部分介绍了新加坡南洋科技大学贝德福德和黄淑玲所做的关于中国台湾地区商业关系建构的心理和社会发展的研究，他们的研究主题关注亚洲文化心理学研究，特别是在中国台湾地区，与黄光国等著名学者合作，发表多篇著名论文，通过社会学、文化心理学视角描述和解释当地民俗与社会现象。具体可见：

Bedford, O., & Hwang, S. L. (2013). Building relationships for business in Taiwanese hostess clubs: The psychological and social processes of guanxi development. *Gender, Work & Organization*, 20, 297-310.

Bedford, O., & Hwang, S. L. (2011). Flower Drinking and Masculinity in Taiwan. *Journal of Sex Research*, 48, 82-92. ——译者注

酒吧才算男子汉"(p.84)这种观念，许多台湾男性自十几岁起就开始出入这些场所。而对于台湾成年男性来说，有时到酒吧消费是其工作业务的一部分，"喝花酒普遍被认为是台湾做生意的重要环节"(p.83)。以下我的论述主要围绕贝德福德和黄淑玲(Bedford & Hwang，2011)的研究展开，另有说明处除外。

喝花酒的作用之一是使台湾男性获得自我提升(self-enhance-ment)①。研究者访谈的几个案例可充分反映出这一点：受访者谈道"他们去喝花酒是为了体验'做皇帝的感觉'，酒吧就像一个加油站，女招待把他们的男子汉气概充得满满"(p.90)。"和女招待调情能满足男人的虚荣心，所以每当有了钱，他们就到那里做一回主雇。"(p.88)而自我提升(挣面子)的做法之一便是向他人赠送奢侈的礼物，包括女性。这里有一个例子：

我认识一个人……他以前是台湾的一个大佬。每次来酒吧的时候都会包下整场，酒吧就不再对外营业，五六十位女招待就只陪着那几个人喝酒……为了有面子，他搞得一次比一次夸张、一次比一次奢侈。也就是说，为了享受"有面子"的感觉，他花钱一次比一次多。(Bedford & Hwang，2013，p.304)

这则报告可以纳入当下关于亚洲人是否有自我提升的争论。海

---

① 自我提升(self-enhancement)：一种动机，一些人通过它使自己自我感觉良好和保持自尊，在自尊受威胁、遭遇失败或遭受打击时较多见。调动自我提升动机时，人们更倾向于接受正面的自我概念。参考文献：Sedikides, C. , & Strube, M. J. (1995). The multiply moti-vated self. Personality and Social Psychology Bulletin, 21(12), 1330-1335.——译者注

涅和滨村武(Heine & Hamamur，2007)认为业洲人并不注重自我提升，塞迪基德斯、格特纳和户口爱泰(Sedikides，Gaertner & Toguchi，2003)则认为自我提升普遍存在。我认为争论的双方在某些方面都是对的，详情如下。

我们可以使用撒娇游戏的概念来分析台湾男性在酒吧里的自我提升。对于男孩子来说，撒娇游戏有这些规则。

a. 他占了好心人(benevolent other)的便宜，后者允许他：

①无拘无束，没有顾忌；

②沉湎在"低级"冲动之中；

③通过他人爱慕的眼光获得自我价值。

b. 在玩这种自我放纵的游戏时，他保持着分辨能力。

然而，由于喝花酒发生在混杂性关系里而非家庭之中，这就造成撒娇游戏存在一个重大的修改，即好心他者被分裂为两个角色——服侍你的女招待和为你支付风月场全部费用的老板。这两类好心他者对应撒娇游戏的两个组成部分：女招待负责上文 a 中包含的活动，它涉及自我提升的两个基本元素——感觉良好和修复自我。老板负责上文 b 中所述的活动，这涉及自我控制和分辨能力的运用。

不被宠坏就不是男子汉
How to Be Spoiled Like a Man

让客人尽情放纵是女招待服务的要诀。

舒爽、开心和放松。酒吧是占"好心他者"便宜的地方。一位受访的销售专员说道："我在酒吧花了这么多钱，就是想开心一下，要彻底爽一下。"（Bedford & Hwang，2011，p. 88）。如果赶上大老板请客，为所有的消费买单，那么抓紧时机，免费占女招待便宜，既是占了双份的便宜，也就让舒爽翻倍，正如一位受访者在贝德福德和黄淑玲（Bedford & Hwang，2011）的研究中所说："分文不花（上司请客或因公前往）地被女人勾搭和奉承，既放松又开心。"（p. 87）

在低级冲动中放纵享乐。女招待既陪客人喝酒，也和他们玩性爱游戏，如"亲吻、抚摸"（p. 83）等。然而，性本身并非这一切的关键。一位受访的销售经理这样说："我花钱是为了买个乐子，不是为了性。如果只是为了性，我才不会花那么多钱，我会包个女人……"（p. 88）女招待的真正服务在于吹捧、奉承客人。

在好心他者面前修复自尊。"昨晚做皇帝玩得开心吗?"（p. 88）是人们调侃那些经常光顾酒吧的之人的常用语。一位军官说："男人在工作中经常被上司贬损，自尊受挫，所以他们来找女招待，有她们陪酒能修复自尊心。"（p. 88）这位受访者还说道："只有在酒吧里，一个男人才能体验到强烈的尊严感。"（p. 88）那么，女招待又是怎样修复男人自尊的呢？

一位受访者拿打篮球和找女人——这些都是男人喜爱的活动——做了个有趣的类比，他更喜欢后者："一些男人喜欢打球……但大多数男人更喜欢去（酒吧）找女人。"（p. 88）打球和找女人有何区别？女人是活的，而球不是，她们善解人意，能体贴你的心思。特别是高档酒吧的女招待，她们招待男人的悠久传统可以追溯到古代对艺妓的训练——成为男人思想上的知音。在古代中国社会，大多数女性都未接受教育："只有艺妓学习琴棋书画。凭借这些技能，她们才能成为上流社会男人的知音。"(p. 89)

一位销售专员描述了一段亲身经历来说明女招待的善解人意：

即使你带着糟糕的心情走进酒吧，小姐们总是对你笑脸相迎……你想抽烟，她立刻给你点上；你的酒杯空了，她马上为你满上。坐在她旁边你能感到被尊重。现今的女孩子们又怎样？如果你想要什么，（她们只会说）自己去拿。(p. 88)

这些善解人意的社会正念技能(见本书第 3 章，Van Doesum, Van Lange & Van Lange, 2013)创造了一种幻象，"女招待奉承他，是出于她尊重他的社会地位和个人品质，与能拿到多少报酬无关"(Bedford & Hwang, 2011, p. 90)。虽然这种受敬重的错觉会让人飘飘然，但它也会被另一种顾虑冲淡——老板就在旁边看着。

有分寸的放纵
Indulgence with Restraint

分辨能力不仅对被娇宠的孩子非常重要，对于出入女招待俱乐部的男人们也是如此。正如贝德福德和黄淑玲(Bedford & Hwang, 2011)简洁明了地概括："能力决定地位。"(p. 90)那么，一个合格的生意伙伴需要具备哪些能力呢？

必要的技能包括：不会和女招待坠入爱河，不把游戏和真情混为一谈，纵情豪饮但张弛有度，玩得开心尽兴又不会身陷其中，不会挥霍太多以致影响家庭生活。对于所有男人来说，最核心的技能就是克制。(p.90)

克制对上流社会的男人来说尤为重要："除花钱外，他们几乎在任何方面都要保持克制。"(p.90)自我控制能将上流社会的男性与那些初入风月场和下层阶级的顾客截然区分开来。对于后者而言，自我控制并不特别重要。自我控制的例子之一就是"既能出来玩，也能尽责顾家"(p.89)。一位老者回忆说，年轻时他曾做矿工，"我一天赚的钱够三天开销。我拿一份钱去茶楼(女招待俱乐部)享受，另两份拿回去给家人用"(p.89)。

最后，喝花酒通常是一项集体活动。

男性间建立亲密关系的仪式。男人很少独自去女招待俱乐部。研究者指出，去女招待俱乐部首当其冲的原因是"大家一起去乐一乐(group excitement)"(p.86)。男人们在酒吧里的众乐乐，或涂尔干(Durkheim，1995)所谓集体意识欢腾，是借助沉湎于酒色的集体退行来建立男性之间的亲密关系。一位受访者在贝德福德和黄淑玲(Bedford & Hwang，2011)的研究中谈道："为了巩固彼此关系，男人要一起去做坏事。"(p.88)正如另一位受访者所说："这些场所对男人来说是必需的。这里可以放松、随心所欲、放下心里的防备。在这里我们想聊什么都可以。"(p.87)

除了众乐乐之外，喝花酒也是一种男性的成人礼。贝德福德和黄淑玲(Bedford & Hwang，2013)指出："受访者不仅以个人，还以男人的身份一起喝酒强化关系。"(p.308)在这里我想对什么是"成熟男人"做补充。这种情境下成熟的标志在于分辨能力，因为喝花酒是对分辨能力的重大考验。

偿还人情的时间点
The Payback Schedules of Favor

与动物王国中的择偶压力（McKeown，2013）类似，喝花酒也是一个决斗场，男性在其中竭力展示自己可以成为可靠生意伙伴的优势。贝德福德和黄淑玲（Bedford & Hwang，2013）指出：

> 女招待俱乐部里的觥筹交错、花天酒地，可以作为强化情感联结的手段，同时也是评估和展示品性与应酬能力的手段。成功地表现恰当形象对于建立圈内关系至关重要。倘若表现失当，既丢面子又消损关系。（p.308）

是否能成为可靠的生意伙伴，展示分辨能力是关键所在——这绝不是一个简单轻松的任务。喝花酒是退行和自我控制的矛盾性结合体——前者在于肆意放纵和享乐；后者则对工作，特别是职业发展至关重要。那么，如何将前者与后者区分开呢，何况还是在酒精的作用之下？

如何处理这项难上加难的任务，其关键在于辨别和区分真实与非真实情感的能力。源自酒色、感官刺激生成的愉悦和情感被认为是不真实的，因为这些都围绕着"玩"这个字。相比之下，生意伙伴在交往互动中生成的情绪/情感则真切实在。这种真情与非真情的区分，恰恰对应于圈内与圈外的划分(见本书第 1 章)。"真情"在男人的圈子内，即相似他者之间发展，而任何因"玩女人"而发的情绪/情感都被划为不真实，因为女人是不相似的他者，是圈外人。因此，绝不能混淆自己对这两种关系的感觉。想象一下，如果女招待让一个男人开心、感到有面子和男子气，这个男人若因此对她心怀感激，这样的大错特错将会造成什么样的后果？这实际上是没分清谁是真正的"好心他者"——是为你在酒吧逍遥买单的老板，还是为了赚钱而对你甜言蜜语的女招待。因为情绪/情感是有限、重要的资源，这种混淆无异于搞错投资方向。因此，分辨的关键在于能够理解微妙的人情往来的规则。正如贝德福德(Bedford，2011)所说，"感情(一般的情感，尤其是温情)只能通过人与人的交往才可发生发展，这就是为什么人情往来如此至关重要"(p.155)。

　　人情的算法也许可以概括如下：在人情往来中，回报的时间点非常关键；真实的情感和关系可以根据回馈人情的延迟期来衡量——延迟期越长，情感、关系就越真。在强关系环境中，圈内人包括家庭成员间的表达性关系和朋友之间的混杂性关系(Hwang，2012)；与圈内人相反，圈外人是不相似的他者，诸如女招待——她们是男人的玩物。贝德福德(Bedford，2011)指出，"在家庭成员之间，人情无须回报，对非家庭成员欠下的人情则必须偿还。"(p.150)，因此，对属于表达性关系的家庭成员来说，回报的延迟期最长(不需要回报)；对于圈外人施予的帮助或人情，回报的延迟期最短——应即刻、精确地回报。客人与女招待之间的关系之所以不真实，是由于无延迟的偿付，正如贝德福德(Bedford，2011)所说，

"即刻回报可被视为断绝关系"(p. 152)；至于朋友和商业伙伴的混杂性关系，延迟回报的时间逐渐延长，以匹配情感联结（关系）的缓慢构建："生意场上，关系慢慢发展，细水长流，不去计较究竟收益几何。"(Bedford，2011，p. 154)

结　语

Summary with Some Concluding Observations

撒娇是感激之情的启蒙之一。通过撒娇，孩子学习到两种价值观念：①在好心他者照料下，冲动得到满足，孩子获得快感；在好心他者充满爱意的注视下，孩子的自我价值感沉淀充盈；②非对称的关系强调了人情亏欠和感激之情。在年轻女性的择偶游戏中，这种撒娇仪式又重新上演。对于男性来说，喝花酒是一种成人礼，它对撒娇的原始成分做了重大的修改——满足冲动和被人爱慕的快感退行为即刻性的消费和享受服务；通过辨别①中短暂的快感和②中持久的感激，喝花酒的男人对上司的亏欠和感激之情得到深化。

正如前文所述，真情与非真情的区别在于回报人情的时限。为了详尽说明这一点，我援引"情感是行为受挫之产物"理论。尼娜·布尔(Bull，1951)提出，当躯体反应被延迟时人就会感受到情绪/情感。举例来说，若流泪哭泣等躯体反应遭到延迟，个体就会体验到悲伤。根据这个理论，亏欠人情后，若偿还的冲动因延迟而受挫，我们就会体验到感激之情。因此，对女招待的服务给予即刻回报，个体就不会生成任何感激；对于家人，回报的冲动几乎完全受挫，

强烈的感激之情因此油然而生，甚至持续终生；对于生意伙伴，其
关系既不像家人般紧密也非圈外人那样疏远——在这种混杂性关系
中，最佳策略是尽可能延迟他人偿还人情的冲动，以积蓄感激之情。
延迟回报需要耐心，而耐心是延迟满足的根本要素。延迟回报可以
放在付出与收益的框架中分析：忍受短期的付出（克制即时获得回
报的冲动，忍耐因亏欠而生的不安，等等），以期获取长远收益（持
久的关系）。

　　*短期付出，长期收益。*为了将来的收益而克制当前的暂时满足，
这项能力受到西方心理学广泛的关注，意志力、自我控制和自我调节
等领域都对延迟满足进行了大量实证研究(Metcalfe & Mischel，1999)。
沃尔特·米舍尔(Mischel，2014)及其同事的研究可谓是有关延迟满足
最著名的研究之一。在这个当今广为人知的棉花糖测试中，幼儿有两
种选择：①立刻获得一小份棉花糖作为奖赏；②选择等待一段时
间——约十五分钟，就能得到两份棉花糖；在这段时间里，测试人员
离开房间，然后返回。研究人员根据纵向追踪数据发现，为获得更多
报酬能够持久等待的孩子大多在成年后有更好的发展，如取得更高的
SAT 分数，接受更高的教育，身体健康状态更佳等等。

　　对于小孩子们，西方心理学强调延迟满足，而撒娇理论却对此
有着完全不同的解读。后者认为，满足即刻的冲动并不糟糕，只要
孩子们能就此习得感激之情。撒娇背后的逻辑在于，感激之情会强
化自我控制，而自我控制是成年人延迟满足的关键。这种想法已得
到一些实证研究支持。

　　首先，意志力以外还存在其他因素也会影响儿童是否等待未来

奖赏。为了弄清这一点，基德、帕尔梅里和阿斯林（Kidd，Palmeri &
Aslin，2013）修改了棉花糖实验，他们将儿童分为两组：一组在测试
之前先经历承诺被打破的情境（"承诺不可靠"组），第二组在棉花糖
测试之前先经历承诺被兑现的情境（"承诺可靠"组）。在第二次棉花
糖奖赏出现前，"承诺可靠"组儿童的等待时间比"承诺不可靠"组儿
童长四倍。顺着这个思路去看，撒娇恰恰表明的是，让孩子感到被
爱与被呵护并无坏处——安全型依恋会强化他们的等待能力。米舍
尔（Mischel，2014）的研究也印证了这个观点，即来自完整家庭的儿
童表现出更优秀的延迟满足能力。但从中国人的角度看，撒娇不过
是替感激之情铺路，而感激之情正是付出短期牺牲以便在关系中获
得长远收益的核心动力。

感激之情与延迟满足之间的联系也得到了进化论支持。特里弗
斯（Trivers，1971）指出，为了获得未来的收益，人们必须接受短期
内资源的支出——在此，感激可能是互惠利他行为的直接动因。以
这一思路为起点，迪斯蒂诺等人（DeSteno，Bartlett，Baumann，Wil-
liams & Dickens，2010）研究并发现感激能促进"虽然当下吃亏但可
建立未来长期合作"的行为。

*迈向自我控制的情感通路。*综上所述，实现"抑制当前之冲动以
便投资于长远之收益"的目标，有两种对立的路径：意志力与感激之
情。我们知道，意志力有一个弱点，即它会消耗能量，所以有亏缺
之时（Vohsetal，2008）。相比之下，感激之情可以持续一生，特别是
在行为冲动无限期受挫的情况下。这表明使用情感去调节情感是可能
的（更多详细讨论，见本书第 10 章）。具体来说，一方面回报亏欠的冲

动被延迟生成了感激之情；另一方面，感激之情又能够缓和因延迟满
足而生成的受挫、焦躁等不快情绪。这个理论猜想得到了迪斯蒂诺等
人(DeSteno，Li，Dickens & Lerner，2014)的研究支持。他们发现，感
激可以降低对延迟满足的难耐之感。这个发现的意义在于指出情绪/
情感本身可能就是另一种自我调节方法。这个方法不走意志力的路
径，所以无须调用高级认知控制(见本书第 2 章、第 5 章和第 7 章)，
也不需消耗能量。因此，研究结论是，在冷认知的理性决策(如费力
耗神的自我控制或意志力)之外，"还存在第二条可以战胜极度难耐
之感的路径。不仅如此，这个路径还可以凭借直觉，以自下而上的
认知加工轻装前行"(p. 1265)。

参考文献

References

Algoe，S. B. 2012. Find，remind，and bind：The functions of gratitude in everyday re-lationships. *Social and Personality Psychology Compass*，6，455-469.

Algoe，S. B. ，Gable，S. L. ，& Maisel，N. 2010. It's the little things：Everyday gratitude as a booster shot for romantic relationships. *Personal Relationships*，17，217-233.

Algoe，S. B. ，Haidt，J. ，& Gable，S. L. 2008. Beyond reciprocity：Gratitude and re-lationships in everyday life. *Emotion*，8，425-429.

Baumeister，R. F. ，Vohs，K. D. ，& Tice，D. M. 2007. The strength model of self-control. *Current Directions in Psychological Science*，16，351-355.

Bedford，O. 2011. Guanxi-building in the workplace：A dynamic process model of working and backdoor guanxi. *Journal of Business Ethics*，104，149-158.

Bedford，O. ，& Hwang，S. L. 2011. Flower Drinking and Masculinity in Tai-wan. *Journal of Sex Research*，48，82-92.

Bedford，O. ，& Hwang，S. -L. 2013. Building relationships for business in Taiwanese hostess clubs：The psychological and social processes of guanxi development. *Gender*，*Work & Organization*，20，297-310. doi：10. 1111/j. 1468-0432. 2011. 00576. x.

Bianchi，E. C. 2014. Entering adulthood in a recession tempers later narcissism. *Psychological Science*，25，1429-1437.

Bolender，J. 2010. *The self-organizing social mind*. Cambridge，MA：MIT Press.

Bollas，C. 2013. *China on the mind*. New York：Routledge.

Bull，N. 1951. *The attitude theory of emotion*. Oxford，England：Nervous and Mental Disease Monograph.

Cheney，D. L.，Moscovice，L. R.，Heesen，M.，Mundry，R.，& Seyfarth，R. M. 2010. Contingent cooperation between wild female baboons. *Proceedings of the National Academy of Sciences*，107，9562-9566.

Chiu，C.-Y. 1990. Distributive justice among Hong Kong Chinese college students. *Journal of Social Psychology*，130，649-656.

De Steno，D.，Bartlett，M. Y.，Baumann，J.，Williams，L. A.，& Dickens，L. 2010. Gratitude as moral sentiment：Emotion-guided cooperation as economic exchange. *Emotion*，10，289-293.

De Steno，D.，Li，Y.，Dickens，L.，& Lerner，J. S. 2014. Gratitude：A Tool for Reducing Economic Impatience. *Psychological Science*，25，1262-1267.

Doi，T. 1981. *The anatomy of dependence*：*The key analysis of Japanese behavior* (Trans. John Bester)(2nd ed.，first edition 1973). Tokyo：Kodansha International.

Durkheim，E. 1995. *The elementary forms of religious life* (Trans. K. E. Fields). New York：Free Press.

Emmons，R. A.，& McCullough，M. E. 2003. Counting blessings versus burdens：An experimental investigation of gratitude and subjective well-being in daily life. *Journal of Personality and Social Psychology*，84，377-389.

Farris，C. S. 1994. A semeiotic analysis of sajiao as a gender marked communication style in Chinese. In M. Johnson & F. Y. L. Chiu(Eds.)，*Unbound Taiwan*：*Close ups from a distance* (pp. 9-29). Chicago：University of Chicago Press.

Fiske，A. P. 1991. *Structures of social life*：*The four elementary forms of human relations*. New York：Free Press.

Heine，S. J.，& Hamamura，T. 2007. In search of East Asian self-enhancement. *Personality and Social Psychology Review*，11，4-27.

Hwang，K. K. 2012. *Foundations of Chinese psychology*：*Confucian social relations*. New York：Springer SBM.

Job，V.，Dweck，C. S.，& Walton，G. M. 2010. Ego depletion—Is it all in your head? Implicit theories about willpower affect self-regulation. *Psychological Science*，21，1686-1693.

Katz，R.，& Murphy-Shigematsu，S. 2012. *Synergy，healing，and empowerment*. Calgary，Alberta，Canada：Brush Education.

Kidd, C. , Palmeri, H. , & Aslin, R. N. 2013. Rational snacking: Young children's decision-making on the marshmallow task is moderated by beliefs about environmental reliability. *Cognition*, 126, 109-114.

Leung, K. , & Bond, M. 1984. The impact of cultural collectivism on reward allocation. *Journal of Personality and Social Psychology*, 47, 793-804.

Li, T. S. 1999. Construct and measure of marital intimacy(In Chinese). *Formosa Journal of Mental Health*, 12, 29-51.

Lin, N. 2001. *Social capital: A theory of structure and action*. London: Cambridge University Press.

McCullough, M. E. , Kilpatrick, S. D. , Emmons, R. A. , & Larson, D. B. 2001. Is gratitude a moral affect? *Psychological Bulletin*, 127, 249-266.

McKeown, G. J. 2013. The analogical peacock hypothesis: The sexual selection of mind-reading and relational cognition in human communication. *Review of General Psychology*, 17, 267-287.

Metcalfe, J. , & Mischel, W. 1999. A hot/cool-system analysis of delay of gratification: Dynamics of willpower. *Psychological Review*, 106, 3-19.

Mischel, W. 2014. *The marshmallow test: Mastering self-control*. New York: Little, Brown and Company.

Mullainathan, S. , & Shafir, E. 2013. *Scarcity: Why having too little means so much*. New York: Macmillan.

Sedikides, C. , Gaertner, L. , & Toguchi, Y. 2003. Pan cultural self-enhancement. *Journal of Personality and Social Psychology*, 84, 60-79.

Trivers, R. L. 1971. The evolution of reciprocal altruism. *The Quarterly Review of Biology*, 46, 35-57.

Van Doesum, N. J. , Van Lange, D. A. W. , & Van Lange, P. A. M. 2013. Social mindfulness: Skill and will to navigate the social world. *Journal of Personality and Social Psychology*, 105, 86-103.

Vohs, K. D. , Baumeister, R. F. , Schmeichel, B. J. , Twenge, J. M. , Nelson, N. M. , & Tice, D. M. 2008. Making choices impairs subsequent self-control: A limited-resource account of decisionmaking, self-regulation, and active initiative. *Journal of Personality and Social Psychology*, 94, 883-898.

Zhou, N. 2012. *The dilemma between money and life: A message from the DaoDeJing* (*in Chinese*). Beijing, China: Peking University Press.

Online Resources
http: //t. hexun. com. tw/20367218/30487805 _d. html

第3编

中 国 人 的 创 造 力

Chinese Creativity

在冯·诺依曼（von Neumann）提出的系统论中（Burks，1966），复杂性屏障（complexity barrier）是系统的特性之一。复杂屏障即系统复杂性的临界水平，若复杂性低于该水平，则合成（synthesis）能力衰减，易生成越来越简单的系统（simpler system）。若复杂性高于临界值，则系统合成力增强，可能导致爆炸式地合成越来越精细的系统（elaborate system）。主流心理学专注研究越来越简单的构成情绪的基本模块，较少分析复杂性不断增加的情况。有别于此，本部分将着眼于跨越复杂性屏障，聚焦于越来越丰富的精细合成。为了探讨创造力、美学以及意识延展（见 Sundararajan & Averill，2007）在中国人情绪/情感中的地位，接下来的三章将分别聚焦于隐逸者（solitude seeker）、品味（savoring）之技艺和开悟（enlightenment）而展开论述。

参考文献

· Burks, A. W. (Ed.). 1966. Theory of self-reproducing automata. Urbana, IL: University of Illinois Press.

· Sundararajan, L, & Averill, J. R. 2007. Creativity in the eve-ryday: Culture, self, and emotions. In R. Richards (Ed.), every-day creativity and new views of human nature (pp. 195-220). Washington, DC: American Psychological Association.

第 9 章

中国人的创造力： 隐逸及隐逸之追求者
Chinese Creativity, with Special Focus on Solitude and Its Seekers

导　言
Introduction

> 中国人的成就并不亚于希腊人，只是两者发展的方向不同。
>
> 让·埃尔·韦尔南(Jean-Pierre Vernant)(引自 Bollas，2013，pp. 8-9)

有关亚洲人缺乏创造力的谬传不幸得到许多实证研究支持(如 Bond，1991；Gardner，1996；Hannas，2003；Ng，2001)。然而这些跨文化研究存在一个重大缺陷，它们实际上是缘木求鱼——在错误的地方寻找亚洲人的创造力(Sundararajan & Raina，2015)。为了倡导对亚洲人创造力的研究应立足于本土知识，我将首先辨明中国人创造力的基本属性。而后，我会阐述这些原则在道家思想中的运用和体现，并聚焦隐逸生活以及那些追求隐逸生活的人们。特别是我认为，隐逸的心灵境界是一种精制环境(designer environment)，它是陶冶隐逸生活所需之情感技能的空间，也是对锻炼这些技能提出的挑战。对此，我将以司空图的诗句为例，阐明诗人/隐士的情感版图。

关系型认知与非关系型认知
Relational Versus Non-relational Cognition

对于如何展现创造力，中国人精于艺术，西方更侧重科学。这与双方分别专注关系型认知和非关系型认知相对应（见本书第 1 章）。正如福雅尔和梅克伦伯格（Forgeard & Mecklenburg，2013）所指出的：

那些致力于增进人们相互理解和心灵相通的创造者，其创作与创造往往更注重传播有关他人的思想、感受和关于主观体验的知识，旨在促进人际间的情感联结。与前者相反，致力于探索、推广和应用知识解决问题的创造者，往往以求知为目标，并不以求知为增进情感幸福或发展人际交往的手段。（p. 261）

福雅尔和梅克伦伯格（Forgeard & Mecklenburg，2013）提出了一种两轴四象限的创造力分类法：第一轴是传统的内在动机—外在动机谱系，这个轴反映了创造过程的属性。内在动机与学习志趣相关，外在动机与达成特定成绩相关。创造力的第二轴反映了创造活动的受益者服务于自我、服务于他人。第二轴反映的内容正是那些被主流心理学研究忽略的心理过程（Beghetto & Kaufman，2007）。中国人的关系型认知取向让第二轴对于我们的分析意义重大。动机取向与受益者两轴结合起来，构成了创造力的四象限分类，其中两个象限抓住了中国人创造力的整体方向：

　　①"内在—自我"取向：内在动机推动创造，并将自我作为创造力的预期受益者。这是成长型动机的特征，诸如"个人兴趣、心流体验(flow)、积极的情绪/情感、意义感、胜任感"都可归为此类。(p. 259)

　　②"内在—他人"取向：内在动机推动创造，并将他人作为创造的预期受益者。这是引导型动机的特征，如"教导他人或为他人树立榜样、实现导师的期望"(p. 259)。

　　以这个理论来看，中国人创造的特点在于注重创作者的自我成长与自我升华，创作者负有教导他人生活的艺术的责任。

没有创世神话的创造
Creativity Without Creator Myth

　　若非万物皆创造，则全然无创造。(Ames & Hall，2003，p. 17)

　　与希腊和印度文化不同，中国文化并不特别强调创世神话。这一点对中国人的创造力至少有两点影响：第一，并不需要翻天覆地、英雄式的创造叙事；第二，创造不需因果式的描述。

　　一场静谧的革命。主流心理学告诉我们，"反对主流、挑战多数"是革命式的创造力的标志之一（如 Sternberg，2006）。然而和谐性（harmony model）的创造并非如此。这种观点认为，创造需同时逆反和顺应潮流——恰如斜向渡河一般——并非逆流而上或顺流而下（Sabelli，2005）。在道家思想影响下，富有创造力的人往往远离人群，而非与大众作对——正如古代中国之隐士。

自我参照：创造力之关键。 中国的创造模式不是上帝造物，而是自然（Niu & Sternberg，2002）。自然就是自生自成，这种创造不需要因果式的描述。用郝大为（Hall，1978）的话来说："自我创造本身即其存在的有力成因。"（p. 277）因而，这种自然而然即"自我参照原则"（principle of self-reflexivity）。自我参照造成了创造与被造这种二分结构的崩塌（Sundararajan & Averill，2007）。根据自我参照原则，创造者本身就是创造的产品。因此，西方根据发明专利等标准来衡量产品品质的高下，而中国人在谈及被创造的产品时，长久以来都更看重创造者本身在精神上的升华（self-transformation）（Hsu，1966）。这种精神造诣往往依据艺术家个人的"境界"高低来衡量（Liu，1975；Wang，1977）。

我将通过分析道家思想来展示中国创造力的这些原则，并就道家思想对隐逸产生了何种影响做深入分析。

隐逸与道家思想中的创造力
Solitude and Creativity in Daoism

……创造需要独处，即忍耐寂寞的能力。（Feist，1999，p. 162）

　　道家的创造力源于隐逸生活，并受隐逸生活滋养。约有三分之一的中国古典诗词都在描写隐士，同时也都由隐士所作（Han，1998）。中国人对隐士有很多不同称呼：隐逸之士、得道神仙、山中宰相(有些隐士是皇帝的谋臣)、大隐于市，等等。当代中国依然有人追求隐逸生活，他们隐居在受古代隐逸者青睐千年的深山中，甚至有专门书籍(Porter，1993)和电影(Burger，2005)记述这些当代隐士的生活。

　　隐逸背后不变的动机是自我保护。

　　离群隐逸的动物模式。据《科学新闻》(*Science News*)报道(Milius，2013)，选择藏身自保的动物具有独特的优势：蝉的一生大部分时间都躲在地下。在地下生活 13 年或 17 年后，它们才会到地面交配、繁殖然后很快死亡。如果你是一只蝉，长时间隐藏在地下也许的确是最佳策略——研究者发现藏在地下的蝉较少在未成年之前遭捕食者捕杀；另外，蛰居地下时间越长，蝉的体型发育得越大，就越有益于繁殖更多后代。的确如此，研究者发现 17 岁的蝉比 13 岁的蝉能产下更多的卵。

　　我们也可以从当代中国社会中各种领导者身上瞥见上述蛰伏之蝉的智慧。中国有句老话："枪打出头鸟。"井润田和范·迪文(Jing & Van de Ven，2014)对这种智慧做了更详细的描述，通过深入研究中国"势"(situational momentum)的概念，他们认为，"势"有顺逆之分："事半功倍为顺势……收效甚微为逆势。"(p. 34)。顺"势"适宜开放性的交流，"此时需把握机会迅速行动，领导者推行改革必须以明确的愿景和目标去鼓励下属积极参与；因此，开诚布公是有效且合理的方式"（p. 50）。相比之卜，正如中国谚语所说，"师傅传徒弟，都得留一手"。若时势不利，保守秘密通常是有益的策略之一。对此，作者引用成都公交集团 CEO 的成功案例来说明"不利的环境往往包含非常高的不确定性，因而隐藏意图可以争取到更多机会重新调整计划，同时又不失威严"（p. 49）。这样一来，与蝉一样，"变革者……在逆势中蛰伏等待、养精蓄锐，就能准确地抓住、利用下一个有利之势"（p. 50）。

除自我保护之外，隐居也能满足创造自我的需要。

创造自我

Creation of the Self

创造是创新随性的实现，所以需要自由才能创新……而自我即自由之所在。（Hall，1978，p. 273）

中国人的隐逸既是自愿也是非自愿的：出世归隐缘于个人抉择，全身心投入其中，属自愿之隐逸；而当个人气节甚至生命遭受威胁，不得不做此决定，此时的隐逸也是非自愿的。决意追求隐逸生活，其重要原因之一即渴望保持真我。立志追求自由、不屈从于来自群体的压力——隐逸的这些方面与西方之独立自主观念大致相似又有所区别——中国人争取自由的方式与西方不同。对中国人来说，自由意味着远离人群，而非与大多数人抗争。

一位名叫南荣趎的人去拜访老子，请教困惑。老子对他说："子何与人偕来之众也？（为什么这么多人和你一起来呀？）"

南荣趎惊惧地转过身来查看身后是否有其他人。不必说，其实并没有什么人，随他而来的"人群"是他背负的旧有思想，是关于对与错、好与坏、生与死的传统判断。无论走到哪里，这些观念都伴随南荣趎之左右。（Watson，1964，p.4）

这则故事的寓意非常明确，即获得解放在于内在解脱而非外在改变——独立不是与群体抗争，而是在内心开疆拓土、开辟新天地。

私大于公。儒家思想重视公私有别（见本书第3章）（Sundararajan，2002）。孔子虽然偏重个人修养，但也对如何整合公与私这两个现实领域做了思考。例如，他提倡以礼仪将炫耀（display）与合拍（alignment）这两类人际沟通之目的整合到一起（McKeown，2013）。在葬礼上，演奏音乐旨在合拍，以促进社会协调和人际联结；而葬礼上哭泣旨在炫耀——向公众展示自己的情绪/情感。相比之下，为中国人创造力带来最大影响的哲人兼隐士——庄子——则抱有不同看法。在妻子的葬礼上，庄子居然击鼓歌唱，通过这些非同寻常的情感展示，他力图将炫耀（display）与合拍这两类人际沟通的目的拆散开来。庄子的所作所为清晰明了地传达出他的思想：个人私下的感受不必也不应受制于那些旨在协调社会关系的人际游戏，如葬礼仪式。

内在/私人的现实重于外在/公共的现实，这种观念在"壶公的故事"里有流畅而动人的表达：相传有一位老人常到市肆卖药，他将平日所得的钱财赠予穷人和饥民，只留下一点点供自己为生。每到日落之际，他就跳入一个挂在座椅上的空壶里，消失得无影无踪

（Zhou，2004，pp. 305-309）。这则故事里的道家仙人展现出两栖生活的特性——为了满足基本的生活需要和救助他人，他会来到现实世界；但是，灵性修养上，他却生活在另一个完全不同的宇宙空间。

这个为艺术家或创造力所拥有的超越红尘的宇宙，就是理想的心灵世界或"境界"。

理想的心灵世界
Ideal Mental World

汉语"境界"（理想的心灵世界）（Li，1997；Liu，1975；Sundararajan，2004；Wang，1977）一词源于佛学思想：世界是内心的投射，因而不同意识会生成不同"境界"（梵文为"Visaya"）。富有创造力的境界或理想的心灵世界取决于个人的灵性发展和修养之水平（Yeh，2000，Vol. 1）。第一位提出具有广泛影响力的"境界"学说的文学评论家当属司空图（Owen，1992；Sundararajan，1998，2004；Yu，1978）。后来，哲学家和文学评论家王国维对司空图的理论做了现代化发展（Wang，1977；Yeh，2000，Vols. 1 and 2）。王国维对"境界"所做的经典定义如下：

境非独谓景物也。喜怒哀乐，亦人心中之一境界。故能写真景物、真感情者，谓之有境界。否则谓之无境界。（Wang，1977，p. 4）。

这个定义的基本思想是，艺术家通过创作将他们的理想心灵世界投射到其作品之上：一方面，这些诗词和艺术品成为艺术家心灵空间的新疆土；另一方面，通过欣赏这些作品，观众得以走进艺术的新疆土，从而达到与艺术家相近的意识、心灵状态。诗词蕴含的理想境界如何提升观众的意识呢？更具体地说，诗人的隐逸意象如何使读者步入理想的心灵境界，从而让独处所需的情感技能得以发展呢？为了回答这个问题，让我们来看一看"精制环境"理论。

精制环境
Designener Environment

……精心有意地生活。(Thoreau，1966，p. 61)

人类是社会性动物，因而大多人选择社会为栖身之所，这满足了人们对归属的需要，但也带来从众的压力。隐逸者必须在免受社会压力与孤独寂寞之间做出权衡。但是，也有鱼与熊掌兼得的可能——不受群体生活拘束的同时享受亲密的情感。只要知晓如何建构"精制环境"(designer environment)，这个理想并不难实现(Clark，2008)。

许多类人生物以其特有的方式主动构筑生态环境，以利于繁衍和生存。例如蜘蛛织网、鸟儿筑巢、河狸建坝等。与动物构造自然环境相似，人们也会主动构筑认知上的生态环境，即"精制环境"。

自然栖息地是物质的社会实在，而"精制环境"仅存于认知空间当中。"精制环境"的概念与中国人所谓"境界/理想心灵世界"非常相仿——它们都是虚拟现实。

"境界/理想心灵世界"和"精制环境"，二者与自然生态环境存在相同之处，即人必须具备一定的技能才能在其中生存下来，如具有某些特有的生活方式或特定的认知、情感能力。正如克拉克（Clark，2008）的观点——人类能主动地构建并栖居在某种认知环境之中。"'精制环境'就是认知环境的一种，人们在此中思考、推理和展示能力，并且以某些特殊的方式自我磨炼，从而获得（并习以为常）旨在适应该环境的复杂技能。"（p.59）同样，中国的美学也强调修身养性是个体能够栖身艺术/诗词之境界的先决条件。

为展示诗人/隐士的境界为何是"精制环境"，以及理解这种境界如何滋养和需要那些与隐逸相关的认知、情感技能，我将引用隐士司空图的作品做详细论述（参见 Wu，1963）。

艺术家的隐士造型

Portrait of the Artist as a Hermit

善藏者，善生。（笛卡儿自谱墓志铭，Damasio，2003，p.21）

隐士"往往会退避到偏僻乡间，只有寥寥几个学徒跟随；他掌握一些鲜为人知的道家技艺，如医术或点石成金术。他有点儿古怪，甚至让人完全捉摸不透……"（Mote，1960，p.204）。

司空图是生活在 9 世纪的诗人/评论家，他最广为人知的作品当属《二十四诗品》（简称《诗品》）（Owen，1992）。《诗品》最显见的功能在于对诗词分类归纳，它通过"二十四首诗将诗的风格区分为各种类型，并以生动形象加以说明"（Wu，1963，p. 78）。这也是对诗词之情感意境的分类。所以，《诗品》的这一点与哈特曼（Hartman，1964）所说的"浪漫抒情的猜度诗"（romantic lyric of surmise）非常相似："这种抒情诗……出人意料地将所有描述诗词类型的术语转化为描述情绪/情感的词汇。"（p. 11）在此基础上，我们的讨论会更进一步——从诗词的情感意境转向诗人的情感意境，这样才算走完了诠释的循环。从诠释诗句顺畅地过渡到理解诗人，这应归功于中国人之创造所具有的自我参照性（self-reflexivity），也就是说，创造活动最主要的产物是创造者本身。

　　孤独是《诗品》的核心主题，它是对诗词与诗人所有情感/风格的根本隐喻。正如余宝琳（Yu，1978）所说，《诗品》中所说的"理想诗人"是个"孤而不群的人"（p. 91）。事实上，"当司空图描写人物时，他选取的总是孤独的隐士……至少有六首诗特别提到了隐士，另有若干首也提到了'独'字与'孤鹤'"。

　　总之，若让我用白话来表达：司空图认为理想的诗人是隐士，他用了二十四类诗与诗人的境界来解释这个道理。接下来的章节将对《诗品》中呈现的几类意象进行分析，以助我们更深入了解诗人/隐士的理想心灵境界。由于《诗品》将诗的类别按 1～24 的形式排列，故我将用"品类＋数字"来代表所讨论的诗。

　　隐逸的意象。品类 16："清奇"，这一段非常适合作为（我们分析的）起点。这里将隐士比作秋天的气息："恰如秋日"（Owen，1992，p. 338）。陆元炽（Lu，1989，p. 189）认为，"清奇"的风格暗含着"不避峻峭弄险，陡语惊人"的特点，这对他人的影响可被比作"肃杀的秋气"（p. 189）。诗人/隐士的这种"冷峻肃杀"情感/风格（Lu，1989，p. 189）与传统观念中圣人之体道和谐、令人如坐春风的形象相去甚远。

再来看看品类5，"高古"，此处是另一个避世归隐的意象：

月出东斗，好风相从。

太华夜碧，人闻清钟。（Owen，1992，p. 313）

宇文所安（Owen，1992）对这段诗句的注解准确地抓住了隐士高远的心灵境界："黑夜中一片虚空，只有风、月与钟声，冥冥中耸立着太华山，山上有神仙在鸣钟，清脆的钟声余音袅袅。"（p. 315）可想而知，隐逸的这种"精制环境"不仅需要情感创造力，也会滋养情感创造力。这一点已得到实证研究支持，郎、斯博恩、埃夫里尔和莫尔（Long，Seburn，Averill & More，2003）应用《情感创造力量表》（Emotional Creativity Inventory）发现人格特质的情感创造力与"独处带来积极感受"之间的正相关系数最高（Averill，1999）。接下来，我将引用《诗品》中的意象来阐释一些与独处相关的情感创造性技能，特别是自由与共享（communion）这两种能力。

自由的技能

Freedom Skills

*独立且高傲。*如果高傲与创造性相关（Silvia，Kaufman，Reiter-

Palmon & Wigert，2011)，那么"矫矫不群"的隐士就难免高傲。正如吕坤维(Sundararajan，2004)指出的，与西方那些极具创造性的人物相似，典型的中国创作者也带有大量高傲自赏、淡泊名利的个性；但不同之处在于，后者并不带有蔓延肆虐于西方的敌对性特质(如争强好胜、咄咄逼人、好辩驳) (Feist，1999)。因此，更贴近中国之隐逸的并非高傲，而是独立。

独立这一特质能有效缓解因社会排斥(social rejection)给独居带来的压力。金、文森特和冈察罗(Kim，Vincent & Goncalo，2013)在一系列研究中发现，只有那些自我独立水平较高的个体，才会被社会排斥经验激发出创造力。更具体地说，自我独立水平较高的个体在体验社会排斥后，相比体验社会接纳(social inclusion)后表现出更多的创造力。研究还表明，这种创造力提升有一个中介因素，即认为自己与众不同。这个实验恰恰印证了那些"矫矫不群"的隐士展现出的特立独行、不拘陈规的风格。《诗品》(Owen，1992)中的一些例子足以说明这点。

品类 5："虚伫神素，脱然畦封。"(p. 313)

品类 21："少有道契，终与俗违。"(p. 346)

品类 22："落落欲往，矫矫不群。"(p. 348)

正如宇文所安(Owen，1992)所说，这些字句所描述的正是一种"孤芳自傲、自由不羁、特立独行"的特质。(p. 348)

居无定所——漫游、探索、遥不可及。克洛宁格(Cloninger，1987)认为创造力具有"高度追求新奇"(high-novelty-seeking)的特质；隐士正是如此，他们常常投身于广泛的探索活动中。让我们来看一看下面诗句中刻画的诗人/隐士形象。

　　品类 16：可人如玉，步屟寻幽。载瞻载止，空碧悠悠。(p. 338)

　　这首诗中的隐士表现出许多探索活动：漫步、寻求、窥视，以及时不时驻足停留。新奇与隐逸在此结合，从而使"僻静之处"成为探寻新奇之目的地。

　　最适合游弋不定的隐士的精制环境可见于诗品第 22 类，即"飘逸"，其中个人"不执着、不在意地与物周始"（Owen，1992，p. 349）。这种风格/情感的元素可见于以下诗句。

　　品类 2："脱有形似，握手已违。"(Owen，1992，p. 306)
　　品类 22："识者已领，期之愈分。"(Yu，1978，p. 91)
　　品类 21："远引若至，临之已非。"(Yu，1978，p. 91)

　　我们可将贯穿于这些词句、反复出现的主题总结成一个"遥不可及"的故事（narrative of inaccessibility）：一个似乎可以捉摸的形状——谁都忍不住去伸手把握（品类 2）；有句话就要说出口——谁都忍不住侧耳凝神地等待（品类 22）；远方的来客即将到来——谁都忍不住满怀期待地前去迎接（品类 21）。只可惜，当你寻它时，你所期盼的对象已消失得无影无踪！理想的诗人/隐士就是这样若即若离、不可攀及。隐士这种令人神往的遥不可及正是中国诗词中洋溢的主题。亨利（Henry，1987）对这个主题做了如下总结：

　　无人的空屋、未经打扫的小径，预示着方丈云游未归——或在

天上，或在仙乡。探访者大惊，似乎悟到了方丈的精神造诣。至此他才真正"了解"了方丈。（p. 30）

社群/亲密的技能
Community/Intimacy Skills

创造理想自我的同时，隐士也创造了一个理想的社群。隐士的理想社群是两全其美的，既享有自由、不受制于社会的约束，又与同道中人心意相通。这种自由与社群的矛盾组合是隐士所营造的"精制环境"的标志特性。这其中暗含着新异的情感版图——在这里社群和亲密感有不同以往的定义。

理想的社群。 社会只是人类为满足关系性需要而组成的一类群体；其他类型的群体还有与上帝、大自然甚至有时是与非生物组成的虚拟社群。这个视角有助于我们理解为何有的人会选择远离社会、投身于其他形态的群体，这与动物自主选择适合的栖息地（见本书第4章）和主动建构生态环境类似。

隐士只乐于与少数人物来往。

品类 13："碧山人来，清酒深杯。"
品类 6："坐中佳士，左右修竹。"

根据这些诗句，我们可以尝试想象隐士们的理想社群：志同道合之士齐聚一堂，此类社群的标志特征之一是"举座全无碍目人"——翠竹多过宾客。这种相聚的另一个特点是没有闲言碎语——

眠琴绿荫，上有飞瀑；而最关键的是：

落花无言，人淡如菊。

由于隐士独自生活，此类相聚一定非常罕见。比较常见的一种理想社群是"独处若比邻"——这一境界需要具备几种创新。

创新方法之一是用自然取代人类同伴：

品类2："饮之太和，独鹤与飞。"（Owen，1992，p. 306）

另一个解决方案是参与虚拟社群：

品类5："黄唐在独，落落玄宗。"（Owen，1992，p. 313）

在这个品类里，一位道家仙人正陶醉于与远古先贤（黄帝、唐尧）的交往之中。在缺少志同道合者的情况下，艺术家/隐士依然可以寻得理想的社群，这正是因为他们能在一山一石中窥见心灵、觅得知音（Rowley，1959）（见本书第4章、第6章）。

直接交流。拉森（Larson，1990）将不受制于社会规则的时刻称为"戏外"（off stage）时间——个体不受公众监视、不需要刻意维护公共自我（p. 157）。当人们在社会舞台之外，不必再刻意维护自我在公共空间中的形象而以本真示人，拉森（Larson，1990）称之为"伴侣关系"（companionship）（p. 157）。在"伴侣关系"中，人与人之间有着更为真实和流畅的信息、情感交流。

隐士间的直接沟通便是上述拉森观点的例证。隐士间的沟通与儒家社会偏好的间接式沟通（Sundararajan，2002）截然不同，反而更符合描述"纵向个人主义"的条目："讨论问题时，我更喜欢直截了当、开诚布公地与对方沟通。"(Singelis，Triandis，Bhawuk & Gelfand，1995，p. 255)据说，古代真人(the True Man of old)"怒形于色"(Watson，1964，p. 75)。同样，诗人郭璞曾写道："纵情在独往。"(Li，1986，p. 251)当这些人物相遇时会发生什么？司空图在品类 18 中给出了回答"忽逢幽人"之时，则"取语甚直"(Owen，1992，pp. 341-342)。

*沉浸于人去楼空中的亲密。*卡乔波经过大量研究发现，孤独感是一种慢性应激，的确会让人减损寿命(Cacioppo & Patrick，2008)。因此研究那些追求隐逸生活的人就格外有价值——他们似乎怀有对抗孤独的灵丹妙药。分析研究独处之能力可以从两方面入手——认知与情感。从认知角度看，独处的关键在于能够承受无有(absence)；从情感角度看，独处的关键在于承受孤独之感。两者都是践行隐逸之"精制环境"所必需的能力。

建立在"无有"之上的亲密感名为"怀旧之情"(nostalgia)。台湾纪念品商店中售卖一种别针胸牌，上面写道："化离愁为怀念。"离别的惆怅能够转化成深长的怀念，这不无道理。已有研究表明，怀旧能够有效对抗孤独感(Zhou，Sedikides，Wildschut & Gao，2008)。此外，怀旧还与内在自我聚焦(intrinsic self-focus)而非外在自我聚焦(extrinsic self-focus)紧密相关；而内在自我聚焦正是隐士身体力行的特质之一。这一发现源自鲍德温、比尔纳特和布兰多(Baldwin，Biernat & Landau，2015)所做的一系列研究。研究者将外在自我聚焦定义为关注自己是否符合外部施加的价值标准；内在自我聚焦是个体对内在真实自我的关注，换言之，即对真我(见本书第 3 章和第

7 章)的关注。研究者发现，怀旧与真我及个人幸福感相关。具体来说，怀旧的心理状态与真我正相关，与外在自我聚焦负相关；实验启动怀旧会增加对过往真我的觉察，进而降低当下的外在自我聚焦；怀旧可以增强内在自我概念，而非日常自我概念；去回忆一个激起怀旧感的事件，会提升怀旧感和积极的情感，但如果要求被试去识别、辨认那些激发怀旧感之事件的外部因素，上述效应则会减弱；最后一点，怀旧的倾向和习惯可以正向预测内在自我表达水平和幸福感水平。

为了进一步阐明理想诗人/隐士的情感版图，我将深入分析怀旧中最具情感创造力的部分——渴望(longing)，并以此作为本章的结尾。

解析渴望(An anatomy of longing)。

渴望那早已失去了渴望的心。(Beckett，2006，p. 481)

谢弗、施瓦茨、基尔逊和奥康纳(Shaver，Schwartz，Kirson & O'Connor，1987)提出，渴望是一种混合着悲伤与爱意的情感——"一种与挚爱之人分离的痛苦情感"(p. 1082)。为了分析渴望，我引用司空图描绘的隐士/诗人的理想心灵世界之一：品类 4"沉着"(Owen，1992，p. 311)。

这首诗的核心主题是如何应对忧郁之情。宇文所安(Owen，1992)指出，本段诗句的标题——"借克服忧郁而生的自信"即暗示了存在着某种张力(p. 312)。这段诗以孤独的场景为开篇："绿杉野屋"(第 1 行)。在诗的第一节之中提到"脱巾独步"(第 3 行)，隐士似乎享受着他的自由自在。宇文所安（Owen，1992）认为，"解下头巾的姿态（在英语表达中意为'不加检点'）体现出一种积极、脱离束缚的自由"（p. 312）。然而到了诗的第二节，愉悦之情就此被打断："思念远在天边、渺无音讯的挚友。"（p. 312）

鸿雁不来，之子远行。（5～6 句）

怀旧也许能带来慰藉，换言之，在心思中寻得挚友的陪伴：

所思不远，若为平生。（7～8 句）

然而，这种情绪调控需要经受挑战，即沉着地直面忧郁，才能到达更高水平的情感洗练（Frijda & Sundararajan，2007）。这一点在诗最后一节中得以成全（p. 311）：

海风碧云，夜渚月明。如有佳语，大河前横。

下为海、上飘云、中间广袤的空间空无一物，只有风与（月）光——这个场景唤起了自由自在之感。海风随意地扫过浮云，正如明亮的月光尽情倾洒在夜幕中的岛屿上。心理与灵性自由的最高表现，是当希望与挚友共叙肺腑之言时，却面对严峻的现实——交流双方之间有不可逾越的鸿沟，就像一条滔滔大河阻断了前行的道路——尽管如此，隐士依然不被忧郁所困扰。总而言之，面对忧郁却依然沉着，需要能够掌控和承受"无有"带来的两种后果——一方面，获得心灵与灵性的自由；另一方面，对那遥不可及的伴侣心怀由衷的渴望。

后 记

Coda

如果你认为这些境界及其缥缈的意象仅存于遥远的古代，仅是为了少数人的消遣，和我们喧嚣的现代生活并无关系，那么你就大错特错了。"境界"一词绝不会陈旧过时，如此富有创造性地建构心灵世界同样也是许多当代中国人的向往。在接下来的第 10 章中，我将为发生在当代中国大陆的境界实践举出实例。

参考文献

References

Ames, R. T., & Hall, D. L. 2003. *Dao De Jing*. New York: Ballantine Books.

Averill, J. R. 1999. Individual differences in emotional creativity: Structure and correlates. *Journal of Personality*, 67, 331-371.

Baldwin, M., Biernat, M., & Landau, M. J. 2015. Remembering the real me: Nostalgia offers a window to the intrinsic self. *Journal of Personality and Social Psychology*, 108, 128-147.

Beckett, S. 2006. Worstward Ho. In P. Austen (Ed.), *Samuel Beckett: The grove centenary edition* (Poems, short fiction, and criticism, Vol. 4, pp. 471-485). New York: Grove.

Beghetto, R. A., & Kaufman, J. C. 2007. Toward a broader conception of creativity: A case for "mini-c" creativity. *Psychology of Aesthetics, Creativity, and the Arts*, 1, 73-79.

Bollas, C. 2013. *China on the mind*. New York: Routledge.

Bond, M. H. 1991. *Beyond the Chinese face*. Hong Kong: Oxford University Press.

Burger, E. A. 2005. *Amongst white clouds/Buddhist hermit masters of China's Zhongnan Mountains*. New York, A Cosmos Pictures Production.

Cacioppo, J. T. , & Patrick, B. 2008. *Loneliness: Human nature and the need for social connection*. New York: W. W. Norton.

Clark, A. 2008. *Supersizing the mind*. New York: Oxford University Press.

Cloninger, C. R. 1987. A systematic method for clinical description and classification of personality variants. *Archives of General Psychiatry*, 44, 573-588.

Damasio, A. 2003. *Looking for Spinoza*. New York: Harcourt.

Feist, G. J. 1999. Autonomy and independence. In M. A. Runco & S. R. Pritzker (Eds.), *Encyclopedia of creativity* (Vol. 1, pp. 157-163). New York: Academic Press.

Forgeard, M. J. C. , & Mecklenburg, A. C. 2013. The two dimensions of motivation and a reciprocal model of the creative process. *Review of General Psychology*, 17, 255-266.

Frijda, N. H. , & Sundararajan, L. 2007. Emotion refinement: A theory inspired by Chinese poetics. *Perspectives on Psychological Science*, 2, 227-241.

Gardner, H. 1996. The creators' patterns. In M. A. Boden (Ed.), *Dimensions of creativity* (pp. 143-158). Cambridge, MA: The MIT Press.

Hall, D. L. 1978. Process and anarchy—A Taoist vision of creativity. *Philosophy East and West*, 28, 271-285.

Han, Z. Q. 1998. *Hermits in ancient China* (in Chinese). Taipei, Taiwan: Taiwan Shang Wu.

Hannas, W. C. 2003. *The writing on the wall: How Asian orthography curbs creativity*. Philadelphia: University of Pennsylvania Press.

Hartman, G. H. 1964. *Wordsworth's poetry*. New Haven, CT: Yale University Press.

Henry, E. 1987. The motif of recognition in early China. *Harvard Journal of Asiatic Studies*, 47, 5-30.

Hsu, F. G. 1966. *The spirit of Chinese aesthetics* (in Chinese). Taipei, Taiwan: Xuesheng.

Jing, R. , & Van de Ven, A. H. 2014. A yin-yang model of organizational change: The case of Chengdu Bus Group. *Management and Organization Review*, 10, 29-54.

Kim, S. H. , Vincent, L. C. , & Goncalo, J. A. 2013. Outside advantage: Can social rejection fuel creative thought? *Journal of Experimental Psychology: General*, 142, 605-611.

Larson, R. W. 1990. The solitary side of life: An examination of the time people spend alone from childhood to old age. *Developmental Review*, 10, 155-183.

Li, F. M. 1986. *The Taoist tales of the Six and the Sui and T'ang Dynasties* (in Chinese). Taipei, Taiwan: Xue Seng Shu Ju.

Li, J. 1997. Creativity in horizontal and vertical domains. *Creativity Research Journal*, 10, 107-132.

Liu, J. J. Y. 1975. *Chinese theories of literature*. Chicago: University of Chicago.

Long, C. R. , Seburn, M. , Averill, J. R. , & More, T. A. 2003. Solitude experiences: Varieties, settings, and individual differences. *Personality and Social Psychology Bulletin*, 29, 578-583.

Lu, Y. C. 1989. *Philosophy of poetry, poetry of philosophy* (in Chinese). Beijing, China: Beijing chubanshe.

Mair, V. H. 1994. *Wandering on the way*. Honolulu, HI: University of Hawaii Press.

McKeown, G. J. 2013. The analogical peacock hypothesis: The sexual selection of mind-reading and relational cognition in human communication. *Review of General Psychology*, 17, 267-287.

Milius, S. 2013, July 13. Mystery in synchrony/Cicadas' odd life cycle poses evolutionary conundrums. *Science News*, pp. 26-28.

Mote, F. W. 1960. Confucian eremitism in the Yüan period. In A. F. Wright (Ed.), *The Confucian persuasion* (pp. 202-240). Stanford, CA: Stanford University Press.

Ng, A. K. 2001. *Why Asians are less creative than Westerners?* Singapore: Prentice-Hall, Pearson Education Asia.

Niu, W. , & Sternberg, R. J. 2002. Contemporary studies on the concept of creativity: The east and the west. *Journal of Creative Behavior*, 36, 269-288.

Owen, S. 1992. *Readings in Chinese literary thought*. Cambridge, MA: Harvard University Press.

Porter, B. 1993. *Road to heaven: Encounters with Chinese hermits*. Berkeley, CA: Counterpoint.

Rowley, G. 1959. *Principles of Chinese painting*. Princeton, NJ: Princeton University Press.

Sabelli, H. 2005. *Bios: A study of creation*. Singapore: World Scientific.

Shaver, P. R. , Schwartz, J. C. , Kirson, D. , & O'Connor, C. 1987. Emotion knowledge: Further exploration of a prototype approach. *Journal of Personality and Social Psychology*, 52, 1061-1086.

Silvia, P. J. , Kaufman, J. C. , Reiter-Palmon, R. , & Wigert, B. 2011. Cantankerous creativity: Honesty-humility, agreeableness, and the HEXACO structure of creative achievement. *Personality and Individual Differences*, 51, 687-689.

Singelis, T. M. , Triandis, H. C. , Bhawuk, D. P. S. , & Gelfand, M. J. 1995. Horizontal and vertical dimensions of individualism and collectivism: A theoretical and measurement refinement. *Cross-Cultural Research*, 29, 240-275.

Sternberg, R. J. 2006. The nature of creativity. *Creativity Research Journal*, 18, 87-98.

Sundararajan, L. 1998. Reveries of well-being in the *Shih-p'in*: From psychology to ontology. In A. -T. Tymieniecka (Ed.), *Analecta Husserliana* (Vol. LVI, pp. 57-70).

Norwell, MA: Kluwer.

Sundararajan, L. 2002. The veil and veracity of passion in Chinese poetics. *Consciousness & Emotion*, 3, 197-228.

Sundararajan, L. 2004. Twenty-four poetic moods: Poetry and personality in Chinese aesthetics. *Creativity Research Journal*, 16, 201-214.

Sundararajan, L. , & Averill, J. R. 2007. Creativity in the everyday: Culture, self, and emotions. In R. Richards (Ed.), *Everyday creativity and new views of human nature* (pp. 195-220). Washington, DC: American Psychological Association.

Sundararajan, L. , & Raina, M. K. 2015. Revolutionary creativity, East and West: A critique from indigenous psychology. *Journal of Theoretical and Philosophical Psychology*, 35, 3-19.

Thoreau, H. D. 1966. Walden. In O. Thomas (Ed.), *Walden and civil disobedience* (pp. 1-221). New York: W. W. Norton (Original work published 1854).

Wang, G. W. 1977. *Poetic remarks in the human world* (Ching-I. Tu, Trans.). Taipei: Zhong Hua.

Watson, B. 1964. *Chuang Tzu/Basic writings*. New York: Columbia University Press.

Wu, T. -K. 1963. Ssu-kung Tu's poetic criticism. *Chinese Literature*, 7, 78-83.

Yeh, C. Y. 2000. *Wang Guo-wei and his literary criticism* (in Chinese). Vols. 1 & 2. Taipei, Taiwan: Gui-Guan.

Yu, P. R. 1978. Ssu-kung Tu's Shih-p'in: Poetic theory in poetic form. In R. C. Miao (Ed.), *Chinese poetry and poetics* (Vol. 1, pp. 81-103). San Francisco: Chinese Materials Center.

Zhou, Q. C. 2004. *Doist immortals* (in Chinese). Taipei, Taiwan: San Min.

Zhou, X. , Sedikides, C. , Wildschut, T. , & Gao, D. -G. 2008. Counteracting loneliness: On the restorative function of nostalgia. *Psychological Science*, 19, 1023-1029.

第 10 章

品味： 从审美到生活的每个角落

Savoring (Pin wei), from Aesthetics to the Everyday

导　言

Introduction

普鲁斯特(Proust)认为，生活之体验常与我们擦身而过——它发生得太快、感官刺激转瞬即逝，抑或是它的意义在被理解之前我们已将注意转向别处……经验和意义的结合少之又少(Oatley，2002，p. 65)。

品味的正式定义为：品鉴欣赏自身情感体验(包括审美体验)并对此做大量认知加工(Frijda & Sundararajan，2007)。通俗地讲，品味是体验与意义的融合——它在中国人的生活中比比皆是。

本章首先将比较中国人的品味观与西方、印度文化的品味观。而后，我将分析品味的时间结构、叙事结构和认知结构。我将特别聚焦司空图对美学审美品味的构想。我将司空图的"诗品"学说视为"投入的超然"(engaged detachment)，这一构想与当代对审美悖论的理解不谋而合。在对"诗品"的分析中，我将指出它为修正情绪/情感的叙事理论、双重加工理论、情绪/情感调节以及自我参照等理论带来哪些启发。最后，我将探究品味对自我调控与本真自我的促进和强化，特别关注其对自我调控不良之问题（如自我欺骗与自我异化）的建议。在本章结尾，我将展示品味在当代中国的实践，并以此总结其原理。

一品三味

Three Flavors of Savoring

品味至少有三种风格：中国式、印度式与西方式。中国人的品味观念（Frijda & Sundararajan，2007；Sundararajan，2004，2008；Sundararajan & Averill，2007）与西方对品味的典型构想或印度的 "*rasa*"（味）都不一样。在西方的表述中，品味只限于积极的经验（Bryant & Veroff，2007），而中国人还会品味消极的经验，并且品味的时间范围也相对更为宽泛——从当下的感受到事后的余韵（Eoyang，1993），以及事情初露端倪时的玄机妙趣都可以去品味（Sundararajan，2004）。此外，汉语中"品味"一词要比英语中对应的词汇包含更丰富、细腻的内涵。英语词汇"savoring"常用的词意仅限于"专心致志地享用或感受"。相比之下，中国的品味则与许多涉及认知加工的词汇相关，如评价味道（品味）、觉知当下的滋味（知味）和过去的滋味（回味）。所有这些词汇都包含特定的认知加工模式。

中国的"品味"与印度的 "*rasa*"（味）（Sundararajan，2010）都是审

美性的情感，但它们之间存在三方面不同：首先，"*rasa*"关乎愤怒、情欲等单个情感(Shweder & Haidt，2000)，而中国的品味是对情感佳酿中种种情感状态的细品斟酌。其次，"*rasa*"寻求对平凡自我的超越；而中国品味是对个体自我的肯定，以自我之感受、价值观和记忆作为衡量"何物值得品味"的唯一标准。最后，"*rasa*"是出世的，其最高理想在于品味终极现实——梵天(Dehejia，1996)；而中国之品味的审美属于儒家入世思想(修身、齐家、治国、平天下)的一部分。

品味之简介

An Overview of Savoring

中国之品味观念的出现可以追溯至许多经典古籍(远及公元前 3 世纪)，然而最早探讨品味并最具影响力的理论家之一当属生活在 9 世纪的诗人兼文学评论家司空图(见本书第 12 章)(Owen，1992；Sundararajan，1998，2004)。品味的最原始形态是那些旨在增强或延续快感的举动，也就是弗里达(Frijda，2007)提出的"悦享之颤栗"(acceptance wriggles)：舌头缠绵穿梭于口中的佳肴，指尖划过挚爱之人的肌肤，目光流连于恋人胴体的轮廓。味觉与嗅觉的"悦享之颤栗"可见于大鼠和一些其他动物因体验到进食快感而在嘴部或面部表现出的颤动。但对于人类来说，与"品味"关联最密切的并不是快感，而是意义。

下面是几则反映中国当代品味的例子，摘自雅虎网(Ye，2007)：

①"痛苦是一本书，研究它、体味/体会它、咀嚼它，会有诸多独特的感受。"(p. 123)

②"当你不在我身边，我会沉浸于对你的爱怜，细细地体味自己对你的思念。"(p. 123)

③流行歌曲的这句歌词引用了古诗："别有一番滋味在心头。"(p. 116)

上面三条引用的资料都包含相同的词根"味"(味觉、味道)，它们都是品味的变体：滋味(资料③)是味道，体味(资料①②)是品味的体验。体味是一个既含经验又含认知的概念——"一种深刻、微妙与细致的思维过程"(Ye，2007，p. 122)。体味暗含有深层的认知加工，它强调的正是品味的一种重要特征，即品味是对意义的准备就绪(readiness for meaning)。

品味所采用的信息认知加工策略可以借用普里布拉姆与麦吉尼斯(Pribram & McGuinness，1975)提出的"唤起系统"(arousal system)来陈述。"唤起系统"的特征是"能够有效对信息输入做出有意义的反应"。例如，做出增加感官信息通道数量的反应(p. 135)。反之，如果对信息输入不能做出有意义的反应，则表现为费力劳神的应对和试图限制信息进一步输入。品味采用的信息加工策略与情绪调节的压力应对模型截然相反(稍后详述)，后者将情绪/情感看作一种必须加以控制的、异化的、具有破坏性的力量。与压力应对模型不同，"品味"正如阿恩海姆(Arnheim，1966)所说的艺术创造力："面对具有丰富内涵的现实，真正富有创造力的人不会离去，而是走近并投身其中。"(p. 299)

品味的时序结构

The Temporal Structure of Savoring

　　品味具有独特的时间维度——它蓬勃于后刺激阶段。正如宇文所安指出，文章之"味"在阅读之后，"持久、变幻，缓缓地消散"，恰似享用佳肴之后的"唇齿留香"（Owen，1992，p. 593）。文学批评家刘勰（约 465—522）提出，"物色尽而情有余"（Owen，1992，p. 284）。宇文所安（Owen，1992）解释道，情（感受或情感）是短暂经验过去之后的余留物——不是声色本身，而是"声色的特质、声色的情感情境，以及我们对声色的反应"（p. 285）。这种缠绵不绝之情也被刘勰和一些人称为某种经验之"味"。宇文所安（Owen，1992）进一步解释道，"味"这个词被"作为一种模型"，用于阐明审美体验必不可少的元素——"不只是当下瞬间体验到的那个'味道'，更是初尝之后逐渐延展、缓缓欣赏的韵味。"（p. 285）

　　意识到"品味"之时序性的至关重要，人们就可以通过调控时间来提升经验。品味的时序特性有两个重要方面："对（当前）味道的评估"以及"回味"。"对味道的评估"需要有缓慢、长时间的认知加工，以更好地欣赏和辨识当下体验的细微之处。

　　"回味"的字面意思是"再次品尝"，指"心中回忆以前体验过的味道"（Eoyang，1993，p. 230）。因此，回味是一种品味——它是一种蓬勃于后刺激阶段的品味（Sundararajan & Averill，2007）。回味强调经验的"余味"（afterteste）。正如宇文所安（Owen，1992）所说，

"中国美学理论家探讨的重心不是如何思辨文章的意义，而是探讨文章被阅读之后，其余音如何在读者心中缭绕不绝，其意义如何渐渐延展开来"(pp. 593-594)。顾明栋也提出了类似的看法。在用音乐鉴赏与文学鉴赏做类比时，他写道，古筝有意制造出声音回荡的效果，蕴含着延绵不绝的共鸣，"阅读文学佳作的体验与聆听古筝回荡不息的音韵非常相似——文内字里行间和文外读者的反应彼此共鸣——文已尽而意无穷"(Bollas，2013，p. 111)。

品味之元叙事性
The Proto-Narratives of Savoring

实际上，对新奇之处的感知可能需要图像化的认知处理，而非基于词汇归类。(Siegel，2007，p. 252)

现实生活超越于我们杜撰的所有故事。(V. S. Pritchett，Cited in Strawson，2004，15th October，p. 15)

分门别类式的情绪/情感(如快乐或愤怒)以各自的主题(与什么有关)和目的去影响行为的叙事结构(Oatley，2004)。与此不同，品味的情绪/情感状态是"元叙事性"(protonarrative)的(Frijda & Sundararajan，2007；Sundararajan，2008)，虽然它们的故事线并不长，但带来的感受却经久不衰。"元叙事"类似于马克·特纳(Mark Turner)所谓"小故事"，如"风吹过云层，孩子丢出一块石子"等(Turner，1996，p. 13)。这些看似平凡的事件，并不一定会被编入所谓的"基本情感"式的叙事中。但当品味时机到来时，它们却蕴含着丰富的意义。

詹姆斯·拉塞尔(James Russell)对"基本情感之叙事"与"品味之元叙事"的差异做了简明扼要的总结：

> 想象一个兴高采烈的状态。我们是否能关注它、品味它、观察它，但又不求将之增强或削减，或利用它去达到什么目的，见诸行动或其他？反之，要想让这个状态成为所谓的典型情感，我们必须将其归因于即将发生的事件，表达它，以它为出发点发动行为，并将它归于某类——从而最终把它称作"热情"。(个人通信，2007年6月1日)

由于偏好情感的元叙事性，许多中国作家不愿拘泥于某个特定的情感标签。冯梦龙(1574年—1946年)的古典小说充分反映出这一特点：

> 阿秀听罢，呆了半晌。那时一肚子情怀，好难描写：说慌又不是慌，说羞又不是羞，说恼又不是恼，说苦又不是苦，分明似乱针刺体，痛痒难言。

作家笔下这种犹豫不定的心理状态是合情合理，因为它"无可名状"。格伦特尔(Gelernter)也曾写道：

> 这种心理状态难以捉摸——在一个格外温暖的春日清晨，在空旷无人的冬日海滩……或者当钉子被一敲、不偏不倚地直入木板。这些情形都可能引起某种情感反应。但这些情感反应与诸如"快乐"或"悲伤"等基本情感相去甚远。……它们是微妙的——每次都不同，

生发于某个特殊的场合或情境。它们也许有基本情感的痕迹(带有哀伤、焦虑的蛛丝马迹)，但它们都是微妙的、错综复杂的混合体。它们没有确定的名字。(Gelernter，1994，pp. 27-28)

主流心理学一直以来都忽略这些难以名状的情感，而专注于决定哪些情绪/情感可被称为基本情绪/情感(basic emotions)——所谓"基本"是指基于生理的情感系统。基本情绪/情感领域的著名研究者卡罗尔·依扎德(Izard，1984)曾用味觉与情绪/情感做类比，来阐述基本情感的普遍性和不变性：

基本情感的进化过程与我们的四种基本味觉的进化过程类似。如果接受这种观点，那么我们就有理由认为，某个基本情绪/情感的感受是普遍、不变的，因为它历经千万年进化才得以形成的。(p. 27)

无独有偶，司空图在给某位李生的信中也使用了相似的类比，不过他却是为了说明感受状态具有可变性和随意组合的自由：

愚以为辨于味，而后可以言诗也。江岭之南，凡足资于适口者，若醯，非不酸也，止于酸而已；若醨，非不咸也，止于咸而已。华之人以充饥而遽辍者，知其咸酸之外，醇美者有所乏耳。

(在下以为，先要能细腻地辨别诗的味道，然后才可以论诗。长江、五岭以南，如果是醋腌的菜一般都很酸，但除了酸味之外就没有其他味道了；如果是盐腌的菜一般都很咸，但是除了咸味之外就没有其他味道了。当中原来的人吃这些菜品时，仅仅吃到不饿就会停下不再吃了，因为他们会觉察到，这些菜除了盐的咸味和醋的酸味之外，缺少醇美的味道。)

在司空图看来，理想的诗人应能超越通俗情感的类别，做更为细腻的情感判别(见 Sundararajan，1998，2004)。对此，宇文所安解释道："与命名式的粗略分类不同，细腻的判别是无法命名的。此外，判别这些情绪/情感的细微差异需通过体验才可习得：只懂粗略情感分类的人仅能理解粗略的情感，要想识别出微妙的情感则需要感性的培养。"(Owen，1992，p. 352)格伦特尔(Gelernter)将分辨情感的微妙差异称为"情感敏锐度"(emotional acuity)，他指出"这种感性正是创造力的基石"。(Gelernter，1994，p. 89)格伦特尔(Gelernter，1994)认为情感敏锐度由以下组分构成：

①能够觉察、注意到精细微妙的情感——感受微妙的情感反应，而敏锐度较低的人可能根本就不会产生情感反应；

②能够在情感谱系中区分、分辨出多种多样的、微妙的元素，而敏锐度较差的人仅能像区分红、绿、蓝三原色一样对情感做粗略的区分。(pp. 89-90)

司空图也抱有相同的看法："而愚以为辨于味，而后可以言诗也。"

谈了这么多品味的叙事结构。接下来让我们看一看品味的认知结构——它包含自我参照性(self-reflexivity)与超然性(detachment)两个认知维度(Frijda & Sundararajan，2007)，两者都可借品味的动物模型加以说明。

品味的认知结构：动物模型

The Cognitive Structure of Savoring: An Animal Model

我们借用加西亚(Garcia)提出的味觉厌恶范式来阐释中国人的品味观。加西亚(Garcia, 1989)提出，二元性是哺乳动物防御系统的基本特性，即区分外部与内部，或皮肤与内脏。外部(皮肤)防御系统靠视觉、听觉和皮肤刺激激活，这一系统与恐惧反应有关——恐惧反应在面临捕食者威胁的环境下进化而来。与此相对，内部(内脏)防御系统受味道或催吐毒素激活，这一系统与厌恶反应有关——厌恶反应由分辨动植物是否有毒的环境适应需求进化而来。加西亚认为，皮肤防御与消化道防御可对应两种学习：一种学习是认知应对(cognitive coping)——动物根据环境信息生成对环境的预期；另一种学习是"好恶增减"的情感调节——我们所追求的东西，其情感价值随生理平衡的反馈而改变，味觉厌恶(taste aversion)正是一个例子。

加西亚认为，由经验引发的味觉厌恶不仅仅是对原先喜爱的食物产生排斥，实际上，在这个过程中味觉发生了快感或适口性(pal-atability)翻转——可口的味道变得令人厌恶。这种适口性的转变凸显出一种自我参照性——从自身经验学习。换句话说，在味觉厌恶中适口性的转变，并不是动物对环境的预期发生了转变，而是动物了解它自身对某物的情感反应发生了改变(Balleine & Dickinson, 1998)。

总而言之，一些学者提出（Lambie & Marcel，2002）有两种认知聚焦方向——向外聚焦于世界与向内聚焦于自身。对应上述理论，加西亚区分出皮肤与内脏两类防御系统：外部"认知"应对——大鼠根据对世界的预期而习得工具性动作；内部"情感"调节——大鼠关注来自内脏的反馈并从中学习。加西亚（Garcia，1989）依此来解释大鼠的进食行为，他指出，从终止外部导向的工具性行为到启动对内部反馈的关注——在这个过程中味觉扮演着至关重要的角色。具体来说，当食物入口引发味觉时，动物知道工具性觅食行为已完成任务，下一步的任务是将注意力转向内在的反馈。

这就是加西亚的（Garcia，1989）动物模型。现在让我们看看如何利用它来分析品味的认知结构。

自我参照

Self-reflexivity

分析品味时，加西亚的观点有效地补全了对保罗·罗津（Paul Rozin）提出的厌恶理论。保罗·罗津认为，"旨在谴责他人的道德情绪"包括厌恶、鄙视和愤怒——厌恶是其中之一（Rozin，Haidt & McCauley，2000，p. 644）。而品味与上述聚焦于他人的归因形成鲜明对比。品味的归因指向自我，即自我参照性——想呕吐的大鼠将苦（或乐）归因于"一定是我吃下了什么东西（让我产生这种感觉）"（Garcia，Ervin & Koelling，1966，p. 124）。

品味（Frijda & Sundararajan，2007；Sundararajan，2008）是人

对自己的反应(如感受到食物的味道)所做出的反应(如享受食物味道带来的美感)。中国人的品味理论强调自我参照的觉知——情感所关注的对象(intentional object)是体验，而不是被体验之物 (experienced object)。我们所珍惜、欣赏的并非芬芳的玫瑰，而是令人愉悦的嗅觉感受。对于这一点，西方的品味理论虽然也持有相同观点(Bryant & Veroff, 2007)，但却并未深入探讨其所以然。

除味觉之外，还有其他自我参照的例子。例如，汉弗莱(Humphrey, 2006)通过实验发现，当人们在感知过程中发现红光迷人、有趣时，"他认为有趣或好看之处……并不是屏幕显示的红色本身，而在于他对这个红色的现象有所感受"(p. 21)。自我参照性涉及品味的两个属性：意识强化(enhanced consciousness)及品味的独特知识模式。自我参照性是一个重入式的反馈回路，因此可以强化意识。

汉弗莱(Humphrey, 2006)认为，人类意识之独特性在于大脑有"重入式回路"(re-entrantcircuit)，即"神经活动可以循环往复，从而产生某种自我共振"(p. 121)。自我参照性还强调另一种事实，正如诺尔(Noë, 2009)所述："我们不仅仅受外部影响，还能够自我影响。"(p. 181)从信息加工方式来看，自我参照性偏好的知识模式(mode of knowing)与雷迪(Reddy, 2008)提出的"有感而知"(knowing feelingly)(p. 26)的概念相一致。

雷迪指出，"有感而知"(Reddy, 2008)是一种知识模式，其中感觉先于认知评估并构成了认知评估的基础。当代学者李建中对这一点做了简洁清晰的阐述："只有'动心而味'……才能体验艺术作品内涵的美妙精髓与真谛。"(Li, 1993, p. 336)应注意的是，这一论断颠倒了传统理论中情感与认知评估的因果关系（Arnold，1960）：传统观念认为认知评估是决定情绪/情感的关键因素；然而实际上，对文章的认知评估（欣赏或品味）取决于主体是否动心。"有感而知"已得到一些实证研究支持。在贝尔富特和施特劳布（Barefoot & Straub，1974）的一项研究中，研究者使用虚假的心跳声使被试认为某些裸体模特会让他们特别兴奋。之后研究者又在没有加入虚假心跳声的条件下对被试施测，发现被试仍然偏好相同的裸体模特——被试似乎仍在品味前的心动经验。这个发现也适用于人际关系，正如雷迪（Reddy，2008）所说，"我们必须先体验（自己）对他人的反应，才能'恰当地''知'人"（p. 234）。

二阶觉知。兰比和马塞尔（Lambie & Marcel，2002）区分出两种意识——觉知（consciousness）与注意指向（directed attention）。自我参照性是这两种意识的结合——它是与一阶觉知相对的二阶觉知，以及与外向注意相对的"自我指向的注意"（self-directed attention）。二阶觉知包括"经验，及有关这些经验的经验"（Zelazo，1996，p. 73）；是可以被回忆和报告的觉知。《中庸》有云："人莫不饮食也，鲜能知味也。"英文所谓的"区辨"是"知"的意思，"知"是"认知"的意思。"知"或"辨别出各种味道"意味着个体知道自己"知味"。人若能清楚地了解自己具备的"知味"能力，便可以操控自己的经验（譬如辨味与细赏）去好好品味。

二阶觉知（对觉知的觉知）在正念专著中被称作正念觉知或"自我参照性"（Siegel，2007，p. 98）。正念觉知不同于低层级的简单意识。西格尔（Siegel，2007）指出，正念觉知"让自动化的认知机制失去其必然性"(p. 144)。这是仅注意当下的简单意识所做不到的。

心与心交。高层级觉知的优势在于它可以让心灵与心灵自身之间建立关系。中国、韩国和日本的东亚文化都偏重心与心交（见本书第一章、第三章和第六章）。例如，崔锦珍和金起范(Choi & Kim，2006)提出"韩国人构筑社会关系主要靠心灵交接，而非行为交接"(p. 358)。

品味源于中国传统的个人内省式心与心交。这在心理学文献中也被称为"一心之内，心与识之映射"(within-mind mapping)(McKeown，2013)。让我们来看一看《中庸》中的一段：

莫见乎隐，莫显乎微。故君子慎其独也。

这段话的大意是：人独处时，应细致入微地关注和体察自己的思维与感受。中国古籍中这段话特别强调去察觉（觉知）那些通常存在于意识之外的东西，指出"让觉知延展"(expansion of awareness)的重要性；而日常反思(everyday reflection)或向内探索(introspection)仅着眼于易获取的信息，如"既有的自我叙事"(ready-made self-narrative)等。相比之下，中国的内省超越了"既有的自我叙事"，从而达到能够觉知此时此刻的元叙事。这样看来，中国式的内省形式可谓是当代"正念功夫"(mindfulness practice)的先驱。

不仅如此，《中庸》里的这段话还告诉我们如何用交接(transaction)观念去理解正念觉知，也就是其中所说的一个人在独处时应如何对自己"慎重留意"——为什么独处时要如此慎重小心呢？依据朱熹对《中庸》的注解，"君子慎其独"之"独"指的是"他人不知，唯有自知之处"(1971，p. 384，para. 3)。莱格(Legge)对中文典籍中这句话的解释是："这些自觉自知的隐私一定是自己内心深处暗藏的微乎其微之事，譬如思维的源泉或念头之冲动。"(p. 384，para. 3)杜维明(Tu，1989)指出，这种内省的终极目的在于达到"自在"的境界(p. 27)。

品味并非自我反思。从上述分析来看，品味不同于向内探索①或自我反思。虽然上述两者都包含自我参照性，但品味是心与心交，而自我反思是心与物交(见本书第 1 章)。这一点可借用查尔斯·西沃特(Charles Siewert，2001)提出两种的关注(attending)类型加以阐明——关注 X 与关注 X 给你的印象。品味正是关注 X 给你的印象，重点并非 X 本身，而是心灵对 X 的体验。换句话说，品味是心灵与自己的对话——讨论 X 所带来的感受。相比之下，自我反思仅仅关注 X，只不过此处的 X 是自己罢了。这种对品味的阐述清楚地表明为什么自我分析、自我批评和许多其他类型的自我反思并不能被算作品味。

投入的超然
Engaged Detachment

弗里达和吕坤维(Frijda & Sundararajan，2007)指出，品味具有"投入且超然"(engaged detachment)(p. 237)的特性，即品味包含两

---

① 此处英文版原书有误，应为内向探索(introspect)，英文原版错印为(retrospect)。——译者注

个元素——超然其外（detachment）与全情投入（engagement）。研究者们认为，所谓"超然"是指与工具性行为保持心理距离。例如，在品尝食物或饮料时克制吞咽动作，观看演员在台上表演时不会冲上舞台横加干预或参与表演。"投入"则是指全然沉浸在审美性的体验中。对于上述两个品味的元素，我们可以在大鼠的进食节律中观察到其原始形态。正如加西亚（Gracia，1989）指出的，大鼠的味觉感受有两个作用——结束工具性进食（对应人类的超然），将注意转向内在的反馈（对应人类的投入）。

品味可谓是超然和投入这两种审美元素的欣然相戏。对此，让我们从中国人"味"的观念入手分析。欧阳桢（Eoyang，1993）曾指出："使用低级感官作为比喻来形容具有最高美学审美价值的作品是中国文学评论的特色。"（p.215）用"味"评论文学便是一个例子。味觉、嗅觉不同于视觉、听觉——前两者的感觉信息传递快于后两者，因为后两者需在大脑中经过多重加工处理，而前者则不需要。正如司空图所说，这些在初级感官中迅速传递、未经加工和编辑的信息是难以言表的（详情请见后文）。奥洛夫松（Olofsson，2014）等人近期开展的实证研究支持这一推想。他们发现，被试在"气味—词汇匹配"任务上的得分显著低于其在"图像—词汇匹配"任务上的表现。这表明，味觉、嗅觉信息要比视觉、听觉信息更难转化为言语或概念。但欧阳桢（Eoyang，1993）指出，中国人使用抽象度最低的感官（如味觉与嗅觉）去寓意最为抽象的概念——这又是怎么做到的呢？司空图用"外"的变体词"味外之味"（Zhu，1984，p.21），及其推论——"象外之象"，让这个非凡的任务得以成真。

象外之象。司空图认为诗的审美体验源于"象外之象"（Yu，1978，p. 97）。在写给王志的信中，司空图引用另一位诗人的话来说明：

戴容州云："诗家之景，如蓝田日暖，良玉生烟，可望而不可置于眉睫之前也。"象外之象，景外之景，岂容易可谈哉？

（诗人笔下的景物，如"蓝田的美玉，被阳光照耀，烟岚缭绕"，只可远望，不可近观。这种"象外之象，景外之景"岂是容易解释的？）

烟云和着日光俯瞰一片略带蓝色的大地——诗中眼目之所及不过如此。在此之外的景象，虽不可见却可感知，如深埋于地下的美玉，在和煦阳光的照耀下渐渐温暖，散发出莹莹光气。与此美玉别无二致，埋藏在记忆深处的体验可以被诗唤醒，并在品味赏析中倍感其温馨可爱——此中意象让我神游天外，获得甚多启发。言归正传，让我们再回到前文的分析当中。

司空图的这种审美式远望（aesthetic gazing）需要超然与投入两个元素同时参与。从空中俯瞰，意味着通过概念化的抽象，超越实际的外在现实和工具性行为；可以感知却难以言表的意象，意味着完全沉浸在过去或当下的具体经验中。总而言之，司空图的"象外之象"凸显了品味的投入且超然的特性，这是高层级认知与低层级认知两种功能的结合——一方面超然物外使抽象冥思（abstract contemplation）得以实现，另一方面又沉浸在难以名状的真切生活经验之中。

让我们通过分析"审美悖论"(Mukhopadhyay，2014，p. 237)来进一步加深对品味之独特属性的理解。

*审美悖论。*戴乌提曼·穆霍帕迪亚(Mukhopadhyay，2014)将审美快感(esthetic delight)定义为审美体验中两个对立(有各自特异性神经网络的)阶段的矛盾性组合或相生相克式的平衡(p. 241)——一方面对外"暂时不做真假之分"，另一方面"向内做超然物外的冥思"。上述审美快感的定义再一次印证了弗里达和吕坤维(Frijda & Sundararajan，2007)提出的"投入且超然"——沉浸于审美经验(暂时不问真假、不考虑现实)，同时暗含着超然物外的冥思。

为更深入地探讨审美经验，穆霍帕迪亚(Mukhopadhyay，2014)参照自我参照性(元表征)理论，提出审美快感是三种元表征(metarepresentation)的整合。元表征即"对表征的表征"(p. 241)或司空图所说的"象外之象"(Yu，1978，p. 97)：

元表征 1：让我们可以意识到"我"正在对艺术品产生情感。

元表征 2：提醒我们艺术是表象而非现实。

元表征 3：审美快感使我们知道元表征 1 和元表征 2 是相互关联的。我们能入——知道我们与艺术品形成了情感联结，但同时也能出——继续保持艺术与现实之间的距离。(p. 241)

依照"象外之象"(Yu，1978，p. 97)观念，元表征 1 指我们对艺术作品或对个人生活经验的认识；元表征 2 是指"象外之象"中之"外"字所蕴含的超然冥思(detached contemplative)境界；元表征 3 指司空图所说的远望之意象——在"可眺望而不可置于眉睫前"时，审美者达到了既能入又能出、既投入又超然的境界。

双重加工理论的改头换面。情感心理学研究可分为两大阵营——走"低途捷径"（自下而上）的一派运用进化论和认知神经科学，强调"基本情感"从动物到人类的连贯性（如 Izard，2007）；而走"高途远道"（自上而下）的一派则从文化和语言出发，强调人类情感的独特之处（Russell，2003）。相比于主流心理学，品味理论可以更轻松地往来于情绪/情感的上下两条通路之间（见本书第 5 章）。

在品味理论中，自然与文化不可二分。品味中的审美悖论是认知加工论中两种加工策略的结合，即偏重早期、迅速、前注意认知加工的"低途捷径"与偏重主控、刺激后加工的"高远路径"两者的结合。这两种信息加工策略分别对应于认知双重加工理论的第一类思维系统和第二类思维系统（见 Kahneman，2003）。品味之审美悖论将这两种常被认为不可并存的信息加工模式（Christianson，1992）结合起来，并为认知双重加工理论打开了新的可能性。嗅觉和味觉的加工模式与第一类思维系统相似，是经验性、自动化、不耗资源、直觉性、无意识、高效和迅速的认知加工模式。品味之内省模式与第二类思维系统相似，是认知、受控、有意识、努力、耗费精力以及相对较慢的理性模式。上述分析表明，审美悖论是这两类系统的整合。

卡尼曼（Kahneman，2011）提出，创造力需要同时激活两个系统：在第二类思维系统运行的同时主体正念内观，因而也能高度关注由第一类思维系统生成的直觉线索。这需要进入一种"认知上较为舒缓的状态，从而放松第二类思维系统对工作表现的控制"（p. 69）。然而，这种神秘的"认知舒缓"（cognitive ease）状态到底是什么样的

呢？(Kahneman，2011，p.69)哈特、伊夫岑和哈特(Hart，Ivtzan &
Hart，2013)认为，心流(flow)(Csikszentmihalyi，1992)既是这种认
知舒缓的状态——人们完全沉浸于半自动化的行为活动中，同时又
充分觉知自己的灵感和创意。除心流之外，品味也是记述甚详的认
知舒缓状态之一。

品味是自我调节的模式
Savoring as a Paradigm of Self-regulation

　　品味理论提出了迄今仍被情感调节理论忽视的两点见解：第一，
情绪/情感是主动而非被动的，这一点体现在品味时对意义的主动追
求；第二，情绪/情感具有自我参照性，也就是说，情绪/情感可以
自我调节。而在情感调节理论中，传统观点认为一个系统受另一个
系统调节，譬如情感受控于理智，或理智实验受控于情感。传统的
观点与品味理论完全相反。在目的论上，品味是一种基于情绪/情感
的行动，它对情感的调节不是为了更好地控制行为，而是为了更加
细致入微地体验情绪/情感。因此，品味更应被称作"情感洗练"(Fri-
jda & Sundararajan，2007)。"情感洗练"的概念源于人性本善论，
或至少是人性可善的观点。中国传统文化中常常将修身比喻为磨
玉——人性就像宝玉一样，需要切磋琢磨才能彰显它的美妙与光泽。
　　情感调节与情感洗练的差异。情绪/情感调节理论认为，当情
绪/情感表达或体验得太多或太少，以致干扰行动目标时，就有必要
对其加以调节(Thompson，1994)。情绪/情感调节强调认知控制，

这一机制将调控对象客体化，并将调控对象与调控过程通过概念区分开来。当自我把自身视为客体，即视自我为非我或是与其他客体并无差别的客体时，自我的情绪/情感调节也就变得客体化（objectification）。情绪/情感调节论就是一个例子，如格罗斯（Gross，1998）认为情绪/情感的调节过程是"使人可以决定想要何种情绪/情感，何时候要，以及如何体验和表达这些情绪/情感"（p. 275）。

这种客体化倾向自然而然地催生了对情绪/情感调节做双因素式的分析：第一个因素是情绪/情感的生成，第二个因素是发生在第一因素之后的情绪/情感管理。然而，其实并不尽然（Cole，Martin & Dennis，2004）。正如坎波斯、弗兰克尔和卡姆拉斯（Campos，Frankel & Camras，2004）批评的，典型的双因素情绪/情感调节是一种"对冲突的调节"（p. 385）。为说明情绪/情感调节理论与品味理论的差异，让我们来看一则葡萄酒生产商和鉴赏家的对比。詹姆斯·埃夫里尔（James Averill）曾写道：

葡萄酒生产商可能对酿制美酒的所有工序了然于心，而未必能鉴赏酒香的微妙差异；他们的工作目标只是控制生产过程。相比之下，鉴赏家对如何酿酒可能并不通晓，但却对味觉上的细微差异有深邃的鉴赏力。中国传统文化中的品味，其目的不在于调节情绪/情感，而是成为情绪/情感的鉴赏家。（私人通信，2005 年 9 月 7 日）

*品味与自我。*与情感调节中自我与情感客体化相反，品味有助于真我的形成（见本书第 3 章、第 7 章和第 9 章）。在上一章（本书第 9 章）中，我曾提到渴望对真我的贡献。渴望的过程包含品味。人们

对渴望的反应可能存在根本性的文化差异。在偏好有而厌恶无、偏好积极而排斥消极情绪/情感的文化中，渴望可能伴随着焦虑；而在相对更能接纳无和消极情绪/情感的文化中（Sundararajan，2014），渴望更接近品味。不仅对于渴望，品味在其他方面更有独特的贡献。

品味中的自我觉知是贴近经验的；与之不同的是，通过自我反思得来的种种认知是与经验相隔离的。伯特兰·罗素（Russell，1930）曾将提升自我觉知和意识提升（p.161）比作不关注香肠本身，而关注香肠的加工过程——若我们知道了香肠是如何制作的，就可能对它胃口全无了。

这类自我觉知与品味相去甚远。品味与自我客体化觉知差异巨大——它们是两种形式完全不同的自我关注（self-focus）。这两类自我关注有多种称谓：经验式与分析式（Watkins & Teasdale，2001）、正念觉知与概念评估（Teasdale，1999），或具象过程聚焦式自我关注与抽象评价式自我关注（Watkins & Moulds，2005）。相对于抽象的、评价式自我关注，研究者发现经验式自我聚焦可显著提升抑郁症患者应对社交困境的效能（Watkins & Moulds，2005）。此外，有研究发现经验式自我聚焦（Teasdale，1999）和正念认知治疗能有效降低抑郁复发率（Williams，Teasdale，Segal & Soulsby，2000）。相似的发现还有提升对当下经验的自我参照意识可有效预防抑郁复发（Segal，Williams & Teasdale，2002）。

简要了解经验式自我关注的益处后，让我们将对品味的分析聚焦于它对自我调节和自我整合的双重助益上——品味不仅与真我息息相通，还会增强"一心之内，心与识映射"的准确性（McKeown，2013）。

首先，经验与自我感（sense of the self）密不可分。汉弗莱（Humphrey，2006）指出，现象性的经验构成了人之主体性的本质——它是此时此刻自我体验的核心。当注意力集中于经验本身时，自我与当下经验可以被一同欣赏。例如，我们可以意会，正在品尝的苹果之味道是自身当下的经验———一种属于（主体）我的感受。正如汉弗莱（Humphrey，2006）所说，我们对感官知觉有着主体性的拥有感，所以自我与当下经验特别接近的感觉有助于强化人的"自我模式"（self-model）（Metzinger，2003），即关于自我的元认知。

品味是一种由觉知自身快感而产生的美感，所以它在本质上是一种自我与自我的心理交接。品味的这个概念与西格尔（Siegel，2009）为"正念"所做的定义不谋而合——正念是"一种与自己成为密友的关系性过程"（p. 145）。在这种与自己的亲密关系中，自主感是不可或缺的要素；品味是自我主导的行为，不能靠他人代劳——我们无法品味别人的口味和经验。同时，品味也不可勉强——外力强迫能够让作恶者自食恶果，受到惩处；但除非自愿，否则你并不能强迫他品味恶果带来的苦楚。所有这一切都保障我们免于自我异化（self-alienation），使自我不会被转变为客体或陌生人。品味与真我的密切联系在印度之"味"（rasa）的观念中也有体现。在印度"rasa"的传统观念中，艺术性经验需要"个体主动地投入、参与到自我当中，因而不会以他人的视角看待自己，不会把自己当作外人"（Gnoli，1956，pp. 101-102）。

其次，精细区分经验不仅可运用于美学审美，还可强化自我感——自我是体验的主体，进而因自我参照能力被提升，从而达成

"一心之内，心与识映射"（McKeown，2013）的任务。这一点与许多自我调节问题或障碍相关，如自我欺骗和自我异化等（Kuhl & Beckmann，1994）。

真我与自欺。不具备"一心之内，心与识映射"能力就无法将自己的内心状态真实地表达出来。真实、恰如其分的自我表征与真我有着非常紧密的关联。让我们来看《礼记·大学》中的以下词句：

> 所谓诚其意者，毋自欺也。如恶恶臭，如好好色。

（所谓使自己的意念诚实，就是说不要自己欺骗自己。就如同你会厌恶污秽的气味那样，就好似你会喜爱美丽的女人那样。）

柯雄文（Cua，1996）对这段文字的解释为，"如果一个人真的憎恶臭味，他就不会让自己或在别人面前假装喜欢这种气味"（p.181）。对"自欺"（self-deception）的这种解读，取决于个体对自身经验的自我觉知，也即"一心之内，心与识映射"（McKeown，2013）。如果个体对自身经验的自我觉知恰如他对臭之憎恶与对色之爱好一样清晰明确，那么这个人就更可能真诚待己而不自欺——这就是对自欺的解释。关于实证研究支持，让我们来看看上述理论的一个推论——个体对经验的自觉性越差，自欺的可能性就越大。

品味与自我异化。自欺被认为是自我异化的形式之一。库尔和贝克曼（Kuhl & Beckmann，1994）提出，自我异化是自我觉知或自我元认知上出现障碍的重要表征之一。自我异化是指人将自己内心深处的偏好和需要视若旁人。自我异化的症状包括，难以发现自己的情感偏好，无法投入带来快感的活动，无法从事自己偏好的活动。

所有这些缺陷都不利于完善自我调节(Kuhl & Beckmann，1994)。与自欺相关的是自我调节的一个组成部分——"自我分辨"(self-discrimination)。库尔和贝克曼认为，在自我分辨过程中，"对于任何被觉知到的状态或过程，个体都能分辨出何为'我'、何为'非我'"(pp. 18-19)。因此，自我分辨方面存在障碍很可能有损个体对自身经验的拥有感(mine-ness)。

库尔和贝克曼研究发现，缺乏自我分辨力的人在再认任务中更容易将自选项目与实验者分配的项目混淆。换句话说，这些人似乎很容易将个人欲望(自我选择的项目)和社会义务(由他人分配的项目)混为一谈。可见，在为人处世上，自我分辨对于协调自我之两方面责任——满足个人需要、服从社会要求——都至关重要。研究者提出，这种自我的协调需要"将个人需求与社会要求(自我与非我)正确地区分开来，能够欣赏、喜爱自己的各种需要与追求，相信自己有能力通过行动满足自身需要，并且能够在后期发展阶段中将个人需求与社会要求整合到一起"(p. 19)。一步一步地，在自我与社会永无止境的协调中，品味既能为个人的情感偏好提供明确表征，同时又能使个人珍惜自己的爱好，因此，品味可提升促进自我分辨能力。

品味在当代的应用
A Contemporary Application of Savoring

作为结论，接下来我将引用关宜馨(Kuan，2014)的资料，来展示品味之诸多原理在当代运用的实例。周婷是一位中国当代的情感教育专家。她提出，"你的眼、耳、鼻、口、皮肤、动觉，包括你的内心感觉，都是情感的通道"（p.74）。2004年7月，她带领一队学童到颐和园游览。调用她的情感感受理论，周婷在昆明湖湖畔拍摄了如下的教学片段：

周婷引导孩子们描述空中吹过的风。她示例说"这是徐徐的微风"。一个孩子调皮地答道："台风！"她告诉孩子们应先把注意力集中在自己的感受上。而后她转向昆明湖对面。"让我们看看那个小岛，然后再从这个角度来看看十七拱桥"，她对孩子们继续说："此时此刻，大自然——天气、风景、色彩等对你的心情产生了什么样的影响？……"（p.73）

关注自己当下的心情是品味的技能之一。品味自己的心情能够建构理想心灵世界（见本书第9章）。为了建构理想心灵世界，即境界（此处称为心境），我们必须具备整合感官信息和运用高级认知功能的能力，诸如鉴赏诗词。因此，周婷教导孩子们：

看看你面前的湖面，像碧波荡漾，像宝石般闪烁。"微风动涟漪"，那些（中国古典诗词中的）短语就在这里，诗词所说的景象就在你眼前。（p.74）

她提醒孩子们此刻的心境转瞬即逝，因此品味必须交付给记忆。

这种秀美、宁静又祥和的心境（心境更直接的意思是，"表现境界的心理状态"），我要告诉你们，这千金难换，（我们）只有这几分钟时间在这里观赏……这就是为什么你现在正向你的心情银行存款。

（p. 74）

离开前，周婷指示小组："记住这一刻，把此刻的感受存到我们的'情感银行'里，这样我们就能用好心情去面对每天的学习任务或者遇到的困难啦。"（p. 75）因此，她以下面这段话作为当天教学的结束语：

看过了这些美景，下一次当你痛苦时，想一下，立即进入你的情感银行，把这些东西取出来。你的心情就能立刻回到现在体验到的感觉。（p. 76）

西方读者，尤其是熟悉正念的人，可能不难理解周婷的这些指示——通过品味当下来建构理想心灵世界，以便日后用来自我调节。唯一逆耳的可能是周婷用了一个资本主义式的比喻——银行（情感银行）——去说明记忆的巩固和取用。但是对此矫正起来也并不难："情感银行"可以用另一个西方人更熟悉的比喻——情感"大脑"——来代替。

参考文献

References

Arnheim，R. 1966. *Toward a psychology of art*. Berkeley，CA：University of California.

Arnold，M. B. 1960. *Emotion and personality*. New York：Columbia University Press.

Balleine，B. W.，& Dickinson，A. 1998. Consciousness—The interface between affect and cognition. In J. Cornwell（Ed.），*Consciousness and human identity*（pp. 57-85）. Oxford，

England: Oxford University Press.

Barefoot, J. C. , &. Straub, R. B. 1974. Opportunity for information search and the effect of false heart rate feedback. In H. London &. R. E. Nisbett(Eds.), *Thought and feeling: Cognitive alteration of feeling states* (pp. 107-115). Chicago: Aldine.

Bollas, C. 2013. *China on the mind*. New York: Routledge.

Bryant, F. B. , &. Veroff, J. 2007. *Savoring: A new model of positive experience*. Mahwah, NJ: Lawrence Erlbaum.

Campos, J. J. , Frankel, C. B. , &. Camras, L. 2004. On the nature of emotion regulation. *Child Development*, 75, 377-394.

Choi, S. -C. , &. Kim, K. 2006. Nave psychology of Koreans' interpersonal mind and behavior in close relationships. In U. Kim, K. S. Yang, &. K. K. Hwang (Eds.), *Indigenous and cultural psychology: Understanding people in context* (pp. 357-369). New York: Springer SBM.

Christianson, S. A. 1992. Emotional stress and eyewitness memory: A critical review. *Psychological Bulletin*, 112, 284-309.

Cole, P. , Martin, S. , &. Dennis, T. 2004. Emotion regulation as a scientific construct: Methodological challenges and directions for child development research. *Child Development*, 75, 317-333.

Csikszentmihalyi, M. 1992. *Flow: The psychology of happiness*. London: Rider.

Cua, A. S. 1996. A Confucian perspective onself-deception. In R. T. Ames &. W. Dissanayake (Eds.), *Self and deception: A cross-cultural philosophical enquiry* (pp. 177-199). Albany, NY: State University of New York.

Dehejia, H. V. 1996. *The advaita of art*. Delhi, India: Motilal Banarsidass.

Eoyang, E. C. 1993. *The transparent eye*. Honolulu, HI: University of Hawaii.

Feng, M. L. 1991. *Ancient and contemporary stories* (in Chinese). Taipei, Taiwan: Shi Jie.

Frijda, N. H. 2007. *The laws of emotion*. Mahwah, NJ: Erlbaum.

Frijda, N. H. , &. Sundararajan, L. 2007. Emotion refinement: A theory inspired by Chinese poetics. *Perspectives on Psychological Science*, 2, 227-241.

Garcia, J. 1989. Food for Tolman: Cognition and cathexis in concert. In T. Archer &. L. -G. Nilsson (Eds.), *Aversion, avoidance, and anxiety* (pp. 45-85). Hillsdale, NJ: Lawrence Erlbaum.

Garcia, J. , Ervin, F. R. , &. Koelling, R. A. 1966. Learning with prolonged delay of reinforcement. *Psychonomic Science*, 5, 121-122.

Gelernter, D. 1994. *The muse in the machine*. New York: Macmillan.

Gnoli, R. 1956. *The aesthetic experience according to Abhinavagupta*. Rome: Instituto Italianoper II Medioed Estremo Oriente.

Gross，J. J. 1998. The emerging field of emotion regulation: An integrative review. *Review of General Psychology*，2，231-299.

Hart，R. ，Ivtzan，I. ，& Hart，D. 2013. Mind the gap in mindfulness research: A comparative account of the leading schools of thought. *Review of General Psychology*，17，453-466.

Humphrey，N. 2006. *Seeing red: A study in consciousness*. Cambridge，MA: Belknap Press，Harvard University.

Izard，C. E. 1984. Emotion-cognition relationships and human development. In C. E. Izard，J. Kagan，& R. B. Zajonc(Eds.)，*Emotions，cognition，and behavior*. Cambridge，England: Cambridge University Press.

Izard，C. E. 2007. Basice motions，natural kinds，emotion schemas，and a new paradigm. *Perspectives on Psychological Science*，2，260-280.

Kahneman，D. 2003. A perspective on judgment and choice: Mapping bounded rationality. *American Psychologist*，58，697-720.

Kahneman，D. 2011. *Thinking fast and slow*. New York: Farrar，Straus & Giroux.

Kuan，T. 2014. Banking in affects: The Child，a landscape，and the performance of a canonical view. In J. Yang(Ed.)，*The Political economy of affect and emotion in contemporary East Asia* (pp. 65-81). New York: Routledge.

Kuhl，J. ，& Beckmann，J. (Eds.). 1994. *Volition and personality: Action versus state orientation*. Seattle，WA: Hogrefe & Huber.

Lambie，J. ，& Marcel，A. 2002. Consciousness and emotion experience: A theoretical framework. *Psychological Review*，109，219-259.

Li，J. Z. 1993. *Xin zhai mei yi* (*Beautiful indeed is the mind*). Taipei，Taiwan: Wen Shi Zhe.

McKeown，G. J. 2013. The analogical peacock hypothesis: The sexual selection of mind-reading and relational cognition in human communication. *Review of General Psychology*，17，267-287.

Metzinger，T. 2003. *Being no one*. Cambridge，MA: MIT.

Mukhopadhyay，D. 2014. Understanding the neuropsychology of aesthetic paradox: The dual phase oscillation hypothesis. *Review of General Psychology*，18，237-248.

Noë，A. 2009. *Out of our heads*. New York: Hill and Wang.

Oatley，K. 2002. Emotions and the story worlds of fiction. In M. C. Green，J. J. Strange，& T. C. Brock (Eds.)，*Narrative impact: Social and cognitive foundations* (pp. 39-69). Mahwah，NJ: Lawrence Erlbaum.

Oatley，K. 2004. *Emotions: A brief history*. Oxford，England: Blackwell.

Olofsson，J. K. ，Hurley，R. S. ，Bowman，N. E. ，Bao，X. ，Mesulam，M. -M. ，& Gottfried，J. A. 2014. A designated odor-language integration system in the human brain. *The Journal of Neuroscience*, 34, 14864-14873.

Owen, S. 1992. *Readings in Chinese literary thought*. Cambridge, MA: Harvard University Press.

Pribram, K. H. , & McGuinness, D. 1975. Arousal, activation, and effort in the control of attention. *Psychological Review*, 82, 116-149.

Reddy, V. 2008. *How infants know minds*. Cambridge, MA: Harvard University Press.

Rozin, P. , Haidt, J. , & McCauley, C. 2000. Disgust. In M. Lewis & J. M. Haviland-Jones(Eds.), *Handbook of emotions* (2nd ed. , pp. 637-653). New York: Guilford Press.

Russell, B. 1930. *The conquest of happiness*. New York: Liveright.

Russell, J. A. 2003. Core affect and the psychological construction of emotion. *Psychological Review*, 110, 145-172.

Segal, Z. V. , Williams, J. M. G. , & Teasdale, J. D. 2002. *Mindfulness-based cognitive therapy for depression*. New York: Guilford.

Shweder, R. A. , & Haidt, J. 2000. The cultural psychology of the emotions: Ancient and new. In M. Lewis & J. M. Haviland(Eds.), *Handbook of emotions* (2nd ed, pp. 397-416). New York: Guilford.

Siegel, D. J. 2007. *The mindful brain*. New York: W. W. Norton.

Siegel, D. J. 2009. Mindful awareness, mindsight, and neural integration. *The Humanistic Psychologist*, 37, 137-158.

Siewert, C. 2001. Self-knowledge and phenomenal unity. *NOÛS*, 35, 542-568.

Strawson, G. 2004. A fallacy of our age. *Times Literary Supplement*, 5298, 13-15.

Sundararajan, L. 1998. Reveries of well-being in the *Shih-p' in*: From psychology to ontology. In A. -T. Tymnieniecka(Ed.), *Analecta Husserliana* (Vol. LVI, pp. 57-70). Dordrecht, The Netherlands: Kluwer.

Sundararajan, L. 2004. Twenty-four poetic moods: Poetry and personality in Chinese aesthetics. *Creativity Research Journal*, 16, 201-214.

Sundararajan, L. 2008. The plot thickens-ornot: Protonarratives of emotions and the Chinese principle of savoring. *Journal of Humanistic Psychology*, 48, 243-263.

Sundararajan, L. 2010. Two flavors of aesthetic tasting: *Rasa* and savoring across cultural study with implications for psychology of emotion. *Review of General Psychology*, 14, 22-30.

Sundararajan, L. 2014. The function of negative emotions in the Confucian tradition. In W. G. Parrott (Ed.), *The positive side of negative emotions* (pp. 179-197). New York: Guilford.

Sundararajan, L. , & Averill, J. R. 2007. Creativity in the everyday: Culture, self, and emotions. In R. Richards(Ed.), *Everyday creativity and new views of human nature* (pp. 195-220). Washington, DC: American Psychological Association.

Teasdale, J. D. 1999. Emotional processing, three modes of mind and the prevention of relapse in depression. *Behaviour Research and Therapy*, 37, 553-557.

The Doctrine of the Mean(J. Legge, Trans.). 1971. In J. Legge, *The Chinese Classics*: Vol. I (pp. 382-434). Taipei: Wen Shih Chi. (Translation first published 1893)

Thompson, R. A. 1994. Emotion regulation: A theme in search of definition. In N. A. Fox (Ed.), *The development of emotion regulation: Biological and behavioral considerations*. Monographs of the Society for Research in Child Development, Serial No. 240, 59, 25-52.

Tu, W. M. 1989. *Centrality and commonality*. Albany, NY: SUNY Press.

Turner, M. 1996. *The literary mind: The origins of thought and language*. New York: Oxford University Press.

Watkins, E. , & Moulds, M. 2005. Distinct modes of ruminative self-focus: Impact of abstract versus concrete rumination on problem solving in depression. *Emotion*, 5, 319-328.

Watkins, E. , & Teasdale, J. D. 2001. Rumination and overgeneral memory in depression: Effects of self-focus and analytic thinking. *Journal of Abnormal Psychology*, 110, 353-357.

Williams, J. M. G. , Teasdale, J. D. , Segal, Z. V. , & Soulsby, J. 2000. Mindfulness-based cognitive therapy reduces overgeneral autobiographical memory in formerly depressed patients. *Journal of Abnormal Psychology*, 109, 150-155.

Ye, Z. 2007. Taste as a gateway to Chinese cognition. In A. C. Schalley & D. Khlentzos (Eds.), *Language and cognitive structure*(Mental States, Vol. 2, pp. 109-132). Amsterdam: John Benjamins.

Yu, P. R. 1978. Ssu-kung T'u's Shih-p'in: Poetic theory in poetic form. In R. C. Miao (Ed.), *Chinese poetry and poetics* (Vol. 1, pp. 81-103). San Francisco: Chinese Materials Center.

Zelazo, P. D. 1996. Towards a characterization of minimal consciousness. *New Ideas in Psychology*, 14, 63-80.

Zhu, B. Q. 1984. *Si-Kong Tu's theory of poetry* (in Chinese). Shanghai, China: Gu Ji.

第 11 章

空： 顿悟性的情感转化
Emptiness(Kong): Insight-Based Emotional Transformations

导 言
Introduction

中国佛教之"空"的概念指一种由品味生活中苦难经历而带来的存在性不寒而栗(existential shudder)。我们还可将之视为中国佛教中"悟"之理念的情感一面。库尼奥斯和比曼(Kounios & Beeman，2014)通过认知神经科学研究提出，解决问题的方式可分为两类不同路径——领悟式思维(insight thinking)与分析式思维(analytic thinking)。不同于分析式思维，领悟式思维需要：a. 较多地输入并整合来自大脑右半球、较粗略的语义加工信息，b. 偏重内部信息加工，不重视外在刺激，以及 c. 对来自前扣带回皮层的各种鲜见罕有的联想更为敏感。b 与 c 都属于上一章的主题——品味所使用的认知加工策略(Frijda & Sundararajan，2007)。本章将聚焦于分析 a，即启发式思维的认知粗加工。此外，我还会提到品味对"空"之情感转化的作用和影响(但不做深入探讨)。

启发式思维是整体性思维的形式之一。启发式思维需要具备两个基本要素才能卓有成效——抓住要点的直觉（gist-based intuition）和元认知。对此，我将在接下来的篇幅中分三步加以分析：首先，我将介绍启发式思维的两个相关属性——事物的要点（the gist of things）和分类式推理（categorical reasoning）；其次，我将说明启发式思维的认知加工策略如何在佛教之"悟"和"空"的观念中以元认知或高阶意识形态展现；再次，我提出，"空"的突破受两方面因素综合推动——由启发式思维的分类式推理加工而产生的强评估（strong evaluation），以及对重大丧失、人生失意的品味而激起的大量认知加工（extensive processing）。最后，我建议，"悟"之突破不仅在于解决当下困难，更开辟了新的可能性；而思维、感官的新的可能性需要依靠品味去不断探索并赋予内容。我将以古典与通俗中国文学为例对上述理论加以说明。

启发式思维，简单却精明
Heuristics, Simple but Smart

启发式思维是简单的要诀，譬如"宁可事先谨慎有余，不要事后追悔莫及"。演化出这种认知策略是为了应对不确定的世界。如何最有效地应对不确定的情况？如何最高效地解决复杂的问题？我们处理信息时应求多求全，还是走求简求速的捷径？我们的常识认为，复杂的问题需要调动复杂的认知加工来解决，反之，疾速的思维加工会牺牲准确性。然而，这些成见已被推翻。有关简单启发式思维

(simple heuristics)的研究表明，通过忽略次要信息、避免调用复杂认知加工，可成功处理复杂问题；反之，增加认知加工操作则可能导致精确性下降（Mikels，Maglio，Reed & Kaplowitz，2011；Reyna，2004）。

启发式思维的正式定义是"一种忽略局部信息的认知策略；与复杂认知加工不同，启发式思维旨在更快、更简洁和/或更准确地决策"（Gigerenzer & Gaissmaier，2011，p.454）。启发式研究的灵感来源于赫伯特·西蒙（Simon，1982）提出的"有限理性"（bounded rationality）的概念。西蒙（Simon，1982）对新古典主义经济学中普遍式、不考虑情境特异性的问题解决策略提出批判。新古典主义经济学的决策论认为，人的理性是逻辑、全能的，其知识量、运算能力无穷大，且不受时间限制。然而，西蒙（Simon，1982）指出，在一个不确定的世界中，知识、运算能力和时间都是有限资源，它们的有限性无法满足开展完全逻辑推理的要求，因而"有限理性"模型更符合现实。社会心理学中，"有限理性"这一概念常被解读为，因心理和动机能力有限，人们无法更系统化、更全面地加工信息，从而导致种种认知加工失败（Kahneman，2003）。

然而，西蒙（Simon，1989）认为，"有限理性"的根本问题并不在于我们做错了什么，而是在一个充满不确定性的世界中我们做对了什么。更具体地讲："在新古典经济学假定的理性条件之外，人类如何思考推理?"（p.377）。启发式思维给出的答案可能有违常理：在充斥着不确定性的世界中，较少而非较多的信息反而更具适应性。但研究者也随之指出，启发式思维本身并不能保证良好的效果，决策

是否精明有效的关键在于选用适当的启发式思维（Gigerenzer &
Gaissmaier，2011；Sundararajan，2013）。另外，研究者（Gigerenzer &
Gaissmaier，2011）指出，精明的启发式思维必须具备高阶认知，即
所谓的元认知（见本书第 7 章、第 10 章），或我在前文中提到的高层
级觉知。

接下来的几节，我将探讨要点式直觉的两个原则：要点的"少即
是多"（less-is-more）原则和分类式思维的"全或无"（all-or-none）原则。

事物的要点
The Gist of Things

伯乐因其对宝马良驹的精准辨识能力闻名天下。但当被问及，
他选出的宝马是什么颜色、有什么样的鬃毛时，他却回答说不知道。
若从要点聚焦理论来看，相马大师伯乐对细节的忽略就不再显得神
秘莫测了。"要点，是信息或经验之普遍意义的模糊性心理表征；把
握要点式的直觉思维是基于模糊性表征的推理或决策。"（Reyna &
Farley，2006，p. 6）。

在关于要点的研究中，研究者将表征区分为两类形式——逐字
（verbatim）式表征与要点式表征，或称精细表征与粗略表征（Mal-
colm, et al. , 2014）。逐字式表征"是指对事物表面细节（如确切的措
辞）的记忆，这类表征是精确、可量化的。要点式表征指模糊且不可
量化的 …… 对事物意义的记忆"（Abadie, Waroquier & Terrier，
2013，p. 1254）。这种区分具有深刻意义。举例来说，记忆是否准确

主要依靠逐字表征的细节提取；而推理的准确性则取决于是否能够抓住经验中的关键意义，即事物的重点。为何伯乐以慧眼识良驹，却忽略表面细节，如马匹的颜色和鬃毛？雷纳(Reyna，2004)的研究对此给出了答案："要点式表征与逐字式表征的认知过程彼此独立，因而推理准确性与记忆准确性并不相关。"(p. 61)

要点式和逐字式表征的区别在于第一类思维系统与第二类思维系统在信息加工上的差异(Stanovich & West，2000)。阿巴迪等人(Abadie et al.，2013)认为："逐字式表征以有意识、受控的认知加工(通常与第二类思维系统有关)方式运作；而要点式表征通过自动化认知加工(通常与第一类思维系统有关)检索、提取信息。"(p. 1254)我们常常听到的是，第一类思维系统以粗略的方式加工信息，它速度快但易出错，需要通过在认知发展上更为成熟的第二类思维系统来监控。然而，瓦莱丽·雷娜(Valerie Reyna)的模糊线索理论(fuzzy-trace theory)(Reyna，2004)对上述成见提出挑战(见本书第 5 章、第 7 章和第 10 章)。这是一种将传统理论完全倒置的双重加工理论。

雷娜(Reyna，2004)指出，传统的推理理论以逻辑或运算为基本模式，认为"推理按照一系列有序的步骤运行……精确度是衡量推理优劣的指标；与此不同，在模糊线索理论中，推理并非串联式的顺序加工，而是同时并行开展——通常只需要看到一点点苗头(问题的要点)就可以运行，所以模糊线索推理是模糊、不求精确、重质不重量的"(p. 61)。好像这个说法还不够极端，雷娜进一步提出"直觉是认知发展的最高水平——模糊、直观的认知加工比精确的运算加工更高级"(p. 60)。简言之，直觉及其模糊性乃推理的高级形式。

直觉被定义为"不同于分析性思维的、模糊、基于要点的思维，在权衡利弊、做出决策时仅考虑少数认知维度"(Reyna & Farley，2006，p. 15)。请注意，启发式思维之"少即多"(less-is-more)原则是直觉思维的特征——认知加工信息的维度宜少不宜多。雷娜和法利(Reyna & Farley，2006)发现，专家在处理信息时仅考虑较少几个认知维度，而且专家要比非专家更看重质而非量。具体来说，研究者发现，"经验老到的决策者会迅速抓住基本要点，忽略细节和无关紧要的认知线索"(p. 20)。在这里，相马大师伯乐加入各行各业专家的行列——从医学专家到惯偷——都是直觉思维的研究对象。

此外，研究者还发现，"对少量至关重要线索迅速做出反应"(p. 20)的能力会随年龄的增长而增加。诚然，当机立断(基于简单而有价值的要点做出决策)的能力会随着年龄、经验和专业知识的积累而增加。基于要点的直觉式思维可应用于风险决策。研究者指出，"思维简约(但并非唐突冲动)和更能抓住要点时，冒险倾向往往更低"(p. 19)。

为了弄清基于要点的直觉思维如何，以及为何能做出精明高效的决策，我们必须先对分类式推理有所了解。

分类式推理(categorical reasoning)。相对于第一类思维系统自动化、不费力的整体式思维，第二类思维系统劳心费神的分析应该更为成熟。然而，从雷娜的模糊线索理论(Reyna，2004)来看却并非如此。这一点可通过整体式思维的特殊形式之一——分类式推理——来阐明。

和鲨鱼伴游是个好主意吗？研究发现，回答这个问题时，成年人与青少年采取的认知加工方式完全不同。对这个问题做出反应，青少年所耗的时间显著高于成年人，这是由于他们偏好用"理性"的加工方式决策——注重"耗费心力、量化地算计风险与收益哪个划得来"(Reyna & Farley，2006，p. 1)：权衡风险与乐趣、算计成本与收益、对可能性很小的危险做毫厘之分，等等。这是第二类思维系统的加工，它耗时又费心，但准确性较高(Kahneman，2003)——这种说法对不对呢？不对！根据雷娜(Reyna，2004)的观点，大多数成年人会直截了当地给出一个更快捷、精准的答案，譬如"再好玩也抵不过其中的危险"(p. 65)，或"无风险胜于有风险"。这种在评估风险时使用"全或无"原则做判断是分类式推理的典型特征(p. 65)。

已有研究发现，要点聚焦式的认知加工随着心智发展而增长。雷娜和法利(Reyna & Farley，2006)支持上述观点——他们认为，成年人"认为风险是分类式(安全还是危险)或价值判断式的(值不值得)定性问题，而不是算计多寡的定量性问题，这反映出随着年龄和阅历的增长，我们会越来越多地倾向于使用要点式的推理加工方式"(p. 27)。研究者们进一步指出，随着年龄增长，"在衡量风险与收益问题上，精细的分析式认知加工会让位于粗略的价值性认知加工"(p. 36)，这有助于避免风险。然而究竟是如何做到的呢？研究者们给出了进一步解释：

心智成熟的成年人显然能够抗拒以身犯险的冲动，这并非出于任何刻意的思考或选择，而是因为他们直觉地抓住风险情境的要点，调动了恰当的回避风险的价值观，而根本不会去算计多少风险值得以身试险。(p. 2)

中国人之"悟"

The Chinese Notions of Wu

在中国，关于"抓住要点的直觉"最著名的形态之一非"悟"（或禅宗之"顿悟"）莫属。"顿悟"或"悟"是亚洲原创的打破思维定式的创新方法。以悟创新，其过程比仅仅提出新的观点要极端许多。正如兰格（Langer，1997）指出，基于智力的创新注重生成新的方法解决问题，基于意识的创新注重创造新的可能性——前者倚靠从问题到解决办法的线性思维路径，后者倚靠非线性、动态的思维范式转换。创造新的可能性，这种突破并非产生新的见解，而是一种基于自我参照的意识突破。在这种自我参照中，心灵能够探索新的视角，不再拘泥于问题和解决问题的成见，因而能够跳出自己制造的桎梏（Sundararajan & Raina，2015）。

彻底打破惯常设定（set-breaking）是禅宗在元认知舞台上的拿手好戏（Pritzker，2011）。禅宗如何打破惯常设定？通过顿悟——了解到 A 与 B 两类范式之间有天壤之别、无路可通。由于 A 与 B 无法类比，因此不可能存在从 A 到达 B 的线性路径。若想从 A 到达 B 需要意识上发生巨大飞跃，这种飞跃构成了"悟"或"顿悟"（satori）。B 与 A 两者间的关系和抓住要点式表征与逐字表征之间的关系相类似；选择前者（B 或抓住要点）而非后者（A 或逐字表征），反映出信息加工量的缩减——这正是启发式思维的特性。然而在此，独尊抓住要点、排斥逐字表征式思维的故事则在另一个舞台——元认知——上呈现的。在元认知的舞台上，高阶意识的发展通常会导致对低层次意识的贬斥。因此，B 的功能在于贬斥 A，使得 A 失去价值；此外 B 也会被基于更高层级的意识觉悟所贬斥和否定。

让我们来看一个有关"悟"（觉悟）的经典范例：相传禅宗五祖选定接班人的时候到了。他提出让弟子做偈来说明他们对佛法的最深领悟，以此选定传人。首席大弟子神秀做了一偈（A），写在禅室内墙之上：

> 身是菩提树，
> 心如明镜台，
> 时时勤拂拭，
> 莫使惹尘埃。（Suzuki，1956，p. 67）

惠能（638—713）则在神秀作品旁边写下了自己的偈，并在甄选接班人的比试中胜出，传得五祖衣钵，成为禅宗六祖。惠能的偈（B）如下：

> 菩提本无树，
> 明镜亦非台，
> 本来无一物，
> 何处惹尘埃。（Suzuki，1956，p. 67）

从"打破惯常设定"的视角来看，这里呈现出对坐禅（meditation）的两类想法 A 和 B：

A. 常规的想法，即心灵像一面镜子，需要勤奋专注地坐禅来使它清净。

B. 元认知性的觉知，将低阶认知（A）视为一种将心灵具象化的痴妄。

与逐字表征类似，A 看重坐禅实践的细节，修行得越多越好——越勤奋努力地去坐禅、清理痴妄杂念，就越能接近领悟真谛；然而六祖却说，这种方法不可能获得真谛，恰似禅宗所言——"磨砖作镜"。与坐禅、读经完全不同，顿悟是别样法门。以这个视角来看，B 重申了佛教领悟的要点所在：若执着于摆脱痴妄反而会深陷于更难以摆脱的痴妄，即心灵具象化（reification）。

从 A 飞跃至 B，这种观念范式的突变可谓是打破惯常设定的范例之一。打破惯常设定在穆雷、奥伊斯曼和朴允希（Mourey, Oyser-man & Yoon, 2013）的有关整体性思维的一系列实证研究中已经被提到（见本书第 2 章）。让我们来回忆一下，穆雷等人（Mourey, Oyserman & Yoon, 2013）进行的研究如下：你可以从三瓶饮料（牛奶、汽水和运动饮料）与三包零食（饼干、薯条和能量棒）中分别选取一种；然后你被告知，"哎呀！刚才说错了：不能任选两个，你只能选一个（要么饮料，要么零食）"（p. 1619）。那么接下来你会怎么做？从已有选择中挑出一个，还是重新从未选项目中选取？研究人员发现，被启动个人主义倾向的被试偏好使用分析式思维，他们更可能从已有（破缺的）设定中选取；而那些启动集体主义倾向的则倾向使用整体性思维——他们会放弃（破缺的）既有设定，重新从总体中选择。这是打破惯常设定的形态之一（跳出原有思维框架去思考）。然而还有一种更极端的打破惯常设定的方式。虽被我们忽视，但这个方式在穆雷等人（Mourey, Oyserman & Yoon, 2013）的研究 1 中已被提及——拒绝选择并退出。这与佛教之"空"的观念一致，这是一种打破惯常设定的极端形态——主体在说："快停车！我要下来！"

中国佛家思想之"空"
The Chinese Buddhist Notion of Emptiness(Kong)

中国之"空"的观念源于佛教中的"sunyata"（空性）。我们也可以将"空"视为"悟"的情感面。接下来，我以明代洪应明于 16 世纪所著的格言集《菜根谭》为材料，聚焦"空"的大众心理学（《菜根谭》英译版本见 Isobe，1926）。时至今日，《菜根谭》仍是中国版的心灵鸡汤，依然为人津津乐道（当代中国评论见 Wang，2004）。

"空"的核心是更高层级的觉知（见本书第 7 章、第 10 章）。接下来，我将再次提到前文中对启发式思维的所有分析（分类推理以及抓住要点与逐字表征的区别），但这次将在另一舞台——元认知或称更高层级的觉知——上展开。更具体地说，我将阐述如下主题：在元认知中，分类式推理如何转变为第二阶欲望和对"空"的强评估，以及"空"的情感转化及其独特的适口性转变，为何也是基于元认知的"悟"之突破。

二阶欲望
Second-Order Desires

根据法兰克福(Frankfurt，1971)的观点，虽然所有动物都有欲望，但只有人类具有对自身欲望加以取舍的欲望。泰勒（1985）将这种欲望的自我参照维度称为"二阶欲望"（second order desires），它是"对自身的种种欲望有评估能力，对自身欲望有好恶之分"（p. 16）。

二阶欲望通常伴随着"二阶觉知"。在二阶觉知中，个体关注的焦点从情感指向的对象转至情感本身。一阶意识可通过行为表达，但无法口头报告；相比之下，二阶意识是可以言说、报告的（Lambie & Marcel，2002）。例如，一阶意识层面的愤怒可通过摔门而去的行为来表达，但不一定能口头说出，这是因为此人可能并未意识到自己在发怒。相比之下，二阶意识水平的愤怒总是可以报告的——"我摔门的时候很生气"，同样，品味（见本书第 10 章）始终都是可以报告的——"我正在品味当下"。在此，请允许我提前为后文做简要铺垫，佛教之"空"的概念暗含着对丧失和伤痛的品味。但是在探讨品味之前，我们必须先来看一看由"空"之二阶欲望带来的一个重要后果——具有强评估性的道德蓝图。

道德蓝图
Moral Maps

查尔斯·泰勒（Taylor，1985）提出，道德蓝图由"某些基本的评估组成，这些评估为其他评估（如'幸福'或'美好的生活'）设定了范畴或基础"（p. 39）。道德蓝图有两种形式——强评估与弱评估（Taylor，1985）。弱评估类似于逐字表征，它注重实用性，如评估对象的效用价值、权衡情境的利弊，等等。而强评估类似抓住要点的启发式思维，它使用分类式的"全或无"推理。这种"全或无"式的思维可见于其在道德和本体论上的分类设定，譬如，好或坏、对或错、存在或不存在(空)。二阶欲望更偏好使用强评估。

道德蓝图的强评估可能引导对经验的再评估，甚至造成情感意图发生转变。举例来说，让我们来看一看关于"目标受阻"(个人目标达成受到阻碍的状态)的两种不同看法——科学希望论(scientific theory of hope)与《菜根谭》。科学希望论由斯奈德、查文斯和迈克尔(Snyder，Cheavens & Michael，2005)提出，它主要关乎一阶经验——个体沉迷于行动而不自知(Frijda，2005)，因而只关注追求目标的得失，但对情感本身并不自知。希望论是对当代心理学成见的重申，即认为情感"反映人们在追求目标时主观上的成功(积极情感)或失败(消极情感)"(Snyder et al.，2005，p. 114)。

相比之下，《菜根谭》主要处理二阶欲望。这种欲望构筑于强评估的道德蓝图之上，而不受所谓头脑中固有的"刺激—反应"回路驱使。这两者之间有着鲜明反差。例如，希望论(Snyder et al.，2005)认为，在追求目标的过程中受挫会降低幸福感。《菜根谭》却说，并非如此，挫折有益，而满足欲望却是毒药："耳中常闻逆耳之言，心中常有拂心之事，才是进德修行的砥石。若言言悦耳，事事快心，便把此生埋在鸩毒中矣。"佛教之"空"对个体经验的认知再评估值得我们深入分析。

"空"的分类式推理。让我们回想一下，抓住要点的启发式思维偏好分类式推理——在评估风险时会认为某些风险是不可量化的。例如，感染艾滋病的风险就算只有一次即已太多。与此类似，"空"

在对意义进行评估时，倾向于黑白分明、以一概全——人生要么极富意义，要么就完全没有意义。因此，《菜根谭》中写道："花叶成梦，玉帛成空。"这个强评估源自佛教中"浮生若梦，万事皆空"的情怀。

通常，"空"不仅仅是对追求某个目标之成败的评估，也是一种更深入的评估——它让我们诘问人生是否有目标和顾虑的可能性。换句话说，"空"是存在性的不寒而栗，这种颤栗动摇了事物的根本基础——我们一切的目标和顾虑都构筑于佛家所谓的"执着"之上。的确，一个通常被用来形容"空"的成语是"万念俱灰"，引用《菜根谭》的话来说："试思未生之前有何相貌，又思既死之后作何景色，则万念灰冷。"然而，这种"空"的评估并不一定是虚无主义。相反，它与情感转变息息相通——破解执着之后，方能在超脱中获得慰藉。

超脱(detachment)是一种非常复杂的情感状态。埃克哈特大师(Master Eckhart)的以下陈述恰如其分地捕捉到了超脱："因此，上上之事莫过超脱。超脱净化了灵魂，洁净了良知，点燃了心灵，激活了灵性，活跃了欲求，也让人感悟到上帝。"(引自O'Neal，1996，p. 193)埃克哈特的这些陈述表明了超脱与弃绝希望或因悲哀而孤寂避世是如此不同。与源自目标达成受阻的消极情感不同，超脱具有更复杂的结构。它是对丧失或哀痛的二阶觉知或品味(见本书第6章)——使得原有情感意图发生了转化。在埃克哈特的陈述中，这种情感转化展现在多种情感意图的创造性组合中——一方面是"净化"(灵魂)和"洁净"(良知)，另一方面则是"点燃"(心灵)和"激活"(灵性)。

让我们放慢步伐，来仔细看看"空"之中的情感转化。

"空"之中的情感转变

Transformation of Emotion in Kong

关于"空"的一种常见的情感转变是"味觉厌恶"（taste aversion）（见本书第 10 章）。加西亚（Garcia，1989）的动物实验模型中，研究者会在食物中添加催吐物质，产生味觉厌恶；味觉厌恶包含快感或适口性（palatability）的转变——动物对过去爱吃的食物变得厌恶排斥。若在"空"的语境下去理解，死亡的念头可以激发"适口性"的转变："名利饴甘，而一想到死地，便味如嚼蜡。"（《菜根谭》）。

对于伴随悟"空"而来的这种适口性转变，我们可以将之视为与"悟"相关的现象——范式转变或打破常规——的情感面。请回想一下，思维范式从低级意识认知（A）到高级意识认知（B）的转变，在"悟"的语境下，即 B 否定 A 之价值的过程。在适口性转变的例子中，我们可以发现相同的机制：启动"死亡不可避免"的觉悟之后，低级意识中甜美的经验 A 就被否定了——味道变得不再可口（B）。让我们再来看一个例子，下面这段《菜根谭》的引文清晰明确地陈述了一个适口性转变的序列过程：

宾朋云集，剧饮淋漓（起初的状态）乐矣（原本的情绪），俄而漏尽烛残香销茗冷（状态改变成为移情的前因），不觉反成呕咽，令人索然无味（新的情绪感受）。天下事率类此（新的洞见）。（改编自 Isobe，1926，p. 202）

伴随着从快乐愉悦到恶心呕吐的适口性转变，"悟"的思维范式也发生了转变，所以会说"人生本无常"。但是，究竟是什么激发了这些认知和情感上的巨变呢？在这段引文中，我们只看到了触发点，如谈及死亡不可避免或宴乐必将终结，但并没有看到对这些意识巨变的解释。我猜想，引发"空"的因素之一在于这些触发点经过特殊的认知加工，即"品味"（见本书第 10 章）。品味在达成"空"的过程中有所贡献，其线索体现在所有上述"空"的情境都包含敏锐的情感和体验。

通俗的情绪调节策略倾向于平抑被激起的情绪/情感。与前者不同，"空"之品味的功能并非去压抑，而是激发情感使其更为兴奋，从而增强和深化情感体验。在此我正式提出一个命题，在"空"之观念框架中，意识发生突破（即"悟"）受两方面力量的驱动：强评估和深度认知加工。前者凭借启发式思维的分类式推理而实现，后者依托于品味生活中的丧失和重大目标受挫而达成。至此，我们已对强评估做了详细的分析，本章余下的部分将聚焦于"品味"与"空"的联系，就让我用两首古典中国诗词为例。

李煜(937—978)的诗词。下面这首词由南唐后主李煜所作。他的悲剧人生除了痛失妻子、幼子之外，还有亡国沦为阶下之囚——他一直都被软禁在宋朝都城，直至死去；四十一岁生日当天，他被逼服毒自尽。下面这首词作于李煜受软禁期间。

浪淘沙

往事只堪哀，对景难排。

秋风庭院藓侵阶。

> 一任珠帘闲不卷，终日谁来？
>
> 金剑已沉埋，壮气蒿莱。
>
> 晚凉天净月华开。
>
> 想得玉楼瑶殿影，空照秦淮！

可以想见，这位末代君王的回忆中挟着无尽的悲伤与失落。但是词尾的"空"却不止如此。思念着映照在秦淮河粼粼波光中的宫阙，末代君王体会到了"空"。往日宫廷的奢华炫美转眼已成徒然——回忆中所有的美轮美奂都化作对丧国之君的奚落嘲讽。然而不止如此。"空"是一切如梦如幻、没有实质的感觉。诚然，"玉楼瑶殿影"的意象精妙地捕捉到了"空"的感觉：所有琼楼玉宇、亭台楼阁都不过是波光中闪现的海市蜃楼和转瞬即逝的幻象罢了。

但是，在这一切的幻灭中还存有一丝宽慰，即对事物之美的鉴赏，这是"品味"所特有的能力。若非如此，诗人不可能捕捉到那迷人的瞬间——月色在微凉的夜晚，无比华丽地倾洒于清澈静谧、万里无云的夜空。这个意象也很好地捕捉到了"悟"的刹那——真见（insight）如明月在夜空中突现一般带来了黎明。诗人刹那间对"空"的"觉悟"不禁让人联想到海德格尔（1971）的名言："灵魂之伟大在于它能否达到'燃烧的真见'（flaming vision）之境界——在痛苦中得其所安。"（p. 180）

第二首关于"空"的诗更倾向于哲学沉思而非情感痛苦。

欧阳修（1007 年—1072 年）之词一首。 欧阳修是北宋时期的政治家、历史学家、哲学家、散文家和诗人。以下是他在游览西湖名胜时所作的一首词。

采桑子

群芳过后西湖好，

狼藉残红，

飞絮濛濛。

垂柳阑干尽日风。

笙歌散尽游人去，

始觉春空。

垂下帘栊，

双燕归来细雨中。

西湖畔，笙歌散尽游人去——又一次，宴乐终结引发了"空"的感受。然而，除了觉知春意将尽，"空"还包含自我参照式的认知评估——体察自己对春的那份执着。与之相随的情感转变也是矛盾的情感组合：一方面，"垂下帘栊"表达出无奈和弃世；另一方面，成双归来的燕子（也许是因它们恋巢）又蕴含着对人情的依恋。另外，还有心理空间在此间浮现：层层半透明的屏障——垂下的帘栊与细细的雨丝——将心理空间与外界分隔开来。通过这个"空"的心理空间，诗词作者以更新的、不含执着的欣喜之情迎接归燕。请注意，诗人的情感意图在此时已发生深刻的转变，从对春色的执着贪恋——至笙歌散尽、游人离去方才"始觉"春空——转变为静静地退身（垂下帘栊）；从"以春逝为失"转变为"以归燕为得"。然而，诗词中的情感重心并不在于由失到得的复原。最终，诗词作者已能平和淡然地视得失如一。

随着心理空间浮现，时间也发生了变化。春的急躁与喧哗——

游人和笙歌——随着"空"的感悟变成了从容的静思，"垂柳阑干尽日风"就是对此绝佳的体现。请注意，这个图景中并未出现"主控思维"(Snyder et al.，2005)特有的"精力充沛地追求目标"。反之，我们所见的却是"接纳"(receptiveness)：风中的垂柳懒洋洋地摆动，并无丝毫主动的决定和对目标的追求，在帘栊下静静沉思的诗人亦然。

最后，随着由执着到超脱的转变，味觉厌恶式的适口性转变也会出现（见本书第 10 章）。在欧阳修的这首词中，对"空"的觉悟包含了味道由好至坏又由坏至好的双重反转。施韦德和海德特(Shweder & Haidt，2000)在中世纪印度教典籍中发现了厌恶感的一种亚型——"恐怖和幻灭，以及因寻求超脱、超越和得救而生的厌世之情"(p. 403)。幻灭与厌恶感之间联系紧密，可能在于"对味道不好的食物（可引申为经验）的拒斥"(Rozin，Haidt & McCauley，2000，p. 644)。上面这首词一开始就提到了春色的破灭："群芳过后……狼藉残红。"（前两行）但是，此处暗含的厌恶感/幻灭却得到相反的评价——不同于传统的成见，此间的破败景象却被称为"西湖好"（词第 1 行）。这正是罗赞(Rozin，1999)所说的"快感逆转"(hedonic reversal)——最初引起厌恶的对象反而备受青睐。举例来说，即使辣椒一开始会带来让人拒斥的灼辣口感，但渐渐地人们反而会喜欢上这种味道。然而，除"快感逆转"之外，诗词作者的情感转变还在于他对乐趣的重新定义——将通俗的乐趣与高雅的志趣区分开来：通俗的乐趣会随春（或象征着青春）去而消逝，高雅的志趣则随心常驻。

结　语

Summary and Conclusion

　　总结来说，佛教之"空"的观念包含了情绪/情感的转变彻底，这与"悟"中的打破常规相对应。这两种现象往往相伴发生，而且有着相同的基本认知机制，即抓住要点的启发式思维。我对启发式思维如何直截了当地把握事物的要点做了分析；要点聚焦式思维是所有形式之"悟"的必要但非充分条件。"空"的另一个组成部分是元认知，或称二阶觉知，它与启发式思维相结合，可以引发强评估。强评估与弱评估的区别在于启发式思维和分析式思维之间的差异（见本书第1章表1-1）。分析式思维是弱评估式的认知加工策略，它计算权衡事物的利弊。相比之下，启发式思维使用较粗略的认知加工，引起强评估。强评估并不关注利弊营收等现实问题，它关注的是本体论式的问题——好与坏、对与错、存在还是空无。我进一步说明，当面对人生重大的丧失或目标受阻时，对这些苦难体验的品味与强评估相结合，就会引发"空"的巨大情感转变。这种基于"空"的情感转变表现在适口性转变。这让我们联想到引发大鼠适口性改变的实验。

　　在研究人员向食物中添加催吐物后，大鼠会对曾经喜爱的食物避而远之。我们不难体会到大鼠在实验中的这种适口性改变——对于过去经常光顾的餐厅，当我发现在我最喜爱的汤里飘着一只虫子，我就决定再也不去那里用餐了。此时，若使用"更为理性"的分析式思维对得失精打细算，那么一个人可能会想："一只死虫子又不可能把你毒死，如果以后不来这里，很多其他可口的菜品就再也吃不到了，这可怎么办?"但是，我所用的推理是粗略的、分类的启发式思维："这太恶心了，我再也不会去那里用餐了!"

　　然而我们如何从这种情况提升到如上文中诗人一般，能够以创造性的方式应对生活中的挑战呢? 面对人生重大的失败或失望，诗人可以做到超脱与平和地接纳而不放弃，随缘而不灰心。强评估的启发式思维需要什么条件才能促成如此精妙的回应呢? 我认为，答案就在于将元认知和品味(见本书第 10 章)这两种元素结合起来。

　　就元认知(见本书第 7 章、第 10 章)或更高层级的意识来说，洞见(诸如"悟")的关键，乃在于意识发生突破;而不像大鼠适口性的改变，或我的不愉快用餐经验，仅仅是在喜欢到不喜欢这两极间翻转。

　　就品味而言，当洞见通过意识突破打开新的可能性(Langer，1997)时，品味的广泛信息加工就有了用武之地。感受与思维的新的可能性，也许来源于由品味(见本书第 10 章)而生的稀有联想，即所谓"原型叙事"(protonarritive)(Sundararajan，2008)。具体来说，品味使用散焦注意(defocused attention)——这种广泛接纳、较少取舍的注意方式(Sundararajan，2004)，让那些稀少和鲜见的联想不受排斥(Kounios & Beeman，2014)，甚至让它们成为认知加工的主要对象。例如，前文引用的李煜的词，在痛苦和丧失的境遇中，对美景的欣赏可谓是一种极其罕见的联想，但这并没有被沮丧之情淹没;而缺乏创造性的人则不然，因为他们对消极情绪的品味能力(Sundararajan，2014)不够发达。失国之君李煜的原型叙事——一则

"晚凉天净月华开"的小故事——以及其他诸多出自他笔下的永恒绝美意象，让他在中国诗词的王国中成为永远的帝王。

参考文献
References

Abadie，M.，Waroquier，L.，& Terrier，P. 2013. Gist memory in the unconscious-thought effect. *Psychological Science*，24，1253-1259.

Frankfurt，H. 1971. Freedom of the will and the concept of a person. *Journal of Philosophy*，67，5-20.

Frijda，N. H. 2005. Emotion experience. *Cognition and Emotion*，19，473-498.

Frijda，N. H.，& Sundararajan，L. 2007. Emotion refinement：A theory inspired by Chinese poetics. *Perspectives on Psychological Science*，2，227-241.

Garcia，J. 1989. Food for Tolman：Cognition and cathexis in concert. In T. Archer & L. -G. Nilsson (Eds.)，*Aversion，avoidance，and anxiety* (pp. 45-85). Hillsdale, NJ：Lawrence Erlbaum.

Gigerenzer，G.，& Gaissmaier，W. 2011. Heuristic decision making. *Annual Review of Psychology*，62，451-482.

Heidegger，M. 1971. *On the way to language* (P. D. Hertz，Trans.). New York：Harper & Row.

Isobe，Y. (Ed.). 1926. *Musings of a Chinese vegetarian*. Tokyo：Yuhodo, Kanda.

Kahneman，D. 2003. A perspective on judgment and choice：Mapping bounded rationality. *American Psychologist*，58，697-720.

Kounios，J.，& Beeman，M. 2014. The cognitive neuroscience of insight. *Annual Review of Psychology*，65，71-93.

Lambie，J.，& Marcel，A. 2002. Consciousness and emotion experience：A theoretical framework. *Psychological Review*，109，219-259.

Langer，E. J. 1997. *The power of mindful learning*. Reading，MA：Addison Wesley.

Liu，W. C.，& Lo，I. Y. (Eds.). 1975. *Sunflower Splendor：Three thousand years of Chinese poetry*. Garden City，NY：Anchor.

Malcolm，G. L.，Nuthmann，A.，& Schyns，P. G. 2014. Beyond gist strategic and incremental information accumulation for scene categorization. *Psychological Science*，25，1087-1097.

Mikels, J. A. , Maglio, S. J. , Reed, A. E. , & Kaplowitz, L. J. 2011. Should I go with my gut? Investigating the benefits of emotion-focused decision making. *Emotion*, 11, 743-753.

Mourey, J. A. , Oyserman, D. , & Yoon, C. 2013. One without the other: Seeing relationships in the everyday objects. *Psychological Science*, 24, 1615-1622.

O'Neal, D. 1996. *Meister Eckhart from whom God hid nothing: Sermons, writings, and sayings*. Boston, MA: Shambhala.

Pritzker, S. R. 2011. Zen and creativity. In M. A. Runco & S. R. Pritzker (Eds.), *The encyclopedia of creativity* (2nd ed. , Vol. 2, pp. 539-543). San Diego, CA: Academic Press.

Reyna, V. F. 2004. How people make decisions that involve risk: A dual-processes approach. *Current Directions in Psychological Science*, 13, 60-66.

Reyna, V. F. , & Farley, F. 2006. Risk and rationality in adolescent decision making. *Psychological Science in the Public Interest*, 7, 1-44.

Rozin, P. 1999. Preadaptation and the puzzles and properties of pleasure. In D. Kahneman, E. Diener, & N. Schwarz (Eds.), *Well-being: The foundations of hedonic psychology* (pp. 109-133). New York: Russell Sage.

Rozin, P. , Haidt, J. , & McCauley, C. R. 2000. Disgust. In M. Lewis & J. M. Haviland-Jones (Eds.), *Handbook of emotions* (2nd ed. , pp. 637-653). New York: Guilford.

Shweder, R. A. , & Haidt, J. 2000. The cultural psychology of the emotions: Ancient and new. In M. Lewis & J. M. Haviland (Eds.), *Handbook of emotions* (2nd ed. , pp. 397-416). New York: Guilford.

Simon, H. A. 1982. *Models of bounded rationality*. Cambridge, MA: MIT Press.

Simon, H. A. 1989. The scientist as problem solver. In D. Klahr & K. Kotovsky (Eds.), *Complex information processing: The impact of Herbert A. Simon* (pp. 375-398). Hillsdale, NJ: Lawrence Erlbaum.

Snyder, C. R. , Cheavens, J. S. , & Michael, S. T. 2005. Hope theory: History and elaborated model. In J. Eliott (Ed.), *Interdisciplinary perspectives on hope* (pp. 101-118). New York: Nova Science.

Stanovich, K. E. , & West, R. F. 2000. Individual differences in reasoning: Implications for the rationality debate? *Behavioral and Brain Sciences*, 23, 645-726.

Sundararajan, L. 2004. Twenty-four poetic moods: Poetry and personality in Chinese aesthetics. *Creativity Research Journal*, 16, 201-214.

Sundararajan, L. 2008. The plot thickens—or not: Protonarratives of emotions and the Chinese principle of savoring. *Journal of Humanistic Psychology*, 48, 243-263.

Sundararajan, L. 2013. Simple heuristics: What makes them smart? Review of Hertwig, Hoffrage, & The ABC Research Group (Eds.) (2013), Simple Heuristics in a Social

World. PsycCritiques, 58(34), article 4.

Sundararajan, L. 2014. The function of negative emotions in the Confucian tradition. In W. G. Parrott (Ed.), *The positive side of negative emotions* (pp. 179-197). New York: Guilford.

Sundararajan, L. , & Raina, M. K. 2015. Revolutionary creativity, East and West: A critique from indigenous psychology. *Journal of Theoretical and Philosophical Psychology*, 35, 3-19.

Suzuki, D. T. 1956. *Zen Buddhism*. New York: Doubleday Anchor Books.

Taylor, C. 1985. *Human agency and language*. New York: Cambridge University Press.

Wang, Q. J. 2004. *The wisdom of life in Cai-gen Tan* (in Chinese). Taipei, Taiwan: Cong-wen Guan.

第4编

结　论
Conclusion

第 12 章

情感为何物？ 来自野生土长知识花园中的答案
What is an Emotion? Answers from a Wild Garden of Knowledge

导 言
Introduction

……屋顶露台上挤满了人，大家将目光向下投向同一个庭院……争论不休地挑剔同行眼中斑驳的污垢。而就在咫尺之外，有一座无人知晓的野生知识花园（a wild garden of knowledge）。(Picard，2010，p. 251)

1884 年，威廉·詹姆斯(James，1884)提出了一个问题：情感是什么？历经一个多世纪，现在我们已拥有一门专门研究情感的科学——它不仅蓬勃发展，还积累了丰富的知识。但由于诸如采样偏差等因素，这门科学的知识库却仍有着重大的空缺(Henrich，Heine，& Norenzayan，2010a，2010b)。要想填补情感科学知识库的空白，我们需在西方心理学之外、野生土长的知识大花园取材。但在此之前，为了回答詹姆斯的问题，我愿意从一个更为谦和的问题谈起——与其诘问情感为何物，不如思考"我们如何建构情感模型（how we model emotions）"。在本章中，我将检视中国传统文化中关于情感的心理学模型。

本章将分三步来介绍中国传统的情感理论。首先，我将对汉语中的情感做出定义，阐明其认识论依据，并说明这个定义对情感理论的意义。其次，通过引用西方心理学中类似的观念，我将尝试勾勒中国情感理论的轮廓。特别是，我提出"聚焦于由感而发的体验"（impact-focus）的理论来解释中国人的情感。最后，我将以一个新的视角作为结尾——若视情感为一条大河，中国人的情感理论专注于情感的上游，而西方分门别类式的情感理论则专注于情感的下游。

对中国的传统情感理论的概述可以从关于情感的词汇之定义开始。

情感的定义
Definition of Terms

在现代汉语中，最接近英文"emotion"的是复合词"情感"或"感情"，而"情"常被用于这些复合词的缩写。虽然汉语中的"情"字被认为是代表情感的词汇（Hansen，1995），但还应了解的是，中国的情感概念包含了两个"支流"，即"情"与"感"，应将二者分开来分析。

"情"——在乎于真。据前汉典籍（公元前 500—前 200 年）记载，"情"主要指"真实"（genuine）"事实"或"实情"（Graham，1986，p. 63）。这种关于"真"的内涵包含两个领域——世界与心智。对于世界，"情"是指某个情境的真实状况；何莫邪（Harbsmeier，2004）认为，对于"心智与心灵"（两者都被用"心"字来表示），"情"这个词意指"基本的感受和情怀"（p. 94），或"个体深刻的信念、反应或感受"（p. 101）。简言之，"情"指人性的表达。

西方思想界一直都认为，情绪/情感在某种程度上会扭曲现实。这种观点有着悠久的历史，从柏拉图到萨特（海德格尔除外）都是如此。与西方不同，中国人则相信"情"可以揭示个人或世界的真实一面。有关这一点，最具说服力的论述之一可见于中国著名的民间故事编纂者与作家冯梦龙（1574—1645）的著作之中。冯梦龙提出，是"情"使我们能够立足现实，扭曲现实的其实是人——当人无法真实地对待自身之"情"时就会产生歪曲现实的认知（Feng，1983）。

"感"——使我们彼此联结的感性。"情感"这个复合词的另一半——"感"的意思是"激起"（stirring）"感动"（affecting），但它常用于被动语态，即表达"被激起"或"被感动"。"感"常常与另两个字合用形成"感应"和"感类"（对同类的回应）（见本书第6章）。"感应"一般被用于表示"回应"，它的字面意思是"刺激—反应"，但它并非刺激—反应那样简单，而是以同感共鸣的宇宙中万物合一为基础的反馈回路。复合词"感类"是对上述观念的绝佳反映。"类"的字面意思是"类别"，因而"感类"意为"依类同而回应"（Goldberg，1998，p. 35）。据说孔子曾对《易经》做了如下评述："同声相应，同气相求。水流湿，火就燥……"另一部中国古文典籍《列女传》中也提道："夫牛鸣而马不应，非不闻牛声也，异类故也。"

"情"与"感"提出了人之所以为人的重要条件：感受（feeling）与

人性密不可分，人性的本质是感性（affectivity）。西方主流心理学中，情绪/情感的主要理论建构在由事物引发的被动反应（reactive response）之上，而中国的情绪/情感则把重点还原到对回应的感受性（affective disposition of responsiveness）上，认为这才是情感理论的基础。中国人对情感的看法与维特根斯坦（Wittgenstein，1953）的观点一致，后者对人类普遍之感受性做了分析，并认为其关键并非感情事件，而是人在某种条件下具有某种感受的可能性。

只有厘清其背后的认识论基础，我们才可以对上述的传统情感模型有较全面的认识。接下来就让我们看一看这些理论模型的认识论。

延展心灵假说
The Extended Mind Hypothesis

中国传统的心论得到了当代哲学学派"延展心灵假说"（extended mind hypothesis）的有力支持（Clark，2008）（见本书第 6 章）。西方的成见认为，"心灵"是私有空间，是个体内在的认知加工场所，只有通过内省才能把握。相比之下，延展心灵假说认为心灵亦可分布于头脑以外的外在世界。换言之，延展心灵假说认为，心灵的运作并非大脑内部活动而是与外物相交（encounter with the world）（Clark，2008；Noë，2009）。这种观念改变了我们的关注点，从认知对外部环境形成表征转变为持续不断地与物相交（Clark，2008）。由此来看，延展心灵假说与人、物之间一体同气的交接论不谋而合。对于这个观念，达瑞奇（Dou-rish，2001）的表述切中要点："心灵栖居于躯体之内，而我们的躯体栖居在世界之中，自我与躯体、躯体与世界彼此无缝契合。"(p.102)这对知觉与情感理论都很有意义。

一般的成见认为，知觉是大脑的活动，是内部信息加工过程。依据这种观念来看，情感的作用是收集与进化有关的外部世界信息，以便大脑能快捷、有效地表征外部世界的图景。"外部世界本身……并不参与大脑的加工活动……至多也不过是外界扰动边缘神经系统（感官），从而发动大脑运作，使我们似乎看见了什么。"(Noë，2009，pp. 136-137)相比之下，延展心灵假说认为，"看见（seeing）是（心灵）与环境的匹配（coupling）"——诺尔（Noë，2009，p. 145）如是说。这种见解可以通过以下的观点阐明，即感性是一种传感器（sensor）。

匹配式的传感机制（*coupling-style sensing*）。情绪/情感可被视为一种传感机制。传感机制是"开放的通路，使环境的此消彼长从而不断影响行为"（Clark，2008，p. 16）。感应（刺激—反应）的同感共鸣反馈回路与传统心理学中所谓的刺激—反射弧，分别对应于两类不同的传感机制，即匹配式传感和常规式传感。

在常规观念中，传感机制是使信息转化为内在心理模型的途径。相比之下，延展心灵假说（Clark，2008）认为"传感机制……作为每时每刻都在运行着的通路，有效地将主体与环境匹配契合到一起"(p.15)，从而生成了"高度适应性的、闭环的（closed-loop）、依赖于回馈的（feedback-dependent）心理过程"(p.152)。许多中国典籍都强调心灵与世界的内外双向交互，与此一致，克拉克（Clark，2008）以舞蹈为类比，将匹配式传感所具有的连续的、互动式的因果关系表述为："某个系统 S 持续地影响另一系统 O，同时也受系统 O 的影响。"(p. 24)这很好地解释了为什么在中国典籍中"感"(感受)和"应"(回应)的用法是可以互换的。

埃夫里尔、斯坦纳特和莫尔(Averill，Stanat & More，1998)指出，刺激与反应之间的相互关系在很多西方思想家尤其是杜威(Dewey，1896)、冯·于克斯屈尔(von Uexküll & Kriszat，1957)和吉布林(Gibson，1979)的理论中占有重要地位。而延展心灵假说对配合式传感在认识论上的重要意义做了更深刻的揭示，接下来就让我们具体来看一种配合式传感。

将信息留在外界
Leaving Information in the World

延展心灵假说认为，最好将"信息留在外部世界，而非尽数纳入头脑之中"(Clark，2008，p. 156)。这种不在头脑中表征外部世界的方式到底有什么好处呢？克拉克(Clark，2008)指出，优势之一是让大脑、躯体和外部世界共同分担问题解决带来的认知负荷，譬如"减少使用内部(特别是表征性)资源，增加随时随地与外部世界的交互"(p. 141)。Ju /'hoan 是生活在博茨瓦纳西北部卡拉哈里(Kalahari)沙漠中的狩猎—采集部落，他们是遵循上述原则的典范——尽可能少地贮存所需，只在必需时才去采集食物。因为他们相信"环境本身就是贮藏库"(Katz & Murphy-Shigematsu，2012，p. 30)。然而许多其他生物要比人类更加深谙此道。

海豚与远洋轮船。将信息置于外部环境的另一优势是节省能量。与其投注很多资源到内部（如发展出具有强大运算功能的大脑），一些非人类的生命机体转而利用外在的环境资源。克拉克（Clark，1997）指出，许多鱼类的游动能力从推进力学（propulsion）来说属于矛盾性的悖论。以海豚为例，其肌体结构照理说并无法产生强大的推进力，那么它们非凡的游行效力从何而来呢？克拉克推崇的理论假说认为，海豚"进化出特有的能力，它能有效地利用水下环境，从中获得额外的流体力学推力"（p. 219）。相对于海豚，船只和潜艇则"显得笨拙、呆板又迟缓"（p. 219），因为这些舰船"将外在水环境作为阻力去对抗，而非以细心观察的态度和轻柔细摩的手段将船身周遭的流体力学转化为自身可用的资源"（p. 218）。

鸭先知。虽然我们的远洋轮船未能借鉴鱼的智慧，但中国人对鸭子敏锐的感知能力却十分钦佩。正如中国谚语所说："春江水暖鸭先知。"这个观测对科学研究有所助益。范发迪（Fan，2004）指出，"文化大革命"期间中国科学家曾与群众协作，共同研究如何利用动物探测地震。

除了直接利用动物，人类亦可模仿它们。信息不在头脑之内，而在环境之中——这个观念可能促发了一场"进化军备竞赛"——争相发展以环境中更为高效地拾取微妙线索的能力。中国人就有许多有关微妙环境线索的词汇。

"势"——指所在环境的潜在动向，即属于注重外在环境的词汇之一。情境之"势"有顺逆之分（见本书第 9 章）。正如井润田和范德文（Jing & Van de Ven，2014）所说，"从阴阳观看来，环境的变化永不止息、周而复始，因而当前的境况最终会转化到其对立面，具有顺向或逆向转变的可能，即'势'"(p.32)。为了利用变化不定的环境，"变革者必须对境况保持警觉、密切监察，以便抓住'势'的顺逆转变之机"(p.50)。井润田和范德文解释道："当'势'有利时，变革者可顺势而为，抓住变革的时机。当'势'不利之时，变革者应采取策略，通过造势促成下一个有利之'势'。"(p.44)井润田和范德文对成都市公交集团公司总经理陈蛇的成功经验做了分析，记录下许多把握"势"的策略。对于陈蛇如何借"势"推动业务发展，以及在此过程中所展现出的聪明才智，井润田和范德文都做了详细描述，这些内容都不禁让人想起克拉克（Clark，1997）笔下的鱼类——利用"水流回旋、逆转和漩涡的冲力去推进和游动"(p.219)，有些鱼甚至可以借此发挥出超过自身躯体 100% 以上的游动效率。

细品妙机。关注外部环境的另一词汇是"机"。日常用语中，"机"是指抓住可利用的环境线索。文学理论中，"机"是指"事物发展过程中最微妙的、尚未成型的自然阶段。可将'机'理解为冲动（impulse）或预感（intimation）"（Owen，1992，p.584）。如何在环境中捕捉如此微妙的线索呢？诗人/文学评论家司空图认为可通过品味来实现。

在品味之学说中（见本书第 10 章；Sundararajan，2004，2008；Frijda & Sundararajan，2007；Sundararajan & Averill，2007），"机"与情绪/情感的元叙事性（protonarrative）密切相关。元叙事性是指那些不具定形的、微妙细腻以致难以言表的情感暗流。所以司空图写道："素处以默，妙机其微"（Owen，1992，p.306）。此处，司空图将"机"这个字从它的惯常用法中区分出来。在惯常用法中，"机"常关乎于行动，即选取恰当的时机而采取行动；但在司空图的用法中，"机"聚焦于环境之特性，而非应对环境的行动。对于诗人来说，"机"不是引发行动的线索，而是一种情感感受——是"被品味"的对象。另外，相对于行动之"机"，审美品味之"机"可能更具实用价值——品味能够帮助我们获得如江中之鸭一般对环境的敏感性：为了拾取周遭环境的微妙线索，绝佳的起始点莫过于内在心灵环境，即诗人自己的感受和心境；品味还能赋予诗人区辨力——将情感体验中那些无论用中文还是英语都难以言表的种种重要的情感线索区别开来。

有关中国人表述情感的词汇及其认识论基础就讲到这里。现在让我们回到威廉·詹姆斯的问题：情感是什么？在本章余下的部分里，我将结合当代心理学中相似的观念来梳理思路，提出一套有体系的中国人之情绪/情感理论，来回答詹姆斯的提问。

发展中国人之情绪/情感理论
Toward a Psychology of Chinese Emotions

心理学对情绪/情感的"标准定义"是这样的："情绪/情感是一套心理系统，对内部或外部与情境相关的信息进行评估，以决定其是否能满足个人动机的需要。"（Holodynski & Friedlmeier，2010，p. 89）。照此来说，情绪/情感是分门别类式的经验（categorical and discrete experiences），它侧重评估个人利害，如情感事件的因果缘由，情感是否符合个人原则，以及如何应对。但是，若真是这样，婴儿就不可能有情感，他们表现出的只是一些原始反应，譬如对抚养者敏感以及模仿动作；这些原始的反应随后会被成熟的行为取代。举例来说，婴儿的散焦注意(defocused attention)后来会变成聚焦注意(focused attention)，正是因为情绪/情感的作用；而婴儿与抚养者协同式的情绪/情感调控将会被日益自主化的成人式情感应对替代(Holodynski & Friedlmeier，2010)。正如前面章节中我们探讨过的，中国人的情绪/情感观念以儿童模式为范本；若将上述主流心理学中公认的(成人模式)观点生搬硬套到中国人身上，无异于削足适履。因而在理解中国人的情感时有必要在主流之外的少数不同声音中找寻启发。将主流之外的观点纳入研究中可以实现双方共赢：一方面这些反主流的声音可以将中国人的情感观念恰如其分地陈述出来；另一方面这也能够让它们在中国的情感理论中找到更自然的用武之地。

在以下部分中，我将依照雷同程度的多寡、自下而上地循序介绍与中国情绪/情感观念吻合的一些当代心理学重要观点。若有遗漏，敬请见谅。

核心情感论。核心情感论(core affect theory)(Russell，2003)作为批判当代心理学情绪/情感理论最犀利的声音，对情感分类论、认知评估论，以及与这些理论相关的情感因果论和情感叙事理论提出了质疑。"情"之理论与核心情感论都重视感受和体验，但两者也存在不可调和的差异。核心情感论是分析性的理论，它聚焦于个体内在的心理现象，它将由影响而生的情感现象(affective phenemena of impact)归纳为在情感激发与情感好恶两个维度组成的作标空间上模糊笼统的一个点——然而它却遗漏了外在世界(Deonna & Scherer, 2010)。相比之下，中国人对感受和经验的理解是整体性的，并不把情感现象归纳为个体内在的心理活动。

"交接"论。交接论(transactional account)将外在世界带回到解释情绪/情感理论架构中，它与"感应"(responsiveness)论相容相通，两者都将情绪/情感视为"对感应性的社会环境做出的反应"(Parkinson，2010，p.160)。交接论将中国人的情感观与认知评估理论在认识论上的关键差异呈现出来。在认知评估论中"知之非为之"——后者(为之，情绪/情感的行为反应)受前者(知之，对世界的知识表征)介导。相比之下，中国人的心灵交接观认为"知之即为之"(Woodward，2009)——我们并非通过表征世界的知识，而是通过与世界交接互动的行为去了解世界。正如研究交接论的学者格里菲恩(Griffiths，2010)所说："情绪/情感是人们参与世界、与世界互动的精妙方式，并不需要靠概念化的思维来介导。"(p.24)

正念。正念(mindfulness)研究对中国人的情感心理学有着双重贡献：首先，正念倡导暂停认知评估。布朗和科登(Brown & Cordon，2009)指出，认知评估理论是"闭门造车式的生活叙事"(p.227)，会对日常生活造成干扰。"暂停认知评估"与中国诗词中对"隔"(flitering)的忌讳(见本书第 7 章)异曲同工。西格尔(Siegel，2007)指出：以自身或他人的认知表征来过滤事件和经验不仅"会扭曲解读自我线索的能力"(p.70)，并且"磨灭了直接的感受"(p.99)。其次，正念研究呼吁我们关注外在环境，正如西格尔(Siegel，2007)

所说，实践正念时，"我们将注意专注于外在世界，而自我是世界中全然投入的参与者……"(p. 255)

最后，对中国情绪/情感心理学最有力的支持来自"聚焦由感而发之体验"理论（Murphy，Hill，Ramponi，Calder & Barnard，2010）。它值得我们特别关注。

从"聚焦于由感而发之体验"视角看情感
Toward an Impact-Focus Approach to Emotion

墨菲等人（Murphy et al.，2010）指出，聚焦于由感而发的手法（impact-focus approach）虽然在艺术话语和新闻摄影等领域中被广泛应用，但至今却仍被主流心理学忽视。中国人有关"感"的理念恰恰可以填补这个空白。"感"的关键在于"由感而发"（impact）。让我们以"由感而发"之观念与主流心理学的认知评估理论做比较。哈雷（Harré，2009）曾对认知评估做过一段极具说服力的论述，他引用"鸭—兔素描两可图"来说明人在确定所见为何物时，需要调用已有心理表征——鸭子或兔子的图式（见本书第 10 章）。然而，维特根斯坦（Wittgenstein，1953）却指出，如果让看到鸭子的人和看到兔子的人将所见的东西画出来，那么双方会画出一样的东西。可见，由感而发的体验远比我们能借用观念说出来的多得多，这种与生俱来的感受能力正是从"聚焦于由感而发"的视角看情感时所注重的。

墨菲等人认为，由感而发不应与激发（arousal）和好恶（valence）混为一谈（Murphy et al.，2010）。但是与"影响"学说差异最大的理论一定是认知评估理论。为了说明这一点，让我们参考墨菲等人编制的"影响"评定量表（impact rating scale）的指导语：被试观看一组简短呈现、内容不一的图片，而后：

> ……对每一图片带来的影响即刻打分。具体来说，在您对图片加以思考、尝试分析、理解图片内容之前，您可能会有某种不知为何但即时产生的感动。我们希望您能将每张图片作为一个整体去看。您只需判断图片内容是否给您带来了即时的影响。在为判断打分时，请尽量不要去思考图片的细节或内容，如恐怖、愤怒、愉悦……或其可能引发的想法、观念。请您对图片所带来的整体的、即时的影响进行评分，不要考虑它给您带来影响的背后的个人因素，无论是积极的、消极的或中性的影响都无所谓。（Murphy et al.，2010，p. 607）

根据上述影响评定量表的指导语，我们可以将影响聚焦（impact-focus，IF）取向与主流心理学（mainstream psychology，MP）的取向区分开来，具体差异如下：

①怎样与是什么：IF 关注人如何感受，而 MP 关注"这是什么感受"。

②效果与原因：IF 关注情感刺激的效果，而 MP 关注引发感受的因果性解释。

③专注于外在环境与专注于内在心理：IF 关注外在环境中情感激发物的特征；而 MP 则向内聚焦，关注个人的焦虑或情绪/情感的脑机制。

④整体感知与细节分析：IF 关注对情境整体印象的感知，而 MP 将现象分析式地解剖为刺激性的、积极或消极分门别类的情绪/情感等。

⑤非主题式表征与主题式表征：IF 偏好非主题式的表征，如意象或元叙事(见本书第 10 章)；而 MP 偏好主题式的表征或情感叙事。

这几点差异对于中国情感理论的意义已在本书前几章(特别是第 1 章)和其他文献(Averill & Sundararajan，2006)有所述及。现将其总结如下。

从评估到觉知。情绪/情感的认知评估理论(见本书第 5 章和第 7 章)认为，具有环境适应性的情绪/情感反应必然需要一套结构完整的认知地图——包括辨析明确的因果关系和确定意向目标等功能(Deonna & Scherer，2010)。而中国的审美式情感理论则认为，具有环境适应性的行为完全取决于高层级的觉知，即元认知(见本书第 7 章和第 10 章)。譬如，在品味元叙事经验时，情感叙事以简为宜，而对于因事物由感而发的觉知则不厌其多。

*分门别类式的情绪/情感，若有若无。*汉语中有大量各式各样的词汇用于描述面部表情，这表明"人们通常不认为某个特定的面部表情等同于某类特定的情感"(Ye，2004，p. 198)。相比之下，主流心理学根据面部表情将情绪/情感分门别类，并认为这些是全世界所有人都具有的基本情感(Ekman，1992)。

到底有多少种基本情感，中国古书典籍中并无定论。艾皓德(Eifring，2004)曾举出少数几个例子却足以说明这一点——《礼记》有"喜、怒、哀、惧、爱、恶、欲"(p. 13)；《荀子》有"说、故、喜、怒、哀、乐、爱、恶、欲"(p. 28)；《庄子》有"恶欲、喜怒、哀乐"
(p. 29)。刘勰写道："人禀七情，应物斯感，感物吟志，莫非自然。"
(Yu，1987，p. 34)然而，以主流心理学观点看来，刘勰的说法似乎
颠倒了因果：开门见山地先道出七种类别的情感，然后才说心灵受
外界扰动；在主体受外物感动之后，意愿随之表达，而七情已消失
得无影无踪了！这是怎么回事呢？

　　解答这个谜题的第一部分易如反掌："情"与人性本是一的两
面——人性是前扰动阶段(pre-perturbation phase)，"情"是心灵的后
扰动阶段(post-perturbation phase)(Eifring，2004)。因而，前扰动
阶段中的七情乃人之本性而非实际的情绪/情感。

　　更有意思的是谜题的第二部分：意愿(intent)，而非七情，作为
表达情感的主要符号(privileged sign)(见本书第 6 章)。

　　从个人利害到个人看法。在拉扎勒斯和福尔克曼(Lazarus &
Folkman，1984)看来，认知评估围绕个人利害(perscaal stake)的"主
要议题"(main evaluative issues)展开，如"现在抑或将来、在哪些方
面，是否会造成麻烦或有利可图？"(p. 31)。相比之下，"由感而发"
(impact)则关乎个人对事物的看法(personal take)。这就是为什么
《感受评定量表》的指导语会说："您只需判断图片内容是否对您自己
产生即时的感受。"(Murphy et al.，2010，p. 607)

　　在此我们要重申之前曾提到的一个要点(见本书第 6 章)，即"个
人利害"与"个人看法"之间的差异取决于语言学上"主题"与"评论"的
分别。"主题"关乎所说的是什么——个体需要这方面的信息才能评
估自己的目的是否受到威胁。相比之下，"评论"关乎分享自身对某

个事物的看法："'评论'是对某个'主题'的看法或心理关系，被用于表达感受、情感、立场或态度。"(Bogdan，2000，p. 78)发展心理学文献经常将婴儿表情与主题不相关联的现象归因为婴儿尚不能将注意力聚焦于诱发情感的刺激之上。发展心理学认为，这种现象将在婴儿发展成熟后被聚焦于主题(topic-focused)的分门别类式情绪/情感取代。譬如，霍洛带恩斯基和弗雷德梅尔(Holodynski & Friedlmeier，2010)指出，新生儿的情绪表达反应"不指向任何特定客体"(p. 102)。随着心智发展逐渐成熟，新生儿的这些未聚焦、未分化的情绪表达将被成人式"分门别类、聚焦于诱因"的感受所取代，因而成人可以监控自己情绪/情感的发生发展，并相应地做出应对行为(p. 98)。

中国人对情绪/情感的理解与上述观点不同。斯特恩(Stern，1985)所做的观察与中国之情感观念非常接近，他指出，婴儿的微笑(见本书第6章图6-3)并非与当前的目的和行为相关，而是一种沟通模式——"在一起""共同分享"或"参与他人的内心状态"。据此，斯特恩(Stern，1985)认为，原型对话具有"无主题、无关于行为、无心于外界"(p. 76)的特性。已有大量研究证据表明，彼此分享内心状态是人类特有的倾向(Echterhoff，Higgins & Levine，2009)。因此，从出生到离世，人类与他人分享观点的需要从未止息。

结 语
Summary and Conclusion

"情"是波澜起伏的情感状态集合，是人类心灵感性的体现。在主流心理学体系中，情绪/情感是对事件的反应，而中国人"感"的观念则注重表达和分享那些由感而生的个人体会。西方心理学将情绪/情感视为扰乱之力，认为需要用认知和理性对之加以调控（见本书第10 章）(Averill ＆ Sundararajan，2006)。与前者相反，中国人则认为人类由感生情的能力是一种积极的素质，应通过延展意识将之强化。意识的延展并非靠推理和认知，而是通过心与心之间的交接达成（见本书第 1 章、第 3 章和第 6 章）。一个人在自己内心或人际情境中发展出的一心之内或两心之间的心与心交（McKeown，2013)技能越强，其"情"的陶冶洗练也越为深刻（见本书第 6 章、第 10 章）。简言之，这就是我对中国人影响聚焦式(impact-focus)情绪/情感的理解。

毕竟，有关情绪/情感的故事可以用不同的方式讲述，具体如何来讲取决于我们的心理模式。主流心理学认同的成人心理模式对目的的叙事结构甚为重视——因为目的在成人生活中占有重要地位。中国人则认同儿童式的心理模式（见本书第 6 章），这种模式更注重情绪/情感的表达——这一点在婴儿与抚养者之间的原型对话中占据核心地位。在中国人看来，分门别类式的情绪/情感是后续发展出的心灵现象，它们的起源乃是那些构成"情"之根基的、更为原初的经验：我们的生命开始于母婴之间原型对话中的心与心交——这种心灵交接发生在主体间性(intersubjectivity) 的原初空间中。正是在同享的心灵空间里，孩子习得了个体化的观点，如意愿、情绪和欲望。当今，许多发展心理学家都认为，母婴式的、协同调控的动态平衡必然会被成人式的、分门别类式的情绪/情感所取代。若反对这种观点，那么我们应如何解释从婴儿到成人的情绪情感发展呢？对此，海德格尔为我们提供了支持。

海德格尔在其情绪（Stimmungen）理论中提出（Smith，1981），正是我们对事物（如情绪）的个人看法，打开了一个世界，在这个世界里我们遇到了对我们重要的事物，进而通过对这些事物是否重要进行评估，我们发展出种种分门别类式的情感。情感哲学家海伦·波特（Heleen Pott）为此做了清晰的阐述：

> "心灵世界绝非由……我们感知到的各事各物拼凑而成，而是事物以其本身最原初、最本真的形态呈现——在这样的心灵世界中，我们遇到、经历这样那样的事物。这个心灵世界展开于我们的基本情绪中……"因此，原型对话出现在先——形成于母婴互依的动态平衡之中，是原初的、无主题的、无内外世界之分的情感之主体间性。情感意向状态（情绪）出现在后——情绪/情感是向世界的表达性顺从（disclosive submission），在其中我们才会遇到那些让自己牵肠挂肚的人和事。（私人交流，2008 年 3 月 17 日）

无论你是否同意这个现象学风格的解释，有一件事似乎确凿无疑，即如果将情绪/情感视作一条长河，中国之"情"关注情感江河的上游（从何而来），而西方的情绪/情感理论则关注其下游（向何处去）。我非常欣赏海伦·波特所做的解释：

> 这可能起源于欧洲哲学自始就对情感与自我带有过分道德化的看法，而中国哲学则抱有一种审美式的态度。这带来巨大的影响——我们（这些视身心为一体的现象学家）花了 25 个世纪才终于开

始了解情感的自我经验是感受性的。（私人交流，2015 年 3 月 15 日）

以这个角度为出发点，接下来我将陈述我的理解。

一些结论性观点。我们可以将上游与下游的类比代入到对称性与非对称性的理论中（见本书第 1 章）。前几章已经提到中国人重视对称性的关系性认知，这体现在中国人对和谐、同感共鸣和心与心交的偏好。相比之下，西方擅长使用促发对称性破缺的非关系性认知，这类认知对分析判断和认知控制来说都必不可少。同理，相对于西方成人式的情感模式，中国人之孩童式的情感模式位于对称性向非对称性发展的系列亚组中较高层级的上游（见本书第 1 章图 1-1）。

所有文化都需要关系性和非关系性的认知，因此，文化之间的差异并不是"有还是没有某种认知模式"的问题，而是"偏好于哪一种认知"的问题。我们可以借用阴阳两极图来说明这一点——阴阳之间，某系统中占主导的元素在另一系统中以非主导身份存在着。具体可参考阴阳鱼（见图 12-1）的图形——阴鱼的颜色正是阳鱼的眼睛，反之亦然。

图 12-1　阴阳鱼，象征着同时对立与相辅相成的体系之间的动态关系

注：阴＝主体黑色部分；阳＝主体白色部分。

　　这种文化比较的形式与施韦德(Shweder)提出的文化心理学有着相通之处，后者认为文化心理学的使命在于："发现隐藏在自我之中的其他现实，让它们获得意识的认可。"(p. 69)除非有一天，心理学就像成长的自我一样，能够更为敞开地接纳来自情感科学领域之内或之外非主流声音和歧见(Sundararajan，2009)。有了这种境界，我们才能够将情绪/情感之江河的上游与下游贯通、联结起来，更全面地理解人类心灵生活(Teo & Febbraro，2003)，去构建一个有条有理的答案来回答詹姆斯(James，1884)百年之前提出的问题：情感是什么？

参考文献

References

　　Averill，J. R.，Stanat，P.，& More，T. A. 1998. Aesthetics and the environment. *Review of General Psychology*，2，153-174.

　　Averill，J. R.，& Sundararajan，L. 2006. Passion and *Qing*：Intellectual histories of emotion，West and East. In K. Pawlik & G. d'Ydewalle (Eds.)，*Psychological concepts*：*An international historical perspective* (pp. 101-139). Hove，England：Psychology Press.

　　Bogdan，R. J. 2000. *Minding minds*. Cambridge，MA：MIT Press.

　　Brown，K. W.，& Cordon，S. 2009. Toward a phenomenology of mindfulness：Subjective experience and emotional correlates. In F. Didonna (Ed.)，*Clinical handbook of mindfulness* (pp. 59-81). New York：Springer.

　　Clark，A. 1997. *Being there*：*Putting brain，body，and world together again*. Cambridge，MA：MIT Press.

　　Clark，A. 2008. *Supersizing the mind*. New York：Oxford University Press.

　　Deonna，J. A.，& Scherer，K. R. 2010. The case of the disappearing intentional object：Constraints on a definition of emotion. *Emotion Review*，2，44-52.

　　Dewey，J. 1896. The reflex are concept in psychology. *Psychological Review*，3，357-370.

Dourish, P. 2001. *Where the action is: The foundations of embodied interaction*. Cambridge, MA: MIT Press.

Echterhoff, G. , Higgins, E. T. , & Levine, J. M. 2009. Shared reality: Experiencing commonality with others' inner states about the world. *Perspectives on Psychological Science*, 4, 496-521.

Eifring, H. (Ed.). 2004. *Love and emotions in traditional Chinese literature*. Leiden, The Netherlands: Brill.

Ekman, P. 1992. An argument for basic emotions. *Cognition and Emotion*, 6, 169-200.

Fan, F. -T. 2004. *British naturalists in Qing China: Science, empire, and cultural encounter*. Cambridge, MA: Harvard University Press.

Feng, Menglong. 1983. *Chinese love stories from "Ch'ing-shih"* (Hua-yuan Li Mowry, Trans.). Hemden, CT: Archon Books.

Frijda, N. H. , & Sundararajan, L. 2007. Emotion refinement: A theory inspired by Chinese poetics. *Perspectives on Psychological Science*, 2, 227-241.

Gibson, J. J. 1979. *An ecological approach to visual perception*. Boston: Houghton-Mifflin.

Goldberg, S. J. 1998. Figures of identity: Topoi and the gendered subject in Chinese art. In R. T. Ames, T. P. Kasulis, & W. Dissanayake (Eds.), *Self as image in Asian theory and practice* (pp. 33-58). Albany, NY: SUNY Press.

Graham, A. C. 1986. *Studies in Chinese philosophy and philosophical literature*. Albany, NY: SUNY Press.

Griffiths, P. E. 2010. Emotion on Dover Beach: Feeling and value in the philosophy of Robert Solomon. *Emotion Review*, 2, 22-28.

Hansen, C. 1995. *Qing* (Emotions) in the pre-Buddhist Chinese thought. In J. Marks & R. T. Ames (Eds.), *Emotions in Asian thought* (pp. 181-211). Albany, NY: SUNY Press.

Harbsmeier, C. 2004. These mantics of *qing* inpre-Buddhist Chinese. In H. Eifring (Ed.), *Love and emotions in traditional Chinese literature* (pp. 69-148). Leiden, The Netherlands: Brill.

Harré, R. 2009. Emotions as cognitive-affective-somatic hybrids. *Emotion Review*, 1, 294-301.

Henrich, J. , Heine, S. J. , & Norenzayan, A. 2010a. The weirdest people in the world? *Behavioral and Brain Sciences*, 33, 61-83.

Henrich, J. , Heine, S. J. , & Norenzayan, A. 2010b. Beyond WEIRD: Towards a-broad-based behavioral science. *Behavioral and Brain Sciences*, 33, 111-135.

Henry, E. 1987. The motif of recognition in early China. *Harvard Journal of Asiatic Studies*, 47, 5-30.

Holodynski, M. , & Friedlmeier, W. 2010. *Development of emotions and emotion regulation* (J. Harrow, Trans.). New York: Springer.

James, W. 1884. What is an emotion? *Mind*, 9, 1-26.

Jing, R. , & Van de Ven, A. H. 2014. A yin-yang model of organizational change: The case of Chengdu Bus Group. *Management and Organization Review*, 10, 29-54.

Katz, R. , & Murphy-Shigematsu, S. 2012. *Snyergy, healing, and empowerment*. Calgary, Alberta, Canada: Brush Education.

Lazarus, R. S. , & Folkman, S. 1984. *Stress, appraisal, and coping*. New York: Springer.

McKeown, G. J. 2013. The analogical peacock hypothesis: The sexual selection of mind-reading and relational cognition in human communication. *Review of General Psychology*, 17, 267-287.

Munakata, K. 1983. Concepts of *lei* and *kan-lei* in early Chinese art theory. In S. Bush & C. Murck(Eds.), *Theories of the arts in China* (pp. 105-131). Princeton, NJ: Princeton University Press.

Murphy, F. C. , Hill, E. L. , Ramponi, C. , Calder, A. J. , & Barnard, P. J. 2010. Paying attention to emotional images with impact. *Emotion*, 10, 605-614.

Noë, A. 2009. *Out of our heads*. New York: Hill and Wang.

Owen, S. 1992. *Readings in Chinese literary thought*. Cambridge, MA: Harvard University Press.

Parkinson, B. 2010. Recognizing desirability: Is goal comparison necessary? *Emotion Review*, 2, 159-160.

Picard, R. W. 2010. Emotion research by the people, for the people. *Emotion Review*, 2, 250-254.

Russell, J. A. 2003. Core affect and the psychological construction of emotion. *Psychological Review*, 110, 145-172.

Shweder, R. A. 1991. *Thinking through culture: Expeditions in cultural psychology*. Cambridge, MA: Harvard University Press.

Siegel, D. J. 2007. *The mindful brain*. New York: W. W. Norton.

Smith, Q. 1981. On Heidegger's theory of moods. *The Modern Schoolman*, LVIII(4), 211-235.

Stern, D. N. 1985. *The interpersonal world of the infant: A view from psychoanalysis and developmental psychology*. New York: Basic Books.

Sundararajan, L. 2004. Twenty-four poetic moods: Poetry and personality in Chinese aesthetics. *Creativity Research Journal*, 16, 201-214.

Sundararajan, L. 2008. The plot thickens—or not: Protonarratives of emotions and the Chinese principle of savoring. *Journal of Humanistic Psychology*, 48, 243-263.

Sundararajan，L. 2009. The painted dragon in emotion theories：Can the Chinese notion of *ganlei* add a transformative detail? *Journal of Theoretical and Philosophical Psychology*，29，114-121.

Sundararajan，L.，& Averill，J. R. 2007. Creativity in the everyday：Culture，self，and emotions. In R. Richards(Ed.)，*Everyday creativity and new views of human nature* (pp. 195-220). Washington，DC：American Psychological Association.

Teo，T.，& Febbraro，A. R. 2003. Ethnocentrism as a form of intuition in psychology. *Theory & Psychology*，13，673-694.

vonUexküll，J.，& Kriszat，G. 1957. A stroll through the world of animals and men. In C. H. Schiller(Ed. & Trans.)，*Instinctive behavior：The development of a modern concept*. New York：International Universities Press.（Original work published 1934）

Wittgenstein，L. 1953. *Philosophical investigations*. Oxford，England：Blackwell.

Woodward，A. 2009. Infants' grasp of others' intentions. *Current Directions in Psychological Science*，18，53-57.

Ye，Z. 2004. The Chinese folk model of facial expressions：A linguistic perspective. *Culture & Psychology*，10，195-222.

Yu，P. 1987. *The reading of imagery in the Chinese poetic tradition*. Princeton，NJ：Princeton University Press.

中英文术语对照表

anthropomorphism 神、人同形同性论
attachment theory 依恋理论
authority ranking（AR）尊卑上下

benevolence 仁
blocked-choice paradigm 选择受阻范式
care-based morality 基于养育的道德
cognitive ladder 认知的阶梯
caregiving behavioral system 抚养行为系统
categorical reasoning 感类推理
chaos theory 混沌理论
cognitive appraisal 认知评价

cognitive control 认知控制
communal sharing（CS）共享同当
communion 融合/共融/共享
compassion 慈悲同情
confucianism 儒家
collectivism 集体主义
conceptual spaces 概念空间
cognitive complexity，refined emotions 认知复杂性，经洗练的情感

coupling-style sensing，creativity 创造力的配合风格感知
culture associative/holistic vs. rule-based/analytic reasoning 联想/整体式认知与规则式/分析式推理
cognitions and cognitive styles 认知和认知风格
conceptual space 概念空间
curiosity，openness，acceptance，and love（COAL）好奇心、开放、接纳和爱

daoismanimal model 道家的动物模式
depression 忧郁/抑郁
dialectic thinking 辩证思维
direct communication 直接交流/沟通
discrete emotions 分门别类的情感
dual process theory 双加工理论

emptiness 空
extended mind hypothesis 心智延伸假说
emotional contagion 情绪感染
empathy 共情
freedom 自由
heart-aching love 心疼之爱
emotional transformations 情感转化
entropy 熵
equality matching（EM）平等匹配
eremitism 隐逸
evocative imagery 兴
explicitness and covertness 显与隐
extrinsic motivation 外在动机

filial piety 孝道
flower drinking 喝花酒
freedom and emotions 自由和情感

refined pleasure 雅兴高趣
fuzzy-trace theory 模糊线索理论

golden mean 中庸
gut-feeling approach 基于直觉的方式

harmony 和
harmony（cont.）good and evil 和，善与恶
high dimensionality 高维
harmony enhancement 强化"和"
high cognitive control 高认知控制
harmony seeking 追求和谐
heart-aching love 心疼之爱
heidegger's mood theory 海德格尔的情感理论
hermits 隐逸
heroic hermits 英雄式的隐士
holistic thinking harmony 强关系的精神化
heuristics 启发式
hope theory 希望论

ideal community 理想社群
ideal mental world 境界
impact-focus（IF）approach 聚焦于影响的方式
interpersonal relatedness 人际关系性
intimacy 亲密感
intention，priming-based resonance 基于启动的同感共鸣
intrinsic motivation 内在动机

jen 仁
joint attention 共同关注

legalists 法家

mainstream psychology（MP）approach 主流心理学观点
market pricing（MP）市场定价
marshmallow test 棉花糖实验
maximally symmetric relational model 最具对称性的关系模型
mental sharing 心理同享
mind perception vs. mind reading 心灵感知与解读心智
metacognition 元认知
metarepresentation（MR）元表征
metonymy 换喻
Miller Social Intimacy Scale 米勒亲密关系量表
mimicry 拟态模仿
mind perception anthropomorphism，vs. mind reading 心灵感知的神、人同形同性论与解读心智
mysticism 神秘主义

oceanic merging（OM）无限融合

pair-bonding hypothesis 配偶亲近假说
pen-choice paradigm 彩笔选择范式
protoconversation 原型对话

rationality 理性
rejection avoidance 避免受排斥
resonance 共鸣
revolutionary creativity 革命性的创造力
rituals 礼
romantic spirit 风流

self-control 自我控制
self-indulgence 自我放纵

scarcity-based community 以匮乏和竞争为
  基础的社群
synergistic community 和谐的社群
savoring（pin wei）品味
self-alienation 自我异化
self-awareness 自我觉知
self-reflexivity 自反
second-order consciousness 二阶觉知
sensory-based affect theory 情感感受理论
self-creation 创造自我
self-focus 自我聚焦
self-preservation 自我保护/自保
self-reflexivity 自反
savoring 品味
second-order consciousness 二阶觉知
sensory-based affect theory 情感感受理论
set breaking 打破定势

shared intentions 同享的意向
situational momentum 势
social brain hypothesis 社会化大脑假说
social mindfulness 社会正念
solitude 隐逸
symmetry breakdown 对称性破缺
symmetry maintenance/restoration 对称性
  持守/重建
symmetry restoration culture 对称性重建
  的文化

tender love 温柔的爱
The Book of Rites《礼记》

wandering 游
willpower 意志力

图书在版编目(CIP)数据

中国人的情感：文化心理学阐释/（美）吕坤维著；谢中垚译.—北京：北京师范大学出版社，2019.8(2024.7重印)
（中国人心理研究）
ISBN 978-7-303-24616-8

Ⅰ.①中… Ⅱ.①吕… ②谢… Ⅲ.①民族心理－研究－中国 Ⅳ.①C955.2

中国版本图书馆 CIP 数据核字(2019)第 059015 号

北京市版权局著作权合同登记号：图字 01-2016-9699

图 书 意 见 反 馈 gaozhifk@bnupg.com 010-58805079

ZHONGGUOREN DE QINGGAN:WENHUA XINLIXUE CHANSHI
出版发行：北京师范大学出版社 www.bnupg.com
　　　　　北京市西城区新街口外大街 12-3 号
　　　　　邮政编码:100088
印　　刷：北京盛通印刷股份有限公司
经　　销：全国新华书店
开　　本：890 mm×1240 mm　1/32
印　　张：11.5
字　　数：245 千字
版　　次：2019 年 8 月第 1 版
印　　次：2024 年 7 月第 6 次印刷
定　　价：77.00 元

策划编辑：周益群　　　　　责任编辑：周益群　王星星
美术编辑：李向昕　　　　　装帧设计：李向昕
责任校对：韩兆涛　　　　　责任印制：马　洁